U0115994

楚國文化研究叢刊

劉玉堂◇主編

楚國農業及社會研究

程濤平○著

昌明文化

楚國文化研究叢刊

楚國農業及社會研究

著　　作　程濤平
版權策劃　李　鋒

發行人　陳滿銘
總經理　梁錦興
總編輯　陳滿銘
副總編輯　張晏瑞
編輯所　萬卷樓圖書 (股) 公司
排　　版　雙子設計公司
封面設計　雙子設計公司
印　　刷　百通科技 (股) 公司
出　　版　昌明文化有限公司
桃園市龜山區中原街 32 號
電話 (02)23216565
發　　行　萬卷樓圖書 (股) 公司
臺北市羅斯福路二段 41 號 6 樓之 3
電話 (02)23216565
傳真 (02)23218698
電郵 SERVICE@WANJUAN.COM.TW
大陸經銷
廈門外圖臺灣書店有限公司
電郵 JKB188@188.COM

ISBN　978-986-94604-9-1(平裝)

2017 年 3 月初版一刷

定價：新臺幣　460 元

如何購買本書：
1. 劃撥購書，請透過以下帳號
　帳號：15624015
　戶名：萬卷樓圖書股份有限公司
2. 轉帳購書，請透過以下帳戶
　合作金庫銀行古亭分行
　戶名：萬卷樓圖書股份有限公司
　帳號：0877717092596
3. 網路購書，請透過萬卷樓網站
　網址 WWW.WANJUAN.COM.TW
大量購書，請直接聯繫，將有專人為您
服務。(02)23216565 分機 10

如有缺頁、破損或裝訂錯誤，請寄回
更換

國家圖書館出版品預行編目資料

楚國農業及社會研究 / 程濤平著 . -- 初
版 . -- 桃園市 : 昌明文化出版 ; 臺北
市 : 萬卷樓發行 , 2017.03
面 ; 公分 . -- (楚國文化研究叢刊 ;
A0201010)
ISBN 978-986-94604-9-1(平裝)
1. 文化史 2. 楚國
631.808　　　　　　　　106003981

目 次

總序 / 1

序 / 5

前言 / 9

第一章　楚國的疆域及發展農業得天獨厚的條件 / 15

　　第一節　囊括南中國的楚國疆域 / 15

　　第二節　文獻對楚國地理環境的記載 / 17

第二章　楚地利於發展農業的自然環境 / 21

　　第一節　適宜的氣候 / 21

　　第二節　充沛而均衡的降水 / 28

　　第三節　水網密布的江河湖泊 / 33

　　第四節　良好的土壤 / 38

第三章　楚地悠久的農業傳統 / 49

　　第一節　神農氏對楚農業的影響 / 49

　　第二節　考古所見的先楚農業 / 55

第四章　楚國農業生產工具的進步 / 61

　　第一節　翻土農具 / 61

　　第二節　碎土農具 / 88

　　第三節　中耕除草農具 / 90

　　第四節　收穫農具 / 96

第五節　楚國農業生產工具簡論 / 101

第五章　楚國土地的開發及利 / 105

第一節　荒地的開墾 / 105

第二節　早期的刀耕火種 / 106

第三節　田萊制度 / 109

第四節　土地鹽鹼化的改良 / 111

第五節　梯田 / 115

第六章　楚國的糧食作物 / 119

第一節　粟 / 121

第二節　黍 / 123

第三節　稻 / 125

第四節　麻 / 130

第五節　菽 / 132

第六節　麥 / 133

第七節　糧食的幾種食法 / 135

第七章　豐富的物產 / 137

第一節　農副產 / 137

第二節　水產 / 142

第三節　林產 / 144

第四節　畜產 / 147

第八章　農業科學技術的進步 / 151

第一節　施肥 / 151

第二節　選種 / 153

第三節　火耕水耨 / 155

第四節　輪作、復種、一年兩熟 / 157

第九章　農業產量的測定 / 161

第一節　楚畝——畛 / 161

第二節　楚量制 / 166

第三節　口糧標準 / 174

第四節　糧食儲存 / 181

第五節　農作物産量推測 / 187

第十章　楚國的農業勞動者——野人 / 193

第一節　「野人」芻議 / 194

第二節　楚野地界說及類分 / 198

第三節　楚野人述源 / 209

第十一章　楚國農業勞動者的社會組織形式 / 219

第一節　楚族宗法性公社 / 219

第二節　異族隸屬性公社 / 228

第三節　不分族姓的個體居民 / 249

第十二章　楚國農業勞動者屬於平民階層 / 265

第一節　農業勞動者非為奴隸 / 265

第二節　楚國的奴隸階層 / 267

第三節　楚國農業勞動者屬於平民階層 / 278

附錄 / 282

春秋時期楚國的平民階層 / 283

楚國野地居民社會形態研究 / 305

參考文獻 / 330

總　序①

　　春秋戰國時期領異標新、驚采絕豔的楚文化，為中華文化的形成與發展完美地奉獻出了自己的珍藏。楚學的使命就是對這一稀世珍藏進行廣泛而深入的挖掘、整理和研究。這是一項異常艱辛而又充滿愉悅的工作，需要眾多的志士仁人協力同心共同完成。

　　楚文化是古老的，它的誕生在三千年以前；但楚學是年輕的，人們有幸對它進行系統的科學研究至今還不過百年光景。

　　楚文化的遺存埋藏在地下達三千年之久，直到20世紀20年代至40年代才被盜墓者「驚起」。當時，在安徽壽縣和湖南長沙出土了大量戰國時期的楚國銅器和漆器，其工藝之精絕，風格之獨特，令史學家和古董商歎為觀止。但這還只是「小荷才露尖尖角」，人們一時還很難捕捉它們的意態風神。從20世紀50年代起，楚文化的遺存在湖南、

①　簡體版由湖北教育出版社於二〇一二年出版。今繁體版於臺灣重新編輯印刷，因考量兩岸學術寫作習慣不同，故在編輯體例上作出些微調整，以符合繁體區的閱讀方式與學術格式。茲向讀者說明如下：
　　1.若遇特殊名詞，則改為繁體區習慣用語。如：「釐米」，改為「公釐」。「米」，改為「公尺」。其他以此類推。
　　2.本套書各冊之〈總序〉、〈序〉與〈後記〉，皆照錄簡體版之原文。
　　3.原書的簡體字，如「杰」、「云」……等，皆改為相應之繁體字。
　　4.字體簡繁轉換，造成用字不同，皆以該單位原有繁體之名稱為準。如：「岳麓書社」，改為「嶽麓書社」。

湖北、河南、安徽等地一批又一批地被考古學家喚醒，引起學術界和文藝界一陣又一陣的狂歡。「驚起卻回首」，人們重新審視哲學史上的老莊和文學史上的屈宋，徹然大悟，原來它們也都是楚文化的精華。

楚文化因楚國和楚人而得名，是周代的一種區域文化，集中了東周文化的大半精華。它同東鄰的吳越文化和西鄰的巴蜀文化一起，曾是盛開在長江流域古區域文明的奇葩。與並世共存的先進文化相比，楚文化可以說是後來居上。當楚文化跡象初露之時，它只是糅合了中原文化的末流和楚蠻文化的餘緒，特色不顯，影響不大，幾乎無足稱道。到了西周晚期，它才脫穎而出，令北方有識之士刮目相看。及至春秋中期，它竟突飛猛進，已能與中原文化競趨爭先了。楚文化不僅有爐火純青的青銅冶鑄、巧奪天工的漆木髹飾和精美絕倫的絲織刺繡，而且還有義理精深的老莊哲學、鑠古切今的屈宋辭賦和出神入化的美術樂舞。透過這耀眼的紛華，我們還能領悟到楚人進步的思想精髓和價值追求：「篳路藍縷」的進取精神、「撫夷屬夏」的開放氣度、「鳴將驚人」的創新意識、「和眾安民」的和合理念以及「深固難徙」的愛國情結。它們無疑是楚人留給世人的最寶貴的文化遺產。

為了對楚文化研究成果進行階段性總結和集中展示，20世紀90年代中期，湖北教育出版社推出了由張正明先生主編的大型學術叢書「楚學文庫」（18部），在學術界產生了強烈而持續的影響，「楚學」至此卓然而立，蔚為大觀。

自「楚學文庫」出版至今十數年間，隨著湖北棗陽九連墩大墓、河南新蔡葛陵楚墓、湖北隨州葉家山西周墓群的發掘，尤其是湖北荊門郭店楚簡、上海博物館珍藏的戰國楚竹書和清華大學藏戰國竹簡等出土文獻的陸續問世，以及新的研究方法和新的技術手段的推廣與運用，楚學研究出現了「驚濤拍岸」的高潮，眾多的楚學研究成果如浪花般噴珠濺玉，美不勝收。面對楚學研究的空前盛況，湖北教育出版

社以弘揚學術、嘉惠士林的遠見卓識，約請我主持編纂大型學術叢書「世紀楚學」（12部），這對於全面、系統、深入地探討楚文化的內涵與精蘊，及時展示楚學研究的最新成果，繼承和弘揚楚文化乃至中華文化的優秀傳統，促進社會主義文化強國和中華民族共有精神家園建設，既具有重要的理論意義，又具有重大的實踐價值。

「世紀楚學」選題嚴謹，內容宏富，研究範圍包括楚簡冊、政治、法律、禮儀、思想、學術、文學、地理、農業、水利、交通、飲食、服飾和名物等，大都是楚學研究中十分重要且「楚學文庫」未曾涉及或涉而不深的議題。因此，「世紀楚學」既是對「楚學文庫」的賡續、豐富和完善，又是對「楚學文庫」的延伸、拓展和推進。

之所以將叢書定名為「世紀楚學」，所思者有三：一是現代意義的楚學研究始於20世紀20年代，迄今已近百年；二是本叢書是21世紀推出的第一套大型楚學叢書，帶有鮮明的新世紀的印記；三是「世紀」也可泛指「時代」，意在誠勉本叢書切勿有負時代之厚望。

作為國家出版基金資助專案和湖北省社會公益出版專項資金資助專案，「世紀楚學」致力於從新視角、新構架、新材料、新觀點四個方面，實現楚學研究的新突破、新跨越、新發展，奮力開創楚學研究的新局面！

我忝任主編，限於學識和俗務，時有力不從心之感，幸有張碩、靳強先生襄助，諸事方才就緒，令我心存感念！

任何有益於本叢書的批評和建議，我們都竭誠歡迎！

劉玉堂

2012年2月於東湖之濱

總序

序

濤平君的《楚國農業及社會研究》終於出版了。我從內心為他高興。

我與濤平君相識於1974年在武漢教育學院任教之時。當時我寫了一本關於評法批儒的小冊子,獲得毛澤東主席的好評,濤平君拜訪我,從此相識,往來不絕,屈指算來,至今已近40年了。

濤平君勤奮好學,喜好寫作。因發表小說,成為武漢市工農兵業餘作者,在武漢文藝界小有名氣,深得長篇歷史小說《李自成》的作者姚雪垠的器重,是姚老1975年底移居北京前的得力助手。

數年後,我調到武漢師範學院(後更名湖北大學)任教,濤平君亦調到湖北省社會科學院《江漢論壇》任歷史編輯,從此學術交往更密。我和濤平君都是先秦史學會會員,記得1981年夏在成都召開先秦史學會年會,會議期間,我倆朝夕相處,攜手遊都江堰、青城山、長江三峽,討論學術問題,歡暢無比。其間,我在成都拜訪中國神話大師袁珂先生,向濤平君介紹袁先生的學術成就及我對上古神話的研究興趣,以後又以拙作《中國上古神話縱橫談》相贈,沒想到濤平君是有心人,2005年,他依據袁先生和我的學術成果在漢陽江灘主持建成了一座磅礴大氣、精美無比的大禹神話園,讓人感歎不已。

在湖北大學任教期間,我常向《江漢論壇》投稿,每次到編輯

序

部，都蒙濤平君熱情接待，他也常來看我，相互聚談，其樂融融。我們這種編輯與作者的關係約保持了4年，後因濤平君攻讀博士學位而告結束。

有一段時間，我曾經用心於楚國歷史研究，常與濤平君討論楚國史的若干學術問題，後因故仍以研究明清史、辛亥革命為主。濤平君與我談及楚史，滔滔不絕，神采飛揚，其精神令人感動。1983年底，他告訴我，他的一篇楚史論文在國家級刊物《歷史研究》上發表了，我當然為他高興。不久，又聽說他的論文被評為《歷史研究》首屆優秀論文獎，並專程到北京領獎，我更是高興。我深知，一份耕耘一份收穫，這是他勤奮學習、刻苦鑽研的結果。

1984年，濤平君考上了華中師範大學張舜徽先生的博士研究生，這是他人生的一大飛躍。我知道，由於「文化大革命」，濤平君初中畢業即上山下鄉，當知識青年，以後被招工當汽車修理工人，大好光陰白白逝去，這是那個時代的悲哀。但濤平君並未沉淪，不僅幹一行愛一行，還將有限的業餘時間全部用在了學習上，得以在1980年以優異成績考入湖北省社會科學院，由企業代幹成為歷史編輯，成為自學成才的典型，這一步來得太不容易。但在省社會科學院工作，他只有初中學歷，在重學歷的環境下，難以獲得周邊人士的認可。考取了博士研究生，意味著他越過了高中、大學、研究生三個階段，直接成為博士，實在是太有意義了。這是我國「老三屆」知青走自學之路的傑出代表，我由衷地祝福他，祝願他在攻讀博士學位期間有豐碩的學術成果。

果然，皇天不負苦心人。三年的博士研究生學習生活，濤平君碩果累累，其中最重要的是這部博士論文《楚國農業及社會研究》。

《楚國農業及社會研究》是濤平君繼《歷史研究》得獎文章〈春秋時期楚國的平民階層〉之後的又一力作。如果說，濤平君得獎文章的價值在於指出了楚國社會存在一個處在貴族和奴隸之間的平民階

層，使楚史研究具有一定馬克思主義理論色彩的話，他的博士論文則進一步剖析平民階層，按勞動地點不同將平民階層分為「國人」和「野人」，認為「野人」多是楚國的農業勞動者，正是這些「野人」從事的農業生產，奠定了楚國雄厚的物資基礎，使楚國得以北上東進，開疆拓土，成為春秋戰國首屈一指的泱泱大國。濤平君認為楚國是「以農立國」，是很有道理的。

我很欣賞濤平君研究問題善於獨闢蹊徑的特長。大家一窩蜂地研究的東西，他偏不湊熱鬧，大家不注意的領域，他卻偏去開拓。將楚國的農業作為研究對象，即是典型的一例。誰也沒有想到，他會專注於楚國的農業研究，從楚國的土壤談到水利灌溉和水利工程，從各種農具談到各種糧食作物，無不網羅無遺，頭頭是道。最妙的是他不避難點，測算楚國的糧食產量，居然將楚國的畝制、量制、人均口糧，對照今制，一一換算，由此推測出楚國大致的糧食生產水準，實屬難能可貴。隨後由楚國的農業而及楚國的農業勞動者，最後得出楚國的農業勞動者均屬於平民階層的結論，邏輯嚴密，層層推進，自成體系，可謂獨樹一幟。

濤平君獲得博士學位後，仍然回到湖北省社會科學院工作。不久，武漢市政府引進高層次人才，濤平君先到市委研究室，繼而到武漢市計委擔任領導職務，每日需要處理無數繁雜的行政事務。按理說，他的學術生命到此完結，但濤平君與常人不同，繁忙工作之餘，仍以弘揚楚文化為己任，將自己楚史研究的成果，運用到城市建設之中。最為人稱道的是他在武昌美麗如畫的東湖磨山，參與策劃、指揮建設了一座美輪美奐、楚味十足的楚城。他集學者的嚴謹、官員的魄力於一身，大手筆再現楚國，獲得學術界和各界參觀者的一致好評。1995年，他與著名楚史學家張正明先生聯合發起舉辦了首屆長江文化暨楚文化國際學術討論會，來自世界各國的學者齊聚東湖楚城，討論楚國的歷史，為一時之盛。

序

在年屆六十之後，濤平君將二十餘年前的博士論文連同在《歷史研究》上發表的兩篇相關文章一併出書，囑我為之作序，我當然樂於從命，敷衍成文，以饗讀者。聞濤平君雄心勃勃，問鼎《楚國通史》，以一人之力，完成浩大工程，可欽可佩。祝願濤平君心想事成，我國的楚國史研究，又將樹立起一座豐碑。

馮天瑜

前　言

　　呈現在讀者面前的這本《楚國農業及社會研究》，成稿於1987年。從完稿到正式出版，屈指算來，已有25年的時間了。

　　1984年，正值國家恢復授予博士學位制度不久，我從湖北省社會科學院《江漢論壇》編輯部考上了華中師範大學歷史文獻所張舜徽先生的博士研究生。張舜徽先生是中國歷史文獻研究會的會長，華中師範大學歷史文獻研究所所長，是我國著名的國學大師，時年七十三歲。在接到錄取通知書後，我到先生家中，聆聽先生教誨，很自然地談到了博士論文的題目。我請示先生，先生略做沉吟，對我說：「你在《歷史研究》上發表的論文〈春秋時期楚國的平民階層〉，我仔細讀過，寫得很好，我很欣賞。這篇文章能夠得到國家獎，是名副其實的。以前我寫了很多文獻學的書，最近又正在寫《中華人民通史》，就是想將文獻服務於史學研究。此書與我過去在文獻學專著中強調發凡啟例、考鏡源流不同，將中國浩繁的歷史，打破朝代，以地理、社會、創造、制度、學藝、人物為綱，以通俗的語言寫成。從你的這篇文章看，你對楚國的研究，有較扎實的基礎，現在楚國歷史的研究，國家很重視，我看你的博士論文，不要拘泥於中國文獻學的泛泛研究，就以楚國的歷史研究為內容吧。」

　　先生教誨，使我頓開茅塞。深感先生做學問視野開闊，高屋建

瓴。此時我下定決心，一定要在楚國歷史的研究上做出成績來。

按照先生指引，我將目標定格於楚史研究。在具體寫作內容上，反復權衡。先是雄心勃勃，想寫一部楚國史，將楚國八百年的歷史全部寫出，於是動手寫提綱，從楚先祖祝融到楚國被滅，分不同時期，不同專題，詳細羅列。提綱粗定，欲命名《楚國史》，覺得底氣不足，姑且命名為《楚史稿》，示人有自知之明。待動筆寫作時，文獻所傳達學校要求，國家恢復博士學位制度不久，我們這批博士研究生畢業時，必須代表中國博士的最高水準，論文的要求，一般30萬字，論文答辯時，學校將請我國最知名的國家級學者把關，達不到國家水準，不予認可。我揣量《楚史稿》題目較大，若按提綱逐一撰寫，面面俱到，30萬字只能蜻蜓點水，不可能求深，論文答辯，可能不利。由此反復琢磨，如何將戰線縮小到最有價值的某一個方面。

讀博士之前，我是《江漢論壇》雜誌社的歷史編輯，從1980年起，一直負責「楚文化研究」專欄的編輯工作，由此接觸大量的楚史研究文章，了解當時全國楚國史研究的狀況。1998年，《江漢論壇》創刊40周年之際，舉行了隆重的紀念活動，我應邀寫過一篇〈江漢論壇歲月隨想〉小文，發表在《江漢論壇》1998年第4期上，回憶自己在《江漢論壇》當編輯時是如何走上楚史研究的道路的：

在《江漢論壇》工作，我受益最大的還是步入楚文化研究領域。《江漢論壇》從1979年便開闢了「楚文化研究」專欄，開全國學術界研究楚文化風氣之先，在國內乃至國際上有著極其廣泛的影響。我到編輯部之後，領導為培養我，有意讓我接觸楚文化方面的稿件，接待楚史研究學者，使我很快入門，並對楚文化產生了濃厚的興趣。在到編輯部之前，我對楚文化毫無接觸，最多只是從楚辭、屈原上了解一點皮毛，我感興趣的重點還在中國近、現代史研究上。接觸多了有關楚文化方面的稿件，同一些楚史作者逐漸交上了朋友，在我的面前，逐步展現了一片楚文化研究的嶄新天地，一個比中國近、現代史研究

更加有意思得多的燦爛世界。我開始迷戀上了楚史。見到一篇有創見的楚史論文，一條有價值的楚史資料，我都欣喜若狂，視若珍寶，趕快錄入卡片。遇有來訪的楚史學者，便迫不及待地請教，求借書籍，熟到一定程度便登門求教、借書。晚上我在編輯部辦公室裡拼命閱讀，邊讀邊記卡片，廢寢忘食，孜孜不倦。楚文化的博大精深、撲朔迷離、燦爛輝煌，使我興奮、驚歎，慶倖自己找到了研究中國歷史的一個絕好的突破口。

正是由於編輯工作之便，我得以了解楚史研究方方面面的情況，深知當時楚史研究側重於以考古資料詮釋楚史，注重對楚國歷史上某些具體問題如族源、楚都、滅國的考證，或者以楚辭代表楚史，全面介紹楚國歷史的專著很少，只有湖北大學黃德馨教授的通俗讀物《楚國史話》問世，楚國某一方面成體系的研究成果基本欠缺，至於用馬克思恩格斯歷史唯物主義的觀點指導的楚史研究，幾乎沒有。1983年，正是基於這種分析，我在編輯工作之餘，寫出了〈春秋時期楚國的平民階層〉一文，發表於《歷史研究》當年第6期，便是試圖從經濟的角度，剖析楚國的社會。文章發表後，獲得了國家獎，可以說這個研究方向得到了認可。考上了博士生，意味著有了三年埋頭研究的時間，我應該乘勝前進，在楚國的經濟和社會史的研究上繼續努力。

研究楚國的經濟和社會史，難度比楚史上某些具體問題的考證要大得多。楚國的經濟，也是一個很大的領域，有手工業、農業、土地制度、賦稅制度、商品、貨幣、建築等，已出土的楚國器物，多是楚國手工業的成果，寫起來較為容易，且文章較多，只需歸納即可，但正因為這方面研究成果多，我再努力，也只是拾人牙慧，難談創新，不可不慎。

反復權衡的結果，我將目光放在了農業及由農業勞動者形成的楚國社會。

農業是一個國家最重要的基礎，古今中外，概莫能外。楚史研究

者看到楚國不斷併滅諸小國，開疆拓土，從蕞爾小邦，到雄踞南方，成為當時版圖最大的諸侯國，於是常說楚國是以武立國。又見楚國出土的青銅器、編鐘、漆器、竹器、絲織、刺繡、帛畫等手工藝品精美絕倫，冠絕一時，於是又專注於研究楚國的文化。這些都是無可非議的，但深究起來，楚國的開疆拓土和文化發展，都是植根於農業的發展，比起其他諸侯國，楚國農業的優勢是太明顯了，正是有了堅實的農業基礎，楚國才得以躋身春秋五霸、戰國七雄。所以說，與其說楚國是以武立國，不如說楚國是以農立國，更符合楚國的實際。

我注意到，偏偏對於楚國的農業，研究的成果卻不多，這可是楚國史研究的一個軟肋。

認識到農業對於楚國史研究的重要作用，我便強迫自己深入下去，很快發現這完全是一個嶄新的世界。楚國地處長江中游和下游，發展農業的條件得天獨厚，有著悠久的農業傳統，農業工具門類齊全，重視水利灌溉和水利工程，土地開發和利用較好，糧食作物品種豐富，農業科學技術先進。這諸多的優勢，又集中地體現在楚國的糧食產量較高，儲存較豐，足以支撐楚國長年進行大規模的軍事行動，倉廩實而知禮節，楚國的文化亦得以全面發展。其中的邏輯關係，簡單而明晰。至此，我決定心無旁鶩，從農業入手，研究楚國。

在具體的寫作過程中，我在一至九章盡可能地收集有關楚國農業方面的各種資料，為減少文字，儘量用表格的形式，讓讀者一目了然。在第九章，專門安排了「農業產量的測定」。這一章難度極大，首先涉及到楚國的畝制，須將楚國獨有的「畛」換算成今畝，繼而涉及到楚國的量制，根據出土的楚國量具的實際容積和文獻對量制的記載進行換算，接著推算出楚國的口糧標準，摸清糧食儲存的大致情況，最後推測出楚國的農作物產量。環環相扣，層層深入，每一環都注意與同時期諸侯國的情況進行比較，完全是摸索著前進，其中甘苦，難以盡述。正是由於有了這一章，將楚國農業生產達到的水準

進行量化，避免了資料羅列，泛泛而論，使前九章的內容得以昇華。（本書原有十五章，其中第五章「楚國水利灌溉事業的發展」、第六章「楚國各區域水利工程」、第七章「大型水利工程——芍陂」，因與《世紀楚學》其他著作內容重複而刪去，故而縮為十二章。）

由楚國的農業，很自然地聯繫到楚國的農業勞動者，並由此涉及到楚國農業社會，這是本文不同於其他農業史類專著的地方。本來，農業屬經濟領域，社會屬政治領域，不應放在一起，但由研究農業而涉及到農業勞動者，卻又是順理成章，別具一格。這裡，我將文獻大量出現的「野人」記載進行梳理，認為這些「野人」基本都是農業勞動者，他們分屬楚族宗法性公社、異族隸屬性公社，不分族姓的個體居民，均非為奴隸，屬於楚國的平民階層。這樣，由單純的農業，上升到農業社會，馬克思、恩格斯關於社會發展的主要理論在楚國可以得到印證，從而使全文有了些許理論色彩。

難忘1987年底，華中師範大學組織博士論文答辯，請來了我國早期楚史研究的開拓者、中國商史學會會長胡厚宣作答辯委員會的主任委員，北京師範大學著名學者許嘉璐為副主任委員（後擔任全國人大副委員長），湖北省社會科學院著名楚史專家張正明等為答辯委員，群賢畢至，濟濟一堂，果然是代表國家最高水準的專家。答辯會大師們指出問題準確而苛刻，不留半點情面。結束時，我已是大汗淋漓。不久，我拿到了歷史學博士學位證書，並被告知，我是中國第一位研究楚國歷史的博士。

楚史研究，征途漫漫，未有窮期。二十餘年過去，彈指一揮間，如今整理舊作，當然感慨萬千。此作當屬草創，疏漏必定甚多，惴惴不敢自信。當年寫作博士論文時，我只三十餘歲，現在，已年過六十。其間，雖供職於武漢市政府，但眷念楚史研究之心從來未泯，竭力將楚國歷史再現於今日城市旅遊景點建設、舉辦楚國歷史研究國際學術討論會、組建武漢楚文化學會、主編《楚文化知識叢書》，不

前言

間斷地積累資料、撰寫文章等，為弘揚楚文化做了一些力所能及的工作。如今，俗務甫卸，即摩拳擦掌，開始人生的第二個黃金時代，向心儀已久的目標——《楚國通史》進軍。但願天假以年，有志者事竟成。

第一章 楚國的疆域及發展農業得天獨厚的條件

「農業是整個古代世界的決定性生產部門」[①]。楚國經濟發展的全部歷史，充分證實了恩格斯的這一著名論斷。

楚國的農業，在其全部經濟中占據最重要的地位，同時它也使楚國得以日益發展、壯大，雄踞南方。楚國農業的發展，具備很多有利條件，如果我們循著楚人活動的軌跡、不斷拓展的疆域來追溯楚國農業發展的全過程，便可發現，得天獨厚的自然資源、悠久的重農傳統和中原地區先進的農耕方法的影響等等，無不對楚國農業的發展起到極為重要的作用。

第一節 囊括南中國的楚國疆域

經濟史證明，人類早期的農業生產，由於生產力水準低下，無不選擇生存條件較好的自然環境，於其間奮力耕耘，建立起牢固的經濟基礎。根據司馬遷的記載，在商代末年，楚人的首領鬻熊曾「子

[①] 恩格斯：〈家庭、私有制和國家的起源〉，《馬克思恩格斯選集》第四卷，人民出版社1972年版。

事文王①」，周成王時，分封諸侯，鬻熊的曾孫熊繹「辟在荊山，篳路藍縷，以處草莽，跋涉山林，以事天子，唯是桃弧棘矢，以共御王事②」。這時楚人活動於今湖北當陽縣至枝江一帶荊山腳下的沮漳河河谷和南漳、保康一帶的崇山峻嶺之間的狹小河谷地帶，自然條件十分險惡。史稱到了周夷王時，王室衰弱，楚國向外發展，楚子熊渠已「甚得江漢間民和③」。此時楚人主要是沿長江向東發展，今湖北地區的沿江兩岸已成為楚國的疆域。春秋時期，楚人進一步向北發展。楚武王時，勢力覆蓋了北邊漢水流域一帶。楚成王時，史稱「楚地千里」，「漢陽諸姬，楚實盡之④」，已經整個或基本上占有了江漢之地。由於西元前632年楚晉城濮大戰，楚國大敗，北進受阻，便掉頭向淮河流域發展。穆王時勢力到達安徽中部。春秋中期以後，沿湘江向南發展，將湘西北囊為己有。同時又往長江下游發展，為吳所阻，吳滅於越以後，戰國後期楚又滅掉越，實力終於擴大到長江下游，並北向滅魯，占有今山東的一部分。戰國時，楚西至巫山，南有「九嶷蒼梧」，達到了今廣西的北部。自滅越後，一直征伐到了南海一帶。總計楚疆域最大時占有今湖北全省，陝西、四川、河南、湖南、江西、安徽、江蘇、浙江、山東等省的一部分或大部分地區，政治影響更及於廣西、雲南、貴州等省，成為春秋戰國時期疆域最遼闊的諸侯國。這些，我們可以從表一楚滅國（族）地域分布表了解到一個大概。

① 《史記 楚世家》。
② 《左傳 昭公十二年》。
③ 《史記 楚世家》。
④ 《左傳 僖公二十八年》。

表 1-1　楚滅國（族）地域

今湖北境內	權、邶、鄅（那）、穀、鄾、羅、盧戎、鄖、貳、軫、絞、州、鄧、庸、鷹、唐、樊、西黃、隨、鄂
今河南境內	息、西申、呂、（上）鄀、蓼（巴姓）、東呂、弦、黃、東申、江、道、房、蔣、頓、胡、蠻氏、陳、西不羹、東不羹、項、繒、應、賴、許、霍、養、宋、白、夏、鄘
今安徽境內	蓼（偃姓）、宗、巢、舒蓼、舒庸、舒鳩、舒龍、舒鮑、蕭、舒、英氏、桐、舒冀、皖、蔡、潛、慎、六
今山東境內	魯、杞、邾、莒、小邾、吳、郯
今陝西境內	麋
今浙江境內	越
跨地區	夷虎（淮河上游，大別山一帶）、揚越（鄂、贛、湘、桂、粵交界處一帶）、淮夷（淮河之南）、百濮

　　遼闊的疆域，為楚國發展農業生產提供了大有可為的舞臺，使楚國的經濟立於堅實的基礎之上。正是憑藉這種為其他諸侯國稱羨的地理優勢，楚國的統治者才得以雄踞一方，楚國的勞動人民才得以創造出光輝燦爛的楚文化，取得後世矚目的經濟成就。

第二節　文獻對楚國地理環境的記載

　　孟子云：「天時不如地利。」從上述楚人的活動軌跡和開發地域來看，楚國的發展，在很大程度上是得力於占據了對於經濟發展極為有利的地理條件。楚人從早期的沮漳河流域到長江中游（湖北省境）、漢水流域繼而發展到湘江流域、淮河流域和長江下游的廣大地帶，基本上是將南中國的富庶之地盡囊己有。這些地方，從地理環境、氣候、降水、土壤、物產諸方面來看，都具備北方所不可比擬的優越條件，為產生光輝燦爛的楚文化提供了豐富的物質基礎。

　　楚國疆域的範圍，大致相當戰國時代的著作《尚書　禹貢》所言荊州、揚州兩地。《尚書　禹貢》中曾列舉兩地的自然環境如下：

荊及衡陽惟荊州（從荊山南到衡山南的地區，即長江中游平原，有今湖南省及湖北省東北部，四川省南端、貴州省東部），厥土惟塗泥（塗泥是指粘質濕土），厥田惟上下。

淮海惟揚州（淮河以南地區，即長江下游平原，有今浙江、江蘇、福建等省及江蘇、安徽等省的南部，湖北省的東部），厥土惟塗泥，厥田惟下下。

《尚書 禹貢》中關於土地等級的記載，表明戰國時人們已經注意到土壤的分辨，能從土壤的色澤、性質和肥沃度等方面去認識和區別，將各種土壤冠以壤、埴、墳、壚、黎、塗泥等名稱，並還將壤分為黃、白兩種，指出黃壤屬上上等，白壤屬中中等，白墳屬上下等，黑墳屬中下等，赤埴墳屬上中等，青黎屬下上等，塗泥屬下中等或下下等。依此，《尚書 禹貢》將所謂九州田的等次排列為：雍州屬上上，徐州屬上中，青州屬上下，豫州屬中上，冀州屬中中，兗州屬中下，梁州屬下上，荊州屬下中，揚州屬下下。今天，我們看《尚書 禹貢》的這些記載，雖然其中對各個地區土壤的敘述，大體符合今天分布的情況，但其對於土地等級的排列中，將楚國所處長江中游的荊州、揚州列為下中、下下，排為最末，表明《尚書 禹貢》的作者眼光主要還是放在黃河流域，與實際情況有違。

楊寬指出，「楚國地處《禹貢》的荊州和揚州，列入下中和下下等。其實不能一概而定，在荊州和揚州有些地區農業是發達的。楚懷王時，齊使者遊說越王時說：『讎、龐、長沙，楚之粟也』（《史記 越世家》原誤作楚威王之時）。龐在今湖南省衡陽東 [①]，長沙即今長沙市，讎也該在湘水流域。這是說明湘水流域是楚國的糧倉。說

---

① 《史記 集解》引徐廣說「龐」一作「竉」，當即後來漢代長沙國的「酃」國所在。「龐」、「竉」都從「龍」得聲，和「酃」是一聲之轉。酃縣在今湖南衡陽市東。

明至遲到戰國後期湘水流域已成為農業發達的地區」①。其實，《史記　越世家》所反映的僅是戰國時期湘水流域的土壤情況，不少記載表明，楚地的土壤遠非貧瘠：

　　荊之地方五千里……有雲夢，犀兕麋鹿滿之，江漢魚鱉為天下富……（《墨子　公輸》）

　　江陵故郢都，西通巫、巴，東有雲夢之饒。（《史記　貨殖列傳》）

　　楚越之地，……地勢饒食，無饑饉之患。（《史記　貨殖列傳》）

　　（楚國）地方五千里，帶甲百萬，車千乘，騎萬匹，粟支十年，此霸王之資也。（《史記　蘇秦列傳》）

　　雲土夢作乂。（《尚書　禹貢》）

　　雲夢土為治。（《史記　夏本紀》）

　　荊之地方五千里……荊有雲夢，犀兕麋鹿盈之，江漢魚鱉黿鼉為天下饒……荊有長松、文梓、楩、柟豫章……（《戰國策　宋衛》）

　　楚地擁有「雲夢之饒」。譚其驤、石泉指出，不能把先秦時期的「雲夢」理解為一片湖沼池澤，它應是一片廣大的、包括各種地貌（當然也包括湖澤），到處孳育繁衍著野生動物植物的未經開發的地區②。《尚書　蔡沈注》認為：「雲土者，雲之地土見而已，夢作乂者，夢之地已可耕治也。」雲夢澤地勢有高有低，其中的高地可耕種農作物，增加糧食生產，低地則可叢生竹木，並成為鳥獸聚集的原

①　楊寬：《戰國史》，上海人民出版社1955年版，第50頁。
②　石泉：〈先秦至漢初「雲夢」地望探源〉，載《楚文化新探》，湖北人民出版社1981年版，第92頁。

野，成為田獵的場所 ①。據石泉考證，春秋戰國時期楚境內漢水東面（鄖）人曾分布的地區，範圍較大，包括今鍾祥平原上的楚鄖公邑、雲夢以及京山縣西北境的鄖故城，「雲夢」原義則是指春秋早期的（鄖）國之夢。文獻中的記載，是這一帶有著豐富自然資源的反映。

---

① 參閱曹典禮〈楚與雲夢澤、洞庭湖的關係考辯〉，提交1985年楚史討論會（岳陽）列印稿。

第二章 楚地利於發展農業的自然環境

楚國疆域大體為巫山、雪峰山以東，淮河以南，南嶺山脈以北的廣大亞熱帶東部地區。境內在地形上以低山丘陵為主，南有東西毗連的江南丘陵、閩浙丘陵和東西綿延的南嶺山地；北有東西向排列的淮陽丘陵，平均海拔500公尺左右，只有部分低山可達800～1000公尺，少數山峰可逾公里。南北丘陵山地之間，則為東西橫貫的長江中下游平原，海拔多在50公尺以下，地勢低平，湖泊密布。在亞熱帶緯度地帶性背景下，這樣的地貌結構，使楚國全境的大部分地區能夠比較一致地、穩定地朝暖濕的亞熱帶自然景觀方向演進。這一地區，具有世界同緯度其他亞熱帶地區無可比擬的豐富的自然資源，這裡是溫暖而濕潤的氣候條件、宏富的水利水能資源、遼闊而肥沃的沖積平原和類型複雜的亞熱帶丘陵山地，在氣溫、降水、河流、湖泊、土壤、植被諸方面都為楚人發展農業提供了得天獨厚的自然條件。

第一節 適宜的氣候

農作物必須在適宜的溫度中生長。現代科學告訴我們，農業的發展需要能指示農田作業的溫度，即農業界限溫度。在一般情況下，日

平均氣溫達到0℃以上時，土壤開始解凍，田間作業開始，是為農耕期；當日均溫度大於5℃的持續時期，為農作物的成長期；當日均溫度開始高於10℃時，大部分植物開始活躍生長，為植物的活躍生長期。此外，日均溫度大於15℃的持續時期則為栽培喜溫作物（如水稻、棉花）的適宜生長期①，由此可見氣溫對於農業發展的關係極大。

先秦時期的氣溫是否與今天大致相同，先秦時期位於長江流域的楚國與位於黃河流域的中原諸國的氣候又有哪些不同？這是至今尚待研究的重要領域。中國古代哲學家和文學家如沈括（西元1030年－1094年）、劉獻廷（西元1648年－1695年）曾懷疑中國歷史時期氣候無常，但拿不出很多實質性的事實以資佐證，所以後人未曾多加注意。直到殷墟甲骨文被發現後，胡厚宣得以推斷三千年前黃河領域同今日長江領域一樣溫暖潮濕②，蒙文通於1920年曾認為我國北方歷史上幾千年來氣候變化的幅度很大③，竺可楨則認為不可誇大氣候變化的幅度，並曾根據雨量的變化研究中國的氣候變化。由於雨量變化往往受地域的影響，亦很難得出正確的結果④，到了20世紀70年代，竺可楨以升降比較統一的冬季溫度作為我國氣候變動的唯一指標，通過分析各種資料，將近五千年的氣候分為考古、物候、方志、儀器四個時期⑤，楚人所活動的周初至戰國末期，處於竺氏所劃的物候時期

---

① 《中國自然地理》，高等教育出版社，1984年5月第二版。
② 胡厚宣：〈氣候變化與殷代氣候之檢討〉，《中國文化研究彙刊》四卷上冊，1944年。
③ 蒙文通：〈中國古代北方氣候考略〉，《史學雜誌》二卷三期，1920年南京出版。
④ 竺可楨：〈中國歷史上氣候的變遷〉，《中國科學社論文集》第三卷，1926年上海中國科學出版社出版，1~12頁。
⑤ 竺可楨：〈中國五千年來氣候變遷的初步研究〉，《考古學報》1972年第1期。文中指出這四個時期是：一、考古時期，大約西元前3000年到1100年，當時除甲骨文外沒有文字記載；二、物候時期，西元前1100年到西元1400年，當時有對於物候的文字記載，但無詳細的區域報告；三、方志時期，西元1400年到1900年，在我國大半地區有當地寫的而時加修改的方志；四、儀器觀測時期，1900年至今。

內，竺氏指出當時的氣溫與今日不同：

　　隨著周朝的建立（西元前1066年—西元前249年），國都設在西安附近的鎬京，就來到物候時期。當時官方文件先銘於青銅，後寫於竹簡。中國的許多方塊字，用會意、象形來表示……可以想像到當時竹類在人民日常生活中曾起到了如何的顯著作用。方塊字中如衣服、帽子、器皿、書籍、傢俱、運動資料、建築部分以及樂器等名稱，都以「竹」字為頭，表示這些東西最初都是用竹子做成的。因此，我們可以假設在周朝初期氣候溫暖，可使竹類在黃河領域廣泛生長，而現在不行了。

　　胡厚宣在研究甲骨文的過程中，發現在殷墟出土的十萬多件甲骨中，有數千件是與求雨與求雪有關的，在能確定日期的甲骨中，有137件是求雨雪的；有14件是記載降雨的。這些記載在一年中非常需要雨雪的前五個月出現得最頻繁，而這段時間落雪的記載卻很少見[1]。當時安陽人種稻，在第二個月或第三個月，即陽曆三月份下種，現在安陽種地下種要到四月中[2]，可見三千餘年前中原地區下種比現在大約要早一個月，氣候較近暖和得多。

　　以上是就整個中國而言，先秦時期是氣溫較今為暖，尤其是黃河流域的氣候較今為暖，那麼位於南方的長江流域氣候更暖，更適宜農作物生長是不成問題的了。現在可以考察一下楚國所處的長江流域與中原諸國所在是黃河流域先秦時在氣溫上的差別。

　　竺可楨根據考古資料，不同時期竹子分布區域的變化，認為自五千年前的仰韶文化以來，竹類分布的北限大約向南後退緯度1 ～

①　胡厚宣：〈氣候變化與殷代氣候之檢討〉，《中國文化研究彙刊》四卷上冊35頁，1944年。
②　根據《農業氣候服務手冊》第53圖，1959年出版。

3，以黃河下游和長江下游各地的月平均溫度相比較，可以看出長江流域一般比黃河流域正月份的平均溫度高3℃～5℃，年平均溫度大約高出2℃。這一重要規律，亦為春秋時期的歷史記載所證實。

《左傳》反映出山東近海地方的郯國人氏（今山東南部郯城），每年注意觀察家燕的活動規律，以燕子最初到農家住宅的頂棚上築巢的日期作為「春分」，即農作的開始時期，故而郯國的國君到魯國對魯昭公說，他的祖先少皞在夏、殷時代，以鳥類的名稱給官員定名，稱「玄鳥」（燕子）為「分」點之主，以示尊重家燕①。這表明，在三四千年以前，家燕正規地在春分時節可來到郯國，而現在，近春分時節卻只能到上海②。再看兩地的實際溫度之差，長江下游的上海比北方的郯城緯度南移3 6′，但正月時上海氣溫高出郯城達4.5℃，年平均溫度高出1.4℃。這還只是長江下游的氣候情況，如果以楚國的腹心地帶長江中游的武漢與黃河南岸的大致處於同一經度的鄭州相比較，則可看出，兩地的緯度相差約4 ，而氣溫差別與上海/郯城氣溫差別大致相同：

表2-1　武漢、鄭州平均溫度比較表（攝氏）③

地點	緯度（北）		經度（東）	海拔（公尺）	正月	二月	三月	年平均
武漢	30	0′	114.4	23	2.8	5	10	16.3
鄭州	34	0′	113.7	110	−0.3	2.1	7.7	14.3
差數	4				3.1	2.9	2.3	2.0

---

① 《左傳 昭公十七年》：「秋，郯子來朝，公與之宴。昭子問焉，曰：『少皞氏鳥名官，何故也？』郯子曰：『吾祖也……我高祖少皞，摯之立也，鳳鳥適至，故紀於鳥，為鳥師而鳥名：……玄鳥氏，司分者也』……」楊伯峻《春秋左傳注》：「玄鳥即燕，分謂春分、秋分。燕以春分來，秋分去，故名」。

② 據威爾根生（E.S.Wilkinson）《上海鳥類》，1935年上海字林西報出版，該書第30頁寫道：「家燕在3月22日來到長江下游、上海一帶，每年如此。」

③ 據《中國分省公路交通地圖冊》所附「中國氣候」，地圖出版社1986年4月版。

從上表可知，在先秦時期，楚地氣溫較黃河流域冬季正月高出3.1℃，年平均氣溫高出2℃，而以上文所考先秦時黃河流域氣溫遠較今日為暖，則武漢一帶當年的氣溫較今日更高，更適宜於農作物生長。

先秦時郯國人民觀察家燕而知春分，開始農作。楚族先民判斷春分則有自己獨特的方法——觀象授時。

早在傳說中的祝融時代，楚族先民即在春初天色剛剛黑暗下來的時候用心觀察紅色的大火星的出現來確定春分之日。《左傳　僖公二十六年》記楚人責罵「夔子不祀祝融與鬻熊」，並進行討伐，表明祝融確為楚氏族的先祖，而祝融在傳說中是上古帝王專司觀測大火星和鶉火星的星象位置以確定農時的官員——火正[1]。《左傳　襄公九年》指出：「古之火正，或食於心，或食於咮，以出內火，是故咮為鶉火，心為大火。」火正觀測的目標之一——大火，是中國古代恆星區劃體系——二十八宿中屬於心宿的第二號星，此星黃昏時出現恰在春分時節的年代約為西元前2300年左右，正與楚族傳說中被賜予祝融名號的重黎為帝嚳高辛火正[2]的年代大致相符。意味深長的是，這也正與上文所述郯國高祖少皞帝摯時以家燕飛來之日為春分的時期大體相當，而且，楚族當時居住「祝融之虛」的鄭地位置（今鄭州與處於北緯34　38′的郯地（今山東郯城）竟也大致相當。這不是巧合，表明楚人早在遷徙至長江流域之前，所居之地同樣是溫暖、適宜農耕的地方。

但是隨著時代的推移，歲月作用會使「大火」昏見的季節越來越遲，人們需要在晝夜等長的春分過後許多天，才能看到大火星出現在東方的地平線上，這時再開始春播春種為時已晚。大約在商朝

---

① 《左傳　昭公十七年》：「鄭，祝融之虛也」，杜預注曰：「祝融，高辛氏火正。」
② 據《國語·鄭語》、《史記·楚世家》，重黎是最早的一位祝融，由於他在擔任帝嚳高辛之火正的時候，「能光融天下」、「其功大矣」，被賜予「祝融」名號。

中期，西元前1400年左右，黃昏時出現鶉火星才正是春分，於是火正有觀測大火星昏見改為鶉火星昏見。鶉火星原名咮星，《爾雅　釋天》：「咮謂之柳，柳，鶉火也」，表明咮星即二十八宿中的柳宿。《說文》：「咮，鳥口也。」柳宿八星在空中是一群形如鳥喙的暗淡小星，本來與火毫不沾邊，其得名「鶉火」很可能與火正中將其昏中作為「出火」的標誌有關，所以《左傳　襄公九年》所言的「古之火正，或食於心，或食於咮，以出內火，是故咮為鶉火，心為大火」，真實地反映了楚先祖火正祝融觀星對象從早期的觀測大火星改為觀測鶉火星的歷史演變過程[1]。當然，這時從事鶉火星觀測的火正已不是重黎，而是重黎的後裔[2]。這一方面表明楚族至商朝中期已離開中原地帶，另一方面同樣證明在西元前1400年期間楚族居住之地同樣是溫暖、適宜農耕的地方。

到了周初，楚族首領鬻熊率領族人參加周武王滅商的戰役受封為楚子後，楚已舉族南徙進入漢水流域，這時氣溫仍是暖和的，但不久就惡化了，主要標誌是西元前903年周昭王時約楚熊時期，一向冬季不結冰的漢水突然結了冰，《竹書紀年》將此事作為異常現象記載了下來，表明這時的氣溫有所下降，到了西元前879年，周孝王時，《竹書紀年》又記漢水再一次結冰，表明楚人在周初（西元前10世紀）時曾經遇到過寒冷。這時，約是楚熊渠（周夷王時）之前，楚熊勝之弟熊揚在位之時。

大約在春秋晚期楚昭王時期，又有一次寒潮襲擊過楚國，《新書　論城》記載：「楚昭王當房而立，愀然有寒色，……是日也，出府以裘，以眾寒者。」[3]但是，對於楚人早期遇到的這種寒冷不能過

---

① 參見王勝利《荊楚天文曆法志》列印稿，1985年10月。

② 《國語　鄭語》和《史記　自序》云：「堯復育重黎之後不忘舊者，使復典之，以至於夏、商，故重黎氏世序天地。」

③ 《新書　論城》，掃葉山房叢書本。

於誇大，因為在西元15世紀時起，各種方志記載漢水結冰多達18次，甚至新中國成立後的1955年漢水也結過冰[①]，可見當時與現在的氣溫相差不大。

春秋時期楚國的氣溫一般都較溫暖。《左傳》記載在楚武王四十三年（西元前698年）、楚共王元年（西元前590年）、楚康王十五年（西元前545年）甚至北方的魯國冬天都沒有結冰[②]，南方楚國的天氣當然更暖。史載春秋時楚曾用象作戰[③]，在楚境內1984年亦曾發現古象化石[④]，證實當時氣候溫暖，楚國所處的長江中下游地區，一般來說，冬季也應有冰，而楚人亦十分善於保存冰塊[⑤]。《左傳》記楚蒍子馮推辭令尹之職，在大熱天挖地，於地下室放上冰塊，身上穿兩層綿衣以及皮袍，少吃東西，躺在床上裝病[⑥]。這說明，楚統治者所居之地，冬季有冰，同時，當時「方暑」，即氣候很熱，表明這一年冬夏冷熱均衡，四季分明。這與今日長江中下游地區的氣溫具有四季分明、冬冰夏熱的特點也大體一致。

表2-2下面所附的長沙、南昌兩個城市，位於長江以南，冬季均無雪，由此可上推楚國境內的大部分地區更加溫暖，更適宜農作物的生長。戰國時期楚國的氣溫與春秋時期無甚變化。《荀子》曾說，當時好的栽培家，一年可以生產兩季作物[⑦]。荀子晚年至楚為蘭陵令，以後老死於蘭陵。蘭陵在今徐州東北安徽、山東交界的淮河之北處。

---

① 參見徐近之〈長江流域河湖結冰的年代〉（表），《考古學報》1972年第1期第27頁。
② 《左傳 桓公十四年》〈成公元年〉、〈襄公二十八年〉均載「冬無冰」。
③ 《左傳 定公四年》。
④ 《江漢考古》1984年4期〈武當山下發現古象牙化石〉。
⑤ 《左傳 昭公四年》記古時人們「日在北陸而藏冰（太陽在虛宿或危宿的位置上就藏冰）」，「西陸朝覿而出之（昴宿和畢宿在早晨出現時就把冰取出來）」，「其藏冰也，深山窮谷，固陰沍寒，於是乎取之（藏冰於深山窮谷，寒氣閉塞凝固，取冰於此）」。「其藏之也固」（杜注：周密）。
⑥ 《左傳 襄公二十一年》：「楚子 庚卒。楚子使蒍子馮為令尹……遂以疾辭。方暑，闕地，下冰而床焉。重繭，衣裘，鮮食而寢。」
⑦ 《荀子 富國篇》：「今是土之生五穀也，人善治之，則畝益數盆，一歲而再獲之。」

第二章 楚地利於發展農業的自然環境

當時楚國的中心已移至長江下游和淮河流域，荀子所述地域，多為長江下游及淮河流域一帶，就今日農作物生長情況而言，尚是在淮河以南、長江以北的北亞熱帶地區，作物一年兩熟[1]，荀子所述，表明戰國時，即使在淮河以北，亦屬一年兩熟地區。《孟子》說過齊魯地區農業種植也可以一年兩熟[2]，而近年直到解放，在淮河北部仍習慣於兩年輪種三季作物，季節太短，不能一年種兩季[3]，可見戰國時期楚地氣候同樣較今為暖，擁有良好的氣候條件。

表2-2　今日長江流域諸地冬季降雪及夏季氣溫表[4]

	海拔（公尺）	冬季最大積雪深度（公釐）			夏季平均氣溫（攝氏度）		
		12 月	1 月	2 月	6 月	7 月	8 月
宜昌	131	26	14	8	25.7	28.3	27.6
武漢	23	30	32	12	25.8	29	23.5
合肥	23	45	39	24	25.1	28.5	28.2
南京	8	50	51	14	24.5	28.2	27.9
杭州	7	4	14	16	24.3	28.7	28.2
上海	4	1	6	12	23.2	27.9	23.8
附：長沙	44				26	29.5	28.9
南昌	46				25.7	29.7	29.4

第二節　充沛而均衡的降水

降水是農作物生長的命脈。充足的降水，直接促進農作物的生長，又為江河湖泊提供用之不竭的水源。司馬遷說「江南卑濕，丈夫

[1] 見《中國自然地理》第85頁。
[2] 《孟子 告子上》：「今夫麰麥……至於日至之時皆熟矣。雖有不同，則地有肥磽，雨露之養，人事之不齊也。」參並閱潘鵬聲、楊超伯〈戰國時代六國農業生產〉，《農史研究集刊》第二冊，科學出版社，1960年版，第60頁。
[3] 《江蘇氣象文集》1964年版，79頁。
[4] 據《中國分省公路交通地圖冊》所列「中國氣候」，地圖出版社1986年4月版。表中的冬、夏季劃分標準，取《中國自然地理》第82頁：「一般氣候統計上……常把陽曆12、1、2月作為冬季，6、7、8月為夏季。」

早天」，表明楚國所處的長江流域一帶的降水非常豐富，這便為楚國的農業生產特別是種植水稻等農作物提供了良好的條件。

考古發掘證明，長江流域一帶早在新石器時期便生產水稻[①]，那時的生產力不可能達到人工灌溉的水準，故只可能是降水豐富的結果。如果我們把稻穀遺存所屬的時間和發佈地域聯繫起來，我國水稻栽培，一開始就是以長江下游為中心，從這個中心出發，像波浪一樣逐級向周圍長江中游地區，隨後向北擴展，夏商周時代進一步向長江上游和黃河中下游以北擴展[②]，初步接近於現今水稻分布的格局，這表明歷史上長江流域的降水量一直遠較黃河流域豐富。

我國的降水，主要來自夏季風，所以在降水分配上，存在著地區間的不均勻性，時間上的不均衡性。從年降水的地區分布來看，歷史上一直是由東南向西北逐漸減少，其中，長江流域一帶年降水量達800～1600毫米，而黃河流域一般只達200～400毫米，受到旱災影響較多。長江流域的降水比黃河流域多達一倍，這樣，楚國的農業生產自然比黃河流域具有更大的地理優勢。再就整個中國先秦時期降水的季節分配而言，各地亦不均衡。與夏季風的進退密切相關，不同地區的雨季遲早與時間的長短均不同，一般自陽曆5月上旬，雨季開始在華南出現，6月中旬跳躍式地移到長江中下游和淮河流域，到7月上旬再一次跳躍到華北，8月下旬以後，雨帶方開始向南後撤，這樣，總的趨勢總是東部地區由南向北，雨季出現的時間愈來愈短。在黃河流域，雨量集中降落在6、7、8月，春季均乾旱缺水，迫使其地只能發展旱作作物。7、8月之間不雨造成旱災，多雨則又造成水災，形成旱、澇並存的局面，春旱秋澇成為經常狀態，遠不如長江流域相對變率小於30%，降水均衡。

---

① 詳見後文第三章第二節「考古所見的先楚農業」部分。
② 嚴文明：〈中國稻作農業的起源〉，《農業考古》1982年1期。

史料反映出自古以來，黃河流域地區較大的降水變率對人類生產生活的影響十分巨大。相形之下，更顯出長江流域均衡降水的可貴。

「往古之時，四極廢，九州裂，天不兼覆，地不周載，火爁焱而不滅，水浩洋而不息。」（《淮南子　覽冥》）

燧人之世天下多水。（唐虞世南《北堂書鈔》轉引）

虞夏時洪水為災，「湯湯洪水方割，蕩蕩懷山襄陵，浩浩滔天」。（《尚書　堯典》）

商初「湯有七年之旱」。（《漢書　食貨志》晁錯語）

在殷墟發現的十多萬件甲骨，其中有數千件是與求雨或求雪有關。在能夠確定日期的甲骨中，有137件是求雨雪的，有14件是記載降雨的，這些記載分散於全年，但最頻繁的只在一年中非常需要雨雪的前五個月[1]，表明春旱一向較為嚴重。

西周以降，周昭王五十九年時，「天大暵（雨）」，又有周厲王二十一年至二十六年的連續六年大旱，「浩浩昊天，不駿（長）其德，降喪饑饉[2]」，在此之前不久，楚熊渠「甚得江漢間民和」，「立其長子康為句亶王，中子紅為鄂王，少子執疵為越章王，皆在江上楚蠻之地[3]」，已在長江漢水之間占據了廣大的地盤。在周宣王末至周幽王初年，楚熊絢、熊鄂、若敖之時，「旱既太甚[4]」，「習習谷風，維山崔嵬，無草不死，無木不萎[5]」，又是持續大旱，降水

① 胡厚宣：〈氣候變遷與殷代氣候之檢討〉，《中國文化研究彙刊》。
② 《詩經　小雅　雨無正》。
③ 《史記　楚世家》。
④ 《詩經　大雅　雲漢》。
⑤ 《詩經　小雅　谷風》。

很少。

在春秋時期，《春秋》、《左傳》等記載出現降水異常的情況常用「不雨」、「大旱」、「大水」的字樣，表明降水的不同程度，並記載了人們頻繁的雩（求雨）活動。《禮記　玉藻》：「至於八月不雨，君不舉」，鄭玄注：「《春秋》之義，周之春夏無雨，未能成災，至其秋秀實之時而無雨則雩，雩而得之，則書雩，喜祀有益也，雩而不得，則書旱，自夏及秋，五稼皆不收也。」據《左傳》記載，從魯隱公元年（西元前722年）至魯哀公十五年（西元前430年），亦即楚武王十五年至楚惠王九年，242年間，降水異常情況如下：

表 2-3　春秋時期降水異常情況

降水異常程度	統計年數	異常次數	絕對年代	異常平均年數
大旱	242	2	僖公二十一年、宣公七年	121
雩（求雨）	242	21		10.3
不雨	242	7	莊公三十一年，僖公二年、三年，文公二年、十年、十三年	34.5
大水	242	9	桓公元年、十三年，莊公七年、二十四年、二十五年，宣公十年，成公五年，襄公二十四年	26.8
霖（久雨）	242	1	隱公九年	242
大雨苞	242	3	僖公二十九年，昭公三年、四年	80.6
大雨雪	242	3	隱公九年，桓公八年，僖公十年	80.6
合計	242	46		5.62

從上表中不難看出，春秋時代，降水異常現象較為頻繁，總平均5.26年便發生一次，占統計年的18.5%，這還不包括春秋時伴生乾旱而發生的多達15次的蟲災。戰國時期對於降水異常的情況沒有記載，據漢桓寬《鹽鐵論　水旱篇》說，「古者（戰國及以前）六歲一饑，十二歲一荒」，與《漢書　食貨志》及墨子的說法大致相同。

「較大的降水變率是引起旱澇災害的重要原因」[①]。上述降水異常的情況，便是黃河流域較大的降水變率所帶來的必然結果，是黃河流域冬春雨量少而蒸發強，夏季降水又集中形成的。長江流域及以南的範圍降水則較均衡，受到的影響也較小。這從歷史記載中可以得到證實。如降水異常必定帶來「饑」的結果，而《春秋》、《左傳》記「饑」及「饑饉」多達21次，明確發生在楚國的「饑」僅只有一次而已[②]。

如果再將今天黃河流域與長江流域以南地區的降水量和降水季節進行比較，更可知道楚國當年所處地域降水豐富而且均衡，較少受上述降水異常的影響。

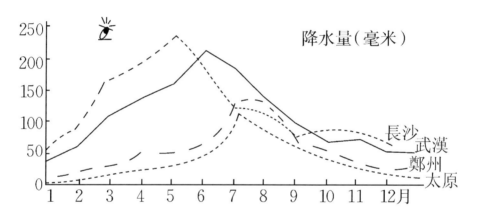

圖2-1　長江流域與黃河流域降水量和降水季節比較

至此，我們完全可以說，楚國冬雨比率較高，春雨極為充沛，具有中原地區所不可比擬的有利於農業生產的降水資源，這對於楚國的農業來說，當然提供了一個極為理想的自然環境。

---

① 《中國自然地理》第91頁。
② 《左傳　文公十六年》：「楚大饑」。

第三節 水網密布的江河湖泊

　　楚境內的江河湖泊中，水量最大、對楚國影響最大的自然首推長江。長江古名「江」，習慣上又稱「大江」，在古代典籍中最初見於《詩經　小雅　四月》：「滔滔江漢，南國之紀」，《墨子　兼愛》中說：「南為江漢淮汝，東流之注五湖之處，以利荊楚于越，與南夷之民。」《左傳　文公十年》記楚穆王時使為商公的子西回楚都是「沿漢溯江，將入郢，王在渚宮下見之」。

　　長江是中國的第一大河，源遠流長，水量充沛，雄偉壯麗，氣勢磅礴，今天長江平均每年入海的總水量約1萬億立方公尺，相當於黃河的20倍。整個流域面積達180餘萬平方公里，相當於中國總面積的五分之一。上述記載，都確鑿地證明了古長江的方位及其與楚國的密切關係。古長江的面貌，和先秦楚境內水網密布的自然景觀當然不是生來如此，古老的長江，在地史上可以追溯到距今兩億年以前的三疊紀。那時我國南方和華北的地形與今天相反，是東高西低，長江流域西部地區被古地中海所占據，海水淹沒著西藏、青海南部、川西、滇西、滇中、黔西和桂西大片地區，並向四川盆地和鄂西延伸，形成了一個廣闊的海灣，止於巫峽和西陵峽之間。在距今1億年以前的侏羅紀，由於一次強烈的造山運動，形成了橫斷山脈，秦嶺升高，古地中海大規模後退，它不僅從西藏、青海南部、川西退出，還從黔西、桂西退出，原始的雲貴高原開始形成。古地中海退出後，在橫斷山脈、秦嶺、雲貴高原之間的低地裡遺留下雲夢澤、巴昌湖、滇池等幾個大水域，它們被一條水系串聯起來，從東向西由南流入古地中海，形成古長江的雛形。以後經過白堊紀的燕山運動，四川盆地上升，洞庭盆地下降，湖北西部的古長江逐步發育，積極向四川盆地溯源伸長。距今三四千萬年以前的喜馬拉雅造山運動，使全流域地面普遍間歇上升，這時的地面輪廓已與現在的地貌相似，流域的上游上升最烈，

多形成高山、高原與峽谷，中、下游上升的幅度較小，出現丘陵與山地，低窪地帶伴隨著下沉而形成若干平原，如兩湖平原、南襄平原、鄱陽平原、蘇皖平原等。這時水域遼闊，廣及兩湖的古雲夢澤發生解體分割成幾個相對獨立的湖泊沼澤群，與此同時，往昔追溯源伸向四川盆地的古長江，已溝通四川盆地的水系，由於地形變為西高東低，於是匯成了滾滾東流的巨川[①]。至少早在新石器時代中期之前，即已演變為今日形態的長江。這已為豐富的考古成果所證實[②]。

從長江這種演變歷程可以幫助我們知道，位於長江中游以下的楚國境內密布河網。河谷平原，這種極其有利於農業生產的自然環境，的確是得天獨厚的。《史記　楚世家》記楚熊渠「乃立其長子康為句亶王，中子紅為鄂王，少子執疵為越章王，皆在江上楚蠻之地」，表明楚人是時已控制長江今江陵至鄂城一帶地域。以後數百年，楚人在長江流域繁衍、生息，接受長江慷慨的恩賜與哺育，一年又一年成長、壯大。

戰國時期的著作《尚書　禹貢》是假託禹治水時期的作品，它分別敘述了全國的山川、河流狀況，其中記載長江流經楚國境內時，其眾多的支流交匯，形成「九江孔殷，沱潛既道[③]」的壯麗局面，這些支流，向東、向南呈扇狀散流，逐步伸延形成縱橫交錯的血脈，給荊楚大地的經濟發展提供了取之不盡、用之不竭的源泉。

漢水是長江的一大支流，漢水流域是楚國早期活動的舞臺。《史記　楚世家》記楚昭王曾說，「自吾先王受封，望不過江漢」。古代漢水發源於陝西的漢中地區，進入江漢平原後，漢水江面就比較開闊了，尤其是經過鍾祥之後，江面更加開闊。據考察，古代的漢水北

---

① 參見《長江水利史略》，長江流域規劃辦公室編寫，水利電力出版社1985年版，第2頁。

② 參見宋煥文〈試談雲夢澤的由來及其變遷〉，《求索》1983年第5期。

③ 《長江水利史略》：「據舊說，沱，相當於後來湖北江陵縣的夏水，今已湮沒。潛，約相當後來的蘆伏河，漢水支流，出今湖北潛江縣，分流至沔陽縣，合東荊江入江，今已湮沒。」

岸線大抵是在今漢水（江漢平原境內的漢水段）偏北一段，自鍾祥縣東南舊口東出，接今天門河經汈汉湖至武漢地區入江[①]。遠古時漢江江面很寬，並分布著眾多的沙洲，《詩經 周南 漢廣》記，「漢有遊女，不可求思，漢之廣矣，不可泳思……」，這雖然形容的是男女愛戀的情形，但其中卻反映了當時的地理面貌，表明漢水江面寬而難涉，是這一地區的天塹。《史記 周本紀》記述「昭王南巡狩不返，卒於江上」，這一著名的歷史事件即發生在漢水之中，說明漢水早年也稱為「江」。春秋前期，五霸之首齊桓公伐楚，楚示之將以「漢水以為池[②]」，遂簽召陵之盟，齊人不得南下。西元前529年，「（楚靈）王沿夏將欲入鄢[③]」，鄢在今湖北宜城縣，即是指楚靈王順漢江南下到宜城。漢水的水利資源十分豐富，今日其流域面積173681平方公里，雖僅及黃河流域的23%，河流長度1532公里，僅為黃河的28%，但徑流深卻達385.5毫米，為黃河的6.2倍，平均流量每秒1910立方公尺，為黃河的1.3倍，徑流總量541億立方公尺，為黃河的1.16倍[④]。先秦時，漢水流量必然更大。如此豐富的水量，對楚國的農業自然有極大的影響。

沮水和漳水是長江的支流，位於江漢平原的西部邊緣，源於荊山南部地區。流經荊山丘陵地區後，河床漸寬，在當陽縣東南合流，稱為沮漳河。先秦時約在枝江鳳臺一帶入江，以後在枝江江口、江陵萬城、沙市境內入江[⑤]。有的學者考證，先秦時古沮、漳二水並非今日南向流入長江，而是向東（偏南）流，於今宜城南境入漢水，亦即古

① 蔡述明：〈武漢東湖湖泊地質（第四紀）研究有關東湖成因和古雲夢澤問題的討論〉，《海洋與湖澤》1979年4期。
② 《左傳 僖公四年》。
③ 《左傳 昭公十三年》。
④ 據水利電力部「全國主要河流水文特徵統計」，1975年5月。轉引自《中國自然地理》第261頁。
⑤ 《讀史方輿紀要》卷七十五「沮水」條。

第二章 楚地利於發展農業的自然環境

沮、漳就是進荊門縣北面的蠻河[①]，可備一說。《左傳　哀公六年》記楚昭王所說「江漢沮漳，楚之望也」，就反映著沮漳二水在楚國的重要地位。《左傳》定公記吳、唐、蔡師攻入楚國，楚昭王君臣由郢都逃出後，首先就「涉睢（沮）」，說明沮水靠近楚郢都。《讀史方輿紀要》卷七十五「沮水」條載後人言「荊州有沮、漳二水，漑灌膏腴之田以千數」，上溯先秦時期對楚國經濟必定起到很大的作用。

滉水發源於大洪山的北部，汈水發源於大悟縣之北，二水流至孝感縣周家臺子附近合流，經今漢北河注入漢水入江。這兩條水系雖發源不在一地，但先秦時徑流量很大，河床比今日寬闊。按地貌學的觀點，今漢川縣境內、天門縣南部、安陸縣中部和南部、雲夢縣西部、孝感縣中部皆屬古代滉水、汈水及天門河（古漢水正道）沖積平原。據調查，在雲夢縣西南的清明河公社伍家臺的東、西面離地表十公尺以下發現有三棵柏樹苑淹沒在泥中，在城中離地表十公尺以下尚發現一隻小鹿的骨架等[②]，皆說明古滉水在先秦時的海拔高度遠比現今為低。滉水先秦時亦名清發水，《左傳　定公四年》記載，「吳敗楚於柏舉，從之，及於清發」，即為此水。

淮河是楚國北上中原受挫後向東拓境的主要地域。淮水是我國的六大河流之一，發源於河南桐柏山。「淮之源流，於《禹貢》時未有改也」，「自桐柏發源以達於海，經流曲折幾二千餘里」[③]。淮河從源頭至洪河口為上游，自洪河口至洪澤湖為中游，北岸是黃淮平原，南岸多丘陵，兩岸多湖泊窪地，幹流沿途穿過峽山、荊山、浮山等峽口；洪澤湖以下為下游，這裡地勢平坦，水網稠密，湖泊星羅密布。淮河支流眾多，北岸支流既多且長，都發源於伏牛山地和黃河大

①　石泉：〈齊梁以前古沮（睢）、漳源流新探〉，《武漢大學學報》1982年1期。

②　見湖北省孝感地區博物館編《孝感地區文物概況》「雲夢縣名考古」部分第95頁。1979年12月。

③　《讀史方輿紀要》卷一二七，「淮水」條。

堤下，先秦時較大的有汝水、穎水、濮水、泗水等河。這些支流流經黃淮平原，河床平淺，水流緩慢，淮水南岸支流少而短，多源出於大別山地，主要有窮水（經今城西湖、霍丘入淮）、期思水（今史河、灌河）等。淮河是我國自然地理上的一條重要分界線，河流兩側的氣候、地貌條件有很大不同，淮南的支流雖短小，徑流量卻很豐富。春秋時期楚令尹孫叔敖在今安徽壽縣興建的大型水利工程——芍陂，就是蓄積淮河支流之水灌漑農田。楚國在西元前680年楚文王滅息（今河南息縣西南），使楚疆擴展到淮水上游。西元前555年，楚成王滅弦（今河南潢川縣西南），西元前648年楚成王滅黃（今河南潢川縣）、滅蔣（今河南固始縣東），西元前632年楚穆王滅江（今河南正陽縣西南），次年滅六（今安徽六安縣）、蓼（今安徽固始東及六安北一帶）等等。這些被滅的小國均分布於淮河中上游。以後吳國崛起，與楚反復爭奪淮河流域之地，至吳被越滅，楚趁勢東侵，「廣地至泗上[①]」，楚又滅越，淮河下游之地，又盡為楚有，成為楚國發展經濟一個很好的基地。

洞庭湖水系在春秋中期楚共王時即已被開發，《左傳　襄公十三年》記載楚共王「撫有蠻夷，奄征南海，以屬諸夏」，《國語　楚語》也有相同的記載，說明楚曾開拓至南海。楚平王時，又曾「為舟師以伐濮[②]」，這時，楚國又擁有了湘、資、沅、澧流域的廣大地域。「湘西北可能早就是楚國之境，……在今長沙、常德、衡陽一帶，都發現了春秋中期以後的楚墓，可見楚人是由此沿湘江向南發展的」[③]。洞庭湖水系的地理環境十分適宜農作物的生長。亦為楚國經濟的發展提供了豐富的水力資源。

戰國時期的地理著作《周禮　職方氏》曾特別敘述了當時全國

---

①　《史記　楚世家》。
②　《左傳　昭公十九年》。
③　俞偉超：〈關於楚文化發展的新線索〉，載《楚文化新探》，湖北人民出版社1981年版。

水利資源的分布和利用情況，把它分為澤藪、川、浸三種。澤藪是「鍾（聚）水豐物」，包括各種地貌（當然也包括湖澤），到處孕育繁衍著野生動植物的未經開發的地區；川是貫穿通流的水，是能通航的；浸是有灌溉之利的河流。楚之地域，大體包括了《職方氏》所述荊州、揚州兩地，其中，荊州「其澤藪曰雲夢，其川江漢，其浸潁、湛」。古雲夢澤的地望，第一章已述，淵源於《左傳》所記春秋早期的邔（郢）國之「夢」及《禹貢》中的「雲土（杜）夢」在漢水中游以東的今京山、鍾祥間[1]，「其川江漢」，是指漢江可以通航。「其浸潁、湛」，潁當為溳水，湛為漳水[2]，均有灌溉之利。《職方氏》又記揚州「其澤藪曰具區，其川三江，其浸五湖」。具區是指太湖及其附近的水草沼澤地，三江指太湖流域的錯綜複雜的水道，五湖指這一地區的一系列湖泊可引水灌溉。這對於楚國擁有的水利資源從宏觀上作了很好的概括。《淮南子　地形》說：「汾水濛濁而宜麻；濟水通和而宜麥；河水中濁而宜菽；江水肥仁而宜稻。」說明漢水、長江具有十分有利於農作物生長的水質，這些豐富的水利資源，是楚國得以強盛的重要物質基礎。

第四節　良好的土壤

先秦時人們對於各地土壤的情況早有一定的認識，《尚書　禹貢》把九州的土壤進行了分類，並鑒定了各自的肥力，然而，其中對楚國所處地域土壤情況的鑒定都存在不少問題。

楚國先秦時所處地域為《禹貢》中的幾種、揚州以及梁州的一部

---

① 石泉：〈先秦至漢初「雲夢」地望探源——古雲夢澤古址新探之一〉，載《楚文化新探》，湖北人民出版社1981年版。

② 《中國水利史稿》，水利電力出版社1979年版，第78頁。

分，《禹貢》對這三個州的土壤鑒定見表2-4：

表2-4　《禹貢》中的楚地土壤等級表 [1]

荊州 （長江中游及漢水下游以南）	塗泥	三等 （「厥賦上下」）	三等 （「厥田惟中」）	泥濘 潮濕 低窪	草甸沼澤土和無石灰質衝擊層上的灌水的老水稻土
揚州 （淮河以南到南海）	塗泥	七等 （「厥賦下上」）	九等 （「厥田惟下下」）	泥濘 潮濕 低窪	草甸沼澤土和無石灰質衝擊層上的灌水的老水稻土
梁州 （華北以南，湖北西北部）	青黎	七等 （「厥賦下中」）	七等 （「厥田惟下上」）	暗「藍、綠、黑」色肥沃土壤，但孔隙性差	在漢江河谷兩側為山地腐殖質暗色森林土

　　《禹貢》是我國歷史地理的珍貴資料，人們對它的記載一直奉為
經典，然而對此書關於荊州、揚州和梁州的一部分地域，這些大致相
當春秋戰國時期楚國疆域內土壤情況的記載，人們卻有不少的誤解，
以為《禹貢》將這些地方土壤的肥沃、適宜農耕程度列為「下中」
等、「下下」等、「下上」等，其實不然。實際上，《禹貢》所指是
這幾個州的地勢高低，並非依好壞程度順序列等。李約瑟、魯桂珍
《中國古代的地植物學》說：「我們發現，《周禮　職方氏》和通常
對《禹貢》習慣的解釋有矛盾。荊州非常適合種稻，但其田地僅為
第八級，雍州只能種粟和稷，其田卻居第一級，一定是什麼地方搞錯
了。」經過仔細分析，他們認為，所謂田多少等，「實際上指的是用
以區別地勢的高低，在地面上看一看這九個州的位置，將會察覺到它
與中國的地勢完全一致」。這種看法，頗有道理。如果進一步推敲，
我們還可發現，荊州若田地僅為第八級，為何卻要擔負第三級的賦？
（「厥賦上下」）？田地等級與所負之賦的等級大體一致方合常理，
荊州之地兩者如此不一致，又反證出將荊州田地的肥力視為第八級的

---

① 李約瑟、魯桂珍：〈中國古代的地植物學〉，載《農業考古》1984年第1期。

第二章　楚地利於發展農業的自然環境

看法是錯誤的。南宋人林之奇曾在《尚書全解》中談到荊州土壤雖然很似揚州塗泥，但地勢比揚州高得多，因此田地「等級」高一等，也是持這種看法。同樣道理，雍州位於甘肅、陝西的高原地帶，又比地處長江流域的荊州地勢高得多，因此田地的「等級」也高得多。

具體揭示楚地土壤肥力情況的，還是在於如何理解《禹貢》中關於荊州、揚州「塗泥」和梁州「青黎」等土壤名詞的真實含義：

輪到揚州和荊州，我們再次涉及到平靜的水域。這兩個州的可灌溉稻田實際上都是由長江流域非石灰性衝積土演變來的。顯而易見，兩州的塗泥型土壤全部是草甸和草甸沼澤土性質具有淋溶和缺鈣等特點；沿三角洲邊緣附近還留有過各種鹽土，向南也應該發現過不十分肥沃的磚紅壤，然而對這類土壤，《禹貢》卻隻字未提。

在幾個土壤名詞中，最古怪的要算倒數第二個州——梁州土壤的名稱「青黎」了。……我們認為它實際是在漢水流域，……所以「青黎」這個詞應該指漢水兩岸山地腐殖性暗色森林土壤，那裡土壤中的複雜成分可從那些山岩的特性中得到解釋。[1]

上述理解，無疑比籠統視先秦楚地土壤為「下中」、「田下下」即最低的等級要準確得多。「塗泥」正是楚地較肥沃的一種土質。

古代勞動人民在長期的農作實踐中，通過接觸各種不同的土壤，對於土壤種類有比較細緻的認識。《管子‧地員》把「九州之土」概括地分為「九十物」，適宜種植的植物分為「三十六物」。「物」是種類。九十種土壤按肥力分為上、中、下三等，上等按次序是粟土、沃土、位土、蘟土、壤土、浮土六種。每一種又分赤、青、白、黑、黃五類。每一種上等土有兩類適宜作物，共三十類土，十二種植物。

① 李約瑟、魯桂珍：〈中國古代的地植物學〉，載《農業考古》1984年第1期。

同樣，中、下等也各分三十類，十二種植物。這種認識已經是很深的了，只可惜未具體指明不同種類的土壤分布的地域。而《周禮　職方氏》說「東南曰揚州……其穀宜稻。正南曰荊州……其穀宜稻」，《淮南子　地形》說「漢水重安而宜竹；江水肥仁而宜稻」，都表明楚人所處地域土壤是肥沃的。

楚地土壤的具體情況，《左傳　襄公二十五年》還有這麼一段著名的記載：

楚蒍掩為司馬，子木使庀賦，數甲兵。甲午，蒍掩書土田，度山林，鳩藪澤，辨京陵，表淳鹵，數疆潦。規偃豬，町原防，牧隰皋，井衍沃。

這段記載，實際上告訴我們，楚國的土壤，並不是「塗泥」二字所能全部概括得了的，大約可按「山林」、「藪澤」、「京陵」、「淳鹵」、「疆潦」、「偃豬」、「原防」、「隰皋」、「衍沃」分為9種。以往的研究者們孜孜於《禹貢》、《周禮》諸書對土壤的概略敘述，未能注意到，楚國的勞動人民對楚地土壤的認識同樣十分深刻。

楚國的這9種土壤的內容是十分豐富的。結合這些地域的土壤情況，我們可將這9種土壤大致分類如下：

表2-5　《左傳‧襄公二十五年》中的楚國土壤分類表

第一類	肥沃的水稻土	「衍沃」、「原防」
第二類	草甸、沼澤土	「藪澤」、「偃豬」、「隰皋」、「疆潦」
第三類	山地土壤	「山林」、「京陵」
第四類	鹽鹼土	「淳鹵」

這樣進行分類的根據是，據土壤學研究，在當年楚境內分布的土壤，主要是黃棕壤、黃壤和紅壤。黃棕壤分布於蘇、皖二省沿長江兩岸和鄂北、豫西南的低山丘陵以及長江以南海拔1400～1500公尺以上的中山地帶。黃壤和紅壤是中亞熱帶的地帶性土壤，但華中地區以紅壤為主，長江以南，凡500～900公尺以下的低山丘陵多屬紅壤和山地紅壤分布所在。黃壤大多散見較高山地。與《左傳》關於楚國土壤的上述記載相對應，這一地帶的土壤，亦大體分四種類型：

　　（1）肥沃的水稻土和旱地耕作土（相當於「衍沃」、「原防」之地）。

　　楚國的土壤中，「衍沃」就是「平美之地[①]」，原，就是「平坦之地」、可食之地[②]，「原防」實際上是指江河之間新淤起的三角洲地帶[③]，土質當然十分肥沃。聯繫到江漢平原、長江中下游平原、洞庭湖平原均地勢平坦，土壤肥沃，灌溉便利，發掘的新石器時代遺址中多有稻遺物出現[④]，而今天，這些平原地區均為水稻土[⑤]。我們基本可以認定，「衍沃」和「原防」大體是指這些地區內經過長期耕種、灌溉和施肥後逐漸形成的水稻土，或者種植旱地作物的旱地耕作土。這些，都是人類經濟活動對土壤發育產生深刻影響而形成的比較肥沃的土壤。如長期栽培水稻的水田，一年中土壤處於水分飽和和落乾兩個不同階段，還原作用和氧化作用交替進行，人們在水稻生產期間，往往施用大量有機肥料，使土壤有機質增加，黏粒加多，鹽基飽和度不斷提高，水稻土就是在這種特殊條件下發育而成的。無論是黃棕壤、黃壤或紅壤，都可成為發展水稻土的基礎，在人類活動的影

①　杜預：《春秋左傳集釋》：「衍沃，平美之地。」
②　《辭源》（舊版）「原」：廣平曰原，平坦之地。《爾雅　釋地》：「可食者曰原。」
③　楊伯峻：《春秋左傳注》第1107頁：「防，亦堤防之間可耕之地。原、防同義，俱謂堤防間之狹小耕地。」
④　詳見下文第五部分：「新石器時代奠定的楚地農業基礎。」
⑤　《中國自然地理》第225頁。

響下，土壤的肥沃程度不斷提高。此外，不少地方長期進行旱作的土壤，也隨著熟化程度的不同而發生變化，最明顯的變化是耕作層由薄變厚，表層有機質含量增加，如熟化的黃棕壤，耕作層可由10公釐增至15～20公釐，熟化的紅壤，耕作層由不到20公釐增至30公釐。隨著深翻和合理灌溉，可使土層內部大塊結構破壞，結構體表面上的膠膜消融，土壤由堅實變為疏鬆，有較好的保水保肥能力，肥沃程度較高[1]。

（2）適於野生作物生長的草甸沼澤土（相當於「藪澤」、「偃豬」、「隰皋」、「疆潦」之地）。

上節「水網密布的江河湖泊」部分中，我們曾述及古長江的演變歷程，在距今兩億年前的三疊紀，我國南方和華北的地形與今天相反，是東高西低，直到距今1億年的侏羅紀，由於一次強烈的造山運動，形成了橫斷山脈，秦嶺升高，原始的雲貴高原形成，這種劇烈的變動，遂出現許多低窪之地，形成有名的雲夢澤及許許多多的湖泊，在大量的不具備排水條件的地帶裡，形成大片的草甸沼澤土。《左傳　襄公二十五年》記楚國土壤中的藪澤、偃豬、隰皋實際均是指的這種廣泛分布於楚國各地的草甸沼澤土。「藪澤」是指湖沼窪地，「偃豬」是指低濕的地方[2]，「隰皋」亦是指低濕的水邊淤地[3]，「疆潦」是常遭水淹的硬土[4]，這類土壤，地勢均低而多水，一旦水位降低，便可耕種農作物，平時則是竹木叢生、鳥獸聚集的原野，成為田獵的場所。先秦時有名的雲夢澤，便具有這種特徵[5]。在今天，

---

① 參見《中國自然地理》第219頁。
② 符定一《聯綿字典》「偃豬」條：「下濕之地也。」《尚書　傳》云：「停水曰偃豬。」《正義》曰：「偃豬，謂停水為豬，故為下濕之地。」
③ 《爾雅　釋地》：「下濕曰隰」，《漢書　賈山傳》注：「皋，水邊淤地也。」
④ 清梁履繩《左傳補釋》謂疆當作彊（強），疆潦謂土性剛硬，受水則潦。鄭玄注：疆地猶堪種植。
⑤ 《尚堂蔡沈注》釋「雲夢」云：「雲土者，雲之地土見而已；夢作义者，夢之地已可耕治也。」

具有這種特徵的地帶，多集中在漢江三角洲的東南前沿，洞庭湖的南緣地帶。我國的沼澤地帶，根據有無泥炭形成與累積這一標準，可分成泥沼沼澤和潛育沼澤兩大類，當年楚境內的則主要為潛育型沼澤，這是因為「長江中下游平原主要是沖積平原，地勢低平，排水不暢，地下水位高，加之江河經常氾濫，使低窪地區土壤嚴重潛育化，逐漸形成許多草本潛育沼澤 [1]」。司馬相如〈子虛賦〉說：「臣聞楚有七澤，嘗見其一，未覩其餘也。臣之所見者蓋特其小小者耳，名曰雲夢。」可見楚國這種草澤地帶很多。先秦時期，對於治理、改良這種澤地，已積累了相當豐富的經驗，這種經驗，集中體現在《周禮·稻人》的記載中 [2]。是故土壤學家們認為，有「魚米之鄉」之稱的江漢平原、太湖平原，就是在過去的「水鄉澤國」的沼澤地帶開發出來的 [3]。顧頡剛於〈寫在藪澤表的後面〉[4] 一文中說：

中國古代對於藪澤是最注意的，所以然之故，就為這是生產的大本營，在農業不甚發達的時候，只有依賴天然的力量，澤是眾流所歸的大湖泊，藪則當每年水漲的時候，也盛滿了水，和澤沒有分別；等到水退，留下了沉澱物作肥料，就很能生長草木，連帶著繁殖禽獸。……昭二十年《左傳》記晏子之言曰：山林之木，衡鹿守之。澤之萑蒲，舟鮫守之。藪之薪蒸，虞侯守之，海之鹽蜃，祈望守之。杜注「衡鹿、舟鮫、虞侯、祈望皆官名也。」這可見當時對於藪澤立有專職的官，是用國家的力量去管理經營的。襄二十五年《傳》又云楚蒍掩度山林、鳩藪澤、辨京陵、表淳鹵、數疆潦、規偃豬、町原

---

① 參見《中國自然地理》第1211頁。
② 《周禮·稻人》的原文是：「稻人，掌稼下地，以瀦蓄水，以防止水，以溝蕩水，以遂均水，以列舍水，以澮寫（瀉）水，以涉揚其芟。作田，凡稼澤，夏以水殄草而芟荑之，澤草所生，種之芒種。」
③ 《中國自然地理》第121頁。
④ 顧頡剛：《禹貢》1卷2期17頁。

防、牧隰皋，這些都是國家財富之所由出，而其中的「藪澤」、「疆潦」、「偃豬」、「隰皋」四項就是湖泊或低地。

顧氏所言，完全符合楚國的情況。

（3）適合林木生產的山林土壤。（相當於「山林」、「京陵」之地）

楚人早期發展於鄂西北的荊山地區，以後擴地拓土，至襄公二十五年蒍掩治賦時已十分廣大，其中相當大的一部分屬於山地，如由大洪山、桐柏山、大別山及其東延的江淮丘陵組成的淮陽山地。淮陽山地是長江、淮河水系的分水嶺，在構造上是秦嶺東西構造帶向東延伸的桐柏——大別山複背斜；西段北面——南東走向，至黃梅附近折向東北，呈北東——南西走向，形成一個向南突出的弧形構造，組成岩層主要是太古時代結晶變質岩系和不同時間侵入的岩漿岩，其中以燕山期花崗岩分布最廣。在燕山運動所形成的斷陷盆地中堆積了白堊紀下第三系和上第三系的紅色岩系。淮陽山地經長期剝蝕，山勢較低，大部為海拔500公尺以下甚至200～300公尺的低丘。這些低山丘陵區，地面坡度大，各種土壤多由花崗岩、片麻岩為主的母岩上風化發育而來，其中，黃棕壤分布上限大致為750公尺，更上則依次為山地棕壤、山地暗棕壤等，這些山地土壤，利用方向歷來以林為主，蒍掩「度山林」，實際上正是指對這些山地土壤的利用，主要是種植樹木[1]。這是因為，這些山地土壤，一般土質疏鬆，一遇暴雨，便會發生嚴重的水土流失，只有發展林業，才能涵養水源，保持水土。蒍掩「辨京陵」，實際是說這些較陡的山地[2]，同樣也可以加以測量利用、開發[3]。

---

① 「度山林」，晉杜預注度山林之材，以共（供）國用也。
② 「辨京陵」，晉杜預注：「絕高曰京，大阜曰陵。」
③ 參閱《中國自然地理》第222頁。

（4）不適宜農作物生長的鹽鹼土（相當於「淳鹵」之地）。

史載先秦時期，不少地方都有鹽鹼土存在，「淳鹵」即鹽鹼地[①]，分布於湖北地區[②]。此外，還有山東的「鹹鹵」，「斥澤」[③]，陝西涇渭流域的「澤鹵」，漳水兩岸的「斥鹵[④]」、山西和河北西部一帶的「白壤」[⑤]等等。在我國，鹽土是含有大量可溶性鹽類的土壤，以氯化鈉和硫酸鈉為主，鹽分組成多屬硫酸鹽——氯化物或氯化物——硫酸鹽類型，鹼土分布面積較小，且比較分散，表層含鹽量很少超過0.5%，但土壤溶液中普遍含有蘇打，通常與鹽土呈複域分布[⑥]。鹽鹼土是不適合農作物生長的，《爾雅　釋名》說：「地不生物曰鹵」，日竹添光鴻《左氏會箋》言：「淳鹵二者為棄地。」《管子　輕重丁》直接稱之為「不用之土壤」。對於鹽鹼土的形成，《管子　輕重乙》載有「帶濟負河，宜澤之萌也」的話，意思是只能生長苴草（苴是澤生草）的低濕鹽鹼土的形成是由於臨近黃河和濟水的緣故，由此可見楚鹽鹼地的形成亦與臨近長江、漢水諸大江巨川有關。《管子　地員》還記載著在「斥埴」、「黑埴」鹽鹼土地區，地下水「其泉鹹」和「其水黑而苦」，表明當時人們已初步認識到鹽鹼土的形成與地下水質和河流側滲補給地下水、抬高了地下水位有關。楚國的地下水位普遍較高，故出現鹽鹼地是完全可能的，但與中原地區相比，鹽鹼地的面積相對要少得多，這已由上引文獻和今日自然地理學家的實地測量所證實。鹽鹼化的程度也比北方低得多，如表層含鹽量，楚地一般為0.6%～1%～2%，而到北方則增至2%～3%，可達

---

① 「淳鹵」，據《說文》：「鹵，西方鹹地也。」
② 參見《中國水利史稿》第82頁。
③ 《管子　輕重乙》。
④ 《呂氏春秋　樂成》。
⑤ 《尚書　禹貢》記冀州「白壤」。《尚書》孔安國注解說：「水去。土復其性，色白而壤。」這顯然是描寫鹽鹼地返鹼之後，地表一片白鹼現象。
⑥ 參閱《中國自然地理》第199頁。

7%～8%[①]。同時，鹽鹼地的面積，也比周圍地區為小，整個中國今日鹽鹼土分布的趨勢大體是，從東到西，隨著乾燥度的加大，草甸土的腐殖質含量逐漸減少，鹽漬化程度逐漸增加，由暗色草甸土，逐漸變為灰色和淺色草甸土，再往西，則為鹽化草甸土和鹽土所代替，並生長鹽生草甸以及肉質、多刺的小灌木鹽生植物[②]。根據這兩個因素，我們可以說，楚地的鹽鹼土對於楚國的農業，並不存在多大的影響。

①　參閱《中國自然地理》第139頁。
②　參閱《中國自然地理》第199頁。

第三章　楚地悠久的農業傳統

第一節　神農氏對楚農業的影響

　　根據大量的歷史文獻記載，楚地農業傳統極為悠久，可一直上溯至遠古史上著名的神農氏時代。

　　神農氏，是我國歷史傳說中的「三皇五帝」之一。關於神農氏的傳說，經、史、子、集均有記載。《通鑒前編》云：「炎帝神農氏……以火德代伏羲治天下。」《帝王世紀》云：「炎帝神農氏……有聖德，始教天下種五穀，故號神農氏，又作五弦之琴，以火承木，位在南方主夏，故謂炎帝。」炎帝以神農為號，以火德王，刀耕火種，開發了原始農業生產技術，其活動區域則在南方。《孟子　滕文公上》有一段記載中，「有為神農之言者許行」是楚國人，他信奉的是「神農之言」。孟子對其大為不滿，說楚人許行是「南蠻鴃舌之人」。《史記》明言楚人「皆在江上楚蠻之地」，實與神農一樣足跡佈滿江、淮和隨棗走廊。《山海經》記載：「炎帝之妻，赤水之子，聽訞生炎居，炎居生節并，節并生戲器，戲器生祝融。」祝融是楚之先祖，亦有史籍載述，長沙戰國楚墓出土帛書也記載了祝融與炎帝的關係：「炎帝乃命祝融以四神降，……」這一記載出自楚人之手，其與史籍相符，絕非巧合。《楚辭　離騷》云：「帝高陽之苗裔兮，朕皇考曰伯庸」，饒宗頤《楚辭地理考　高唐考附伯庸考》說：「伯庸

即祝融。」《左傳　僖公二十六年》說「夔子不祀祝融與鬻熊，楚人讓（聲討）之」，這與《史記　楚世家》所言：「楚滅夔，夔不祀祝融、鬻熊故也」，正相吻合。楚人自言信奉「神農之言」，可見神農氏尚農的傳統對楚人影響之深。

　　《左傳　昭公十七年》記：「炎帝氏以火紀，故為火師而火名。」杜預注云：「炎帝，神農氏，姜姓之祖也，亦有火瑞，以火紀事，名百官。」《淮南子　天文篇》：「南方火也，其帝炎帝，其佐朱明。」朱明即祝融。該書〈時則篇〉又載曰「南方之極，……貫顓頊之國，南至委火炎風之野，赤帝祝融之所司者萬二千里。」以「火」稱神農和祝融的記載甚多，這絕非巧合或偶爾有之。《路史前紀》說：「祝誦氏，一曰祝龢，是為祝融氏……以火施化，號赤帝，故後世火官因以為謂。」炎帝之時，以火紀事，能「名百官」，說明神農部落在南方處於領導地位，祝融則是神農領導下的一個氏族部落。在原始社會，人口日益增多，部落生產不斷進步，逐步由遊獵生活過渡到農業定居生活，是神農氏教人們開山造田，刀耕火種，加速了氏族制度轉向奴隸制度的歷史進程，也正由於神農部族的農業文化向周圍發展，漸漸形成多支新型民族部落，這對以後楚人發展農業，無疑是極為有利的。

　　神農起於列山，正是楚民族的發祥地。《史記　補三皇紀》云：「神農氏亦曰厲山氏。」厲山即列山，為神農興起之所。有關列山的地望，見於皇甫謐的《帝王世紀》：「神農氏起列山。」《三皇本紀》云：「神農本起列山，故左氏稱列山氏之子曰柱，亦曰厲山氏。」「列山氏，今義陽隨縣厲鄉是也。」《括地志》亦說：「厲山在隨州隨縣北百里，山東有石穴，曰神農生於厲鄉，所謂列山氏也。」列山所在之地，介於大別山與桐柏山之間，既是溳水與淮水分道揚鑣的要地，又是南北文化交流的通道，其文化北進可沿淮河直抵中原，南往可沿溳水暢達江漢，無論地理位置，還是自然條件，都是

古人類易於生存的地方。

人類的生存和發展，是離不開各種自然條件的，地理環境的好壞，天然資源的豐欠，是人類活動和發展的重要因素。隨州一帶位於中原南緣與江漢平原之間，淮水源於隨北，漢水由西向東瀕境而過，溳水貫穿其中，境內群山聳立，河流縱橫，水資源、動物資源和植物資源異常豐富。其地貌特點：第一，以厲山為中心，北有桐柏山脈，西南有大洪山脈，中間是陂陀崗地，兼大小沖積平原，形似盆地。出桐柏山就是中原的淮河流域，出大洪山就是江漢平原，既不同於多雨多湖區沼澤的江漢平原，又不同於多風沙、多水患鹽鹼地的中原地區，自然條件實為南北之優。第二，桐柏山脈與大洪山脈均係東西走向，似城牆環列，削弱阻擋了北方寒冷氣流的影響，而且雨量適宜，氣候溫和，土地肥沃。第三，隨州一帶，有知名河流139條，多係源頭，出境為巨津。發源於桐柏山的淮水，流經河南、安徽，輸注東海；漢水繞大洪山而過；富水源於大洪山，經京山入江漢平原；溳水居於淮漢之間，穿古隨國故都經鄖國，入漢水，與長江為伍；豐富的水利資源，構成天然的交通之便；第四，石灰岩豐富，形成喀斯特地形，岩壁林立，地形複雜，有「千泉百洞」之稱，實為古人類生存和洞穴棲息的理想之所。

溳水西南，漢水彼岸，便是荊山和楚民族早期活動的地方。《詩經　商頌　殷武》：「撻彼殷武，奮發荊楚，……惟女荊楚，居國南鄉。」《左傳　昭公十二年》又載：「昔我先王熊繹，辟在荊山，篳路藍縷，以處草莽，跋涉山林，以事天子。」《元和郡縣志》注明：「荊山在南漳縣西北八十里。」楚人早期同神農氏均生活在淮、漢之間，後越漢水，進荊山，選定漢水、蠻河河谷地帶茂密的山林和富庶的土地，為楚民族找到新的基點。同一的活動地域，使我們完全可以說，楚國的農業，是直接繼承了神農氏原始農業的經驗。

神農氏是古書記載的能植百物的農業祖師。《淮南子　修務》

記：「古者民茹草飲水，採樹木之實，食蠃蠬之肉，時多疾病，毒傷之害，於是神農乃始教民播種五穀」；《新語　道基》篇也記：「古人食肉、飲血、被毛，至於神農，以為行蟲走獸難以養民，乃求可食之物，嘗百草之實，察酸苦之味，教民食五穀」；《繹史》卷四引《周書》：「神農之時，天雨粟，神農遂耕而種之，然後五穀興助，百果藏實。」《國語　魯語上》：「昔烈山氏之有天下也，其子曰柱，能殖五穀百蔬，故祀以為稷。」大體來說，由神農氏形成的人類早期關於農業的經驗，對後起楚人的影響，體現在以下方面：

1. 關於火耕的經驗

《史記正義》引《帝王世紀》說：「神農氏……以火德王，故號炎帝。……又曰列山氏。」《禮記　祭德篇》鄭玄注：「厲（或烈）山氏，炎帝也」，神農氏在農業生產上採取的一項重要措施，就是「益烈山澤而焚之」。當時，處於新石器時代，沒有鐵制農具，山林茂密，難以開發，神農氏由於採取了火耕的措施，開闢了大面積的耕地，發展了農業生產，受到許多氏族部落的擁護，認為他最會用火，所以他被稱為炎帝；認為他「益烈山澤而焚之」搞得好，所以又叫他「列（烈）山氏」。

堯舜時代也主張火耕。《孟子　滕文公》說：「當堯之時，天下猶未平，……草木暢茂，禽獸繁殖；五穀不登，禽獸逼人；獸蹄鳥激之道，交於中國；堯獨憂之，舉舜而敷治焉。舜使益掌火，益烈山澤而焚之，禽獸逃匿。……然後中國可得而食也。」

《史記　貨殖列傳》說：「楚越之地，地廣人稀，飯稻羹魚，或火耕而水耨，果隋蠃蛤，不待賈而足，地埶饒食，無饑饉之患……」表明這種「火耕」方法，在楚地一直採用。火耕是在實現鐵耕和犁耕之前必須採取的主要措施，是墾荒必須經過的第一步，是人類根據當時的情況，戰勝自然，發展農業生產的必由之路。當然，長期普遍採取火耕的結果，大量破壞山林，破壞生態平衡，會使人類受到自然界

的懲罰。但是，我們不能因此否定神農氏時代的條件下，實行火耕的積極作用。

2. 製作和運用耒耜的經驗

火耕只能把地表面的植物燒光，卻不能徹底清除植物埋藏在地下的根株，如果有了鐵犁，就可以地上地下一起解決了。當時沒有鐵犁，耒耜就在火耕後起著清除植物地下根株的作用。

漢武梁祠畫像中有神農氏和夏禹手持耒耜的圖像，這與神農氏發明耒耜的文獻記載「炎帝號大庭氏，下為地皇，作耒耜播百穀，曰神農[①]」，「神農氏作，斲木為耜，揉木為耒，耒耨之利，以教天下[②]」完全一致。

1979年，在湖北省江陵縣紀南城古井中出土了三件戰國時期保存較好的耒耜，是楚國當時重要的農業生產工具。這種使用雙齒耒耜木質部分是我國首次發現，雙齒下端與凹字形鐵口相接。隨著鐵農具的使用，楚國把製作和運用耒耜的經驗向前發展了。

3. 重視水利的經驗

《水經注　潕水》云：「神農既誕，九井自穿，汲一井則眾水動。」神農氏利用井水，表明他重視水利。楚人在農業生產中也發展了這條經驗，既重視利用井水，也興修了一些水利工程，包括大型水利工程，以適應發展水稻生產的需要。《莊子　天地》記載一個故事：「子貢南遊於楚，反於晉，過漢陰，見一丈人方將為圃畦。鑿隧而入井，抱甕而出灌。」足證楚人在農作時廣泛使用水井。隨著桔槔、轆轤等提水工具的應用，在楚國，水井的使用當更為普遍。

① 《禮記　月令》正義引《春秋說》。
② 《易　繫辭》。

4. 繁殖百果百蔬的經驗

神農氏會種百果，兒子能殖百蔬，楚人百蔬必然是從神農氏那裡學的。楚人重視園圃經營，《莊子　天地》所言的漢陰丈人「將為圃畦」，即為一例。《韓詩外傳》說：「楚有士曰申鳴，治園以養父母，孝聞於楚」，可見治園的作用。《新序》上還有個故事：「梁大夫有宋就者，嘗為邊縣令，與楚鄰界。梁之邊亭與楚之邊亭皆種瓜，各有數。梁之邊亭人，劬力數灌其瓜，瓜美。楚人竊而稀灌其瓜，瓜惡。楚令因以梁瓜之美，怒其亭瓜之惡也。楚亭人心惡梁亭之賢己，因往夜竊搔梁亭之瓜，皆有死焦者矣。梁亭覺之，因請其尉，亦欲竊往及搔楚亭之瓜，尉以請宋就。就曰：『惡是何可構怨禍之道也，人惡亦惡，何褊之甚也……』於是梁亭乃每暮夜竊灌楚亭之瓜，楚亭旦而行瓜，則又皆以灌矣，瓜日以美，楚亭怪而察之，則乃梁亭之為也。楚令聞之大悅，因具以聞楚王，楚王聞之，怓然愧以意自閔也，告吏曰：『微搔瓜者，得無有他罪乎？此梁之陰讓也。』乃謝以重幣，而請交於梁王，楚王時則稱說，梁王以為信，故梁楚之歡，由宋就始。」這就從園圃生產影響到國家關係了。

屈原〈離騷〉：「余既滋蘭之九畹兮，又樹蕙之百畝。」這也反映出戰國時期的楚國，觀賞植物也是園圃經營的內容。

楚人十分重視繼承神農氏農業生產的經驗，還可由《孟子　滕文公》所記楚人許行的行動以見一斑：「有為神農之言者許行，自楚之滕。踵門而告文公曰：『遠方之人，聞君行仁政，願受一廛而為氓。』文公與之處，其徒數十人，皆衣褐捆屨織席以為食。陳良之徒陳相，與其弟辛，負耒耜而自宋之滕，曰：『聞君行聖人之政，是亦聖人也。願為聖人氓。』陳相見許行而大悅，盡棄其學而學焉。」陳良是楚國人，變「悅周公仲尼之道」而學神農之學，主張「賢者與民並耕而食」，正反映了神農時代，氏族社會中的酋長和成員之間關係平等，一起參加農業生產。

第二節　考古所見的先楚農業

楚國農業的發展，從考古角度上，可以一直追溯到當地新石器時代所發明的農業。以江漢地區為例，新中國成立以來，江漢地區考古發現的農業科學技術史資料相當豐富，表明自從「大溪文化」、「屈家嶺文化」以及「湖北龍山文化」等類型的新石器時代文化開始，江漢地區的古代經濟即是以農業為主。

湖北省境內的新石器時代遺址，據不完全統計有近五百處之多，大半集中在漢水中游的南陽、襄陽地區；宜昌及其周圍的鄂西地區，鄂城周圍的鄂東地區[①]。這三個地區新石器時代即已發明農業，體現在以下四個方面：

第一，有相當數量的農業生產工具。以石器生產工具的數量最多。石器主要有大型長方形和柱形石斧，近方形和長方形有孔的石鏟、凹腰或有肩的石鋤、杵、鐮，長方形與曲形的石刀等。陶器主要有陶鐮等。這些工具大多有使用的痕跡，反映了當時農業生產處於剛剛開始的階段，主要是用石斧等砍伐樹木、以石鋤和石鏟等粗放耕作，待穀物成熟後又用石刀、石鐮割斷穗頭，而將穀物稈子棄於地裡。

第二，有原始人居住的遺址。在京山屈家嶺遺址[②]、天門石家河遺址[③]、武昌放鷹臺遺址[④]和宜都紅花套等遺址的發掘中，都發現了居住遺址。「屈家嶺遺址中揭露出的兩座房屋殘跡及青龍泉遺址發現的四座房屋基址，這些房屋都為地面建築，多用紅燒土塊築成，有的居住面築成高出地面的土臺子，應是南方多雨防潮的需要，房屋均為

---

① 蘇秉琦、殷瑋璋：〈關於考古學文化的區系類型問題〉，《文物》1981年第5期。

② 中國科學院考古研究所《京山屈家嶺》，科學出版社1965年。

③ 張雲鵬：〈湖北京山、天門發掘簡報〉，《考古通訊》1956年第3期。

④ 王勁：〈江漢地區新石器時代文化綜述〉，《江漢考古》1980年第1期。

長方形……青龍泉二期房屋遺跡，有雙間和單間兩個類型，一座較大的雙間房子，南北長14公尺，東西寬5.6公尺，分南北兩室，朝東各開一門，隔牆東段也開有一門以溝通二室，四周有殘高約0.48公尺的紅燒土牆壁，厚0.5～0.6公尺，牆面以細泥平……」[1]人們定居下來形成村落，正是江漢地區在新石器時代的經濟是以農業為主的表現。

第三，有稻穀殼或炭化的稻穀灰。在京山縣屈家嶺遺址、天門石家河遺址、武昌放鷹臺遺址、監利縣福田遺址和公安縣王家崗遺址[2]，都發現了稻穀殼和作物莖。屈家嶺的泥土中屬稻穀殼和作物相當多，從發掘的兩百立方公尺左右的紅燒土中，稻穀殼密結成層，屈家嶺、石家河和放鷹臺遺址的紅燒土中所發現的稻穀殼，經鑒定，屬大粒的粳型稻，與現在江漢平原普遍種植的稻種相同[3]，說明當時江漢地區就已經種植粳稻。

第四，有加工稻穀的工具。在京山屈家嶺遺址和松滋桂花樹遺址發現了一些石杵，在宜都紅花套早期遺址中發現了兩個保存較好的土臼、木杵和石杵，它與黃河流域小麥的加工工具為磨棒與磨石不同[4]，在房縣七里河等遺址中還發現一些陶研磨器，這在河南龍山文化中是常見的一種器物，現在湖北、湖南還廣泛使用與這種器物相類似的瓷磨缽研磨藕粉等，因而這類研磨器在當時的用途也應是研磨塊根植物。

考古證明，楚地新石器時代遺址十分密集。以地處長江北岸的孝感地區（轄孝感、雲夢、漢川、黃陂、大悟、應山、應城、安陸）為例，發現新石器時代遺址多達150餘處，其中，屈家嶺文化遺址52處，龍山時期98處，大都分散處在河流的沿岸或湖畔，其他地區則

① 王勁：〈江漢地區新石器時代文化綜述〉，《江漢考古》1980年第1期。
② 見湖北省荊州博物館陳列的監利縣福田遺址發現的炭化稻穀灰標本。
③ 丁穎：〈江漢平原新石器時代紅燒土的稻穀殼考查〉，《考古學報》1959年第4期。
④ 中國科學院考古所：《西安半坡》，文物出版社1983年。

較少。經過的河流主要有漢江、溳水、環水、灄水、大富水等五條水系，如相當屈家嶺文化的遺址，以接近京山的安陸、應城、雲夢等縣發現最多，安陸的夏家寨遺址、曬書臺遺址均在溳水邊，又如應城的門板灣遺址（相當屈家嶺文化時期）則在大富水邊，大悟、孝感、黃陂等縣的環水、灄水幹支流上，則發現了不少龍山時期的遺址，個別遺址中還發現有仰韶時期的遺物[1]。這麼多的新石器時代的遺址在江漢地區被發現，不能不對以後楚國的農業產生極為深刻的影響，為以後楚國農業的發展奠定極為雄厚的基礎。

郭沫若主編的《中國史稿》中曾這樣描述楚人所處的長江中下游一帶豐富的考古發現對當地後世農業的良好影響[2]：「與北方黃土高原的自然條件不同，長江中下游一帶，河湖密布，雨量充足，氣候濕潤。生活在這裡的青蓮崗文化氏族部落、屈家嶺文化氏族部落和良渚文化氏族部落，開闢了草木叢生的沼澤地帶，成為水田，普遍栽種水稻。在砍伐林木、開墾土地的時候，他們使用比較厚重的有肩石斧，較晚的還有大型石鉞，勞動效率頗高。土地開闢出來了，他們就用扁平的穿孔石鏟或長方形穿孔石鋤從事耕作。良渚文化的居民還發明了三角形石耜，耕種著更多的田地。禾苗長大了，有些氏族部落還用扁寬的石器耘田除草，進行田間管理。經過人們辛勤的勞動，加上以肥沃的淤泥作底肥和充足的雨量和陽光，他們一般都得到較好的收成。收割作物，都使用長方形或半月形的石刀和石鐮。那時的稻穀或稻殼的遺跡，已經在湖北京山屈家嶺、江蘇無錫仙蠡墩、浙江杭州水田畈和吳興錢山漾等地大量發現了。其中，錢山漾的稻穀經過鑒定，確定有粳稻和秈稻兩種品種。水稻的栽種，從此又給人們提供了一種新的主要生活資料，也為後來發展這種作物奠定了基礎。」

---

① 郭沫若：《中國史稿》第94頁。
② 郭沫若：《中國史稿》第94頁。

到了商周時期，楚地農業獲得進一步發展。商周時期的遺址和墓葬同樣分布廣泛。新中國成立以來，在黃陂盤龍城[1]、袁李家灣[2]、江陵張家山[3]、安陸曬書臺[4]等商代遺址，蘄春毛家嘴[5]、紅安金盆[6]、天門石家河、漢川烏龜山、漢陽紗帽山[7]等西周文化遺址，以及江蘇萬城[8]、黃陂雙鳳亭[9]、隨州均川熊家灣[10]、京山平壩蘇家壟[11]等地的西周墓葬，進行了發掘和試掘工作，發現了不少農業生產工具以及一些糧食加工工具等實物資料。農業生產工具的質料主要有銅和石兩種。青銅農具及有關的工具有鍤、斨、斧、鋸等。在黃陂盤龍城李家灣二號墓中曾出土一件銅鍤，器身近方形，一面凸刃，器身中部有一長方鑾孔；還有一件銅鍤，器身作長方形，兩面各有一圓形鑾孔。兩件銅鍤的年代均為商代二里崗期，而且體中空，用以安裝木柄，其形制與現在當地挖土或挖泥的包鐵鍬非常相似，故用途也應大致相同。從黃陂盤龍城、江陵張家山、蘄春毛家嘴等處遺址的發掘中還可看出，商代大量農業生產工具仍是石鏟、石斧以及收割用的石刀和石鐮等。這一帶商周時代農業的繼續發展，又進一步告訴我們，以後楚地的農業並不是憑空產生的，是當地人民經過漫長的歲月，在繼承新石器時代和商周農業生產經濟的基礎上發展起來的，因此，楚地農業當然具有較堅實的基礎。以後，楚國在這一地域能獲得長足的發

① 〈一九六三年湖北盤龍城商代遺址的發掘〉，《文物》1976年第1期。
② 郭冰廉：〈湖北黃陂礦山水庫工地發現了青銅器〉，《考古通訊》1955年第4期。
③ 陳賢一：〈江陵張家山遺址的試掘與探索〉，《江漢考古》1980年第2期。
④ 《新中國的考古發現和研究》，文物出版社，1984年版。
⑤ 〈湖北蘄春毛家嘴西周木構建築〉，《考古》1962年第1期。
⑥ 孝感地區博物館編：《孝感地區文物普查資料彙編》，1983年10月。
⑦ 《新中國的考古發現和研究》，文物出版社，1984年版。
⑧ 〈江陵發現西周銅器〉，《文物》1963年第1期；李健：〈湖北江陵萬城出土西周青銅器〉，《考古》1963年第4期。
⑨ 《新中國的考古發現和研究》，文物出版社，1984年版。
⑩ 〈湖北隨縣發現青銅器〉，《文物》1972年第2期。
⑪ 〈湖北京山發現曾國銅器〉，《文物》1972年第2期。

展，能為楚國東征西討、統治南半個中國提供雄厚的物力和財力，也就完全不是偶然的了。

第四章　楚國農業生產工具的進步

史達林說過，「生產力的狀況所回答的是人們用怎樣的生產工具來生產他們所必需的物質資料的問題[①]」，「農業生產新發展的首要標誌，是農具的改進[②]」。追尋楚國農業的發展軌跡，也自然首先得探求楚國農業生產工具演進的歷程。

第一節　翻土農具

1. 耒耜

我國最早的農具應是木器、骨器和蚌器，然後才是銅器、鐵器，楚國農具的發展也未能例外。耜作為一種複合工具，是由耒演變發展而成的。我國在殷周之際，木制的原始起土及翻土工具已代替石制、骨制的工具[③]，「耒耜」的橫木下有刃，農人以足踏在耒耜的橫木上，利用身體的重量把耜刃壓入土中。這是古代勞動人民長期以來使用的耕田用具。

春秋以前，楚國與中原諸國一樣，耕田的主要農具一直是耒耜。

---

① 史達林：《辯證唯物主義與歷史唯物主義》。
② 《中國原始社會史》，文物出版社1983年版。
③ 陳文華：〈試論我國農具史上的幾個問題〉，《考古學報》1981年第4期。

第四章　楚國農業生產工具的進步

61

耒耜的製造比較簡單，是一種粗糙的原始農具。史載耒耜本身曾經經過改進，將耒與耜結合起來，合併成為一個農具的兩個不同部件，故《詩經》中凡言耕都只見耜而不見耒。如〈周頌〉說：「有略其耜，俶載南畝」，「畟畟良耜，俶載南畝」；〈豳風〉說：「三之日於耜，四之日舉趾。」說明這時耒耜已合而為一，耒變成了耜的木柄，實際刺地起土的仍是耜。正是這種耒和耜的結合物，組成了翻土的得力工具，這種結合，無疑是一種進步。

在楚都紀南城的考古發掘中，出土過三種這種由耒（柄）和耜組成的耒耜[①]，與在大冶銅綠山採集到木鍬式的耜又有若干進步。

一號耒耜：保存較好，柄端稍殘。耒耜通長109公釐，柄長59公釐，柄下至鐵口刃端50公釐，其中板長13.5公釐，齒長33.5公釐，柄下莖4公釐，上莖3.4公釐。以柄為界板，寬邊5公釐，雙齒各寬5公釐，中空3.5公釐。頭端套了鐵口，長7公釐，寬8公釐。柄上細下粗，上近圓下近方，上部微向後傾，雙齒微向前傾，中端較直，寬邊為使用時腳踏用力處，窄邊已缺一角，板面及雙齒上部製作時未經刨光留有砍制痕跡，雙齒入土部分經長期摩擦十分光滑，柄中部及右齒下部有碰砸痕跡。鐵口部分，兩側成弧角，與凹字形鋤那種外張之形略有不同。

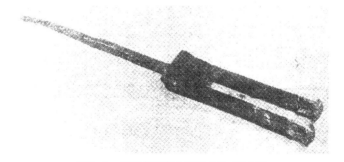

圖4-1　江陵楚都紀南城出土的1號耒耜

---

① 　湖北省博物館編《楚都紀南城考古資料彙編》，第91頁。

二號耒耜：雙齒以下殘，通長98公釐，柄長70公釐，板長17.5公釐，齒殘10公釐，柄莖4公釐，板寬側7.5公釐，窄側5.5公釐，雙齒各寬6公釐，中空3公釐，柄上端後曲，柄削去四棱，剖面近圓形。沒有一號耒耜完整。

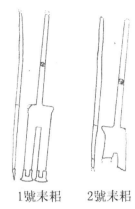

1號耒耜　　2號耒耜

圖4-2　紀南城出土2號耒耜與1號耒耜比較

　　三號耒耜：僅剩木柄，長46公釐，形與2號耒耜相同。這三件耒耜根據出土的陶器分析，應是戰國中期之物[1]。

　　從考古的角度看，保存較好的實用雙齒耒耜的發現在全國還是首次，木質器具能經過兩千多年保存下來，極為難得，雙齒下端與凹字形鐵口相接，更是彌足珍貴，為我國探索楚國農業提供了重要的實物資料。

　　過去，對於耒耜究竟是一種什麼樣的生產工具，這種工具的演進歷程及其在農業中的實際地位，特別是在楚國農業中的地位，常常是一個謎，困惑了不少學者，紀南城耒耜實物出土，為我們解開這個謎提供了條件。

　　耒耜的結構，史籍記載一向混亂，有的單提耒，如「蹠耒而

---

[1]　〈1979年紀南城古井發掘簡報〉，《文物》1980年第10期。

耕①」，「秉耒抱插②」；有的單提耜，如「古者剡耜而耕③」，「有略其耜④」，「畟畟良耜⑤」等，還有耒耜合提的，如「修耒耜⑥」、「作耒耜⑦」等。這些不同的記載，導致有些學者認為耒耜本二物，誤合為一，故耒耜不應連文，這種看法當然是錯誤的。紀南城出土的耒耜實物，證實耒耜為一個整體，「耒」與「耜」分布為一物的兩個部分，因為文獻早就有「揉木為耒」、「耜柄曰耒」的說法，表明「耒」就是紀南城出土耒耜的上面木柄部分，而「耜」，按韋昭在注《國語·周語》「民無懸耜」下作的「入之曰耜」的解釋，指下面的入土部分。兩個部分當然不可分離。

　　紀南城出土的耒耜，下端的「耜」為雙齒，這又是農具史上不可多得的。這種雙齒的農具，是否為楚人獨創？如果聯繫到新石器時代的河姆渡文化和廟底溝二期文化出土的類似工具，再聯繫武梁祠石刻畫像中的神農和夏禹的手執之物，則可知楚國的這種耒耜，實際上是對新石器時代先民農作工具的一種繼承。

　　20世紀70年代，考古工作者在浙江余姚河姆渡進行了兩期發掘工作⑧，發現石、骨、木、陶質的各種生產工具幾千件，其中，最引人注目的是骨耜，僅第四層就出土170餘件，這是河姆渡文化的典型器物，是主要的農業工具。這種骨耜係採用大型哺育動物（可能是水牛）的肩胛骨加工製成，長20公釐左右，肩臼處一般橫鑿方孔，骨質較輕薄者則無方孔而修磨成半月形，骨板正面中部琢磨成淺平的豎

---

① 《淮南子·主術》：「一人蹠耒而耕，不過十畝。」
② 《鹽鐵論·國》：「秉耒抱插，躬耕身織者寡。」
③ 《淮南子·氾論》：「古者剡耜而耕。」
④ 《詩經·載芟》。
⑤ 《詩經·良耜》。
⑥ 《禮記·月令》：「季冬之月，……命農計耦耕事修耒耜，具田器」。
⑦ 《說文解字·耒部》：「古者垂作耒耜，以振民也」。
⑧ 〈河姆渡遺址第一期發掘報告〉，《考古學報》1978年第1期；〈浙江河姆渡遺址第二期發掘的主要收穫〉，《文物》1980年第5期。

槽，淺槽下部兩側各鑿一孔，並發現有木柄，豎貼著骨板淺槽安裝，方孔裡穿纏藤條綁緊柄末，其頂端鑿成丁字形或雕出提手孔。由於長期使用，刃緣磨蝕得較厲害。此外，還有極少的木耜[1]。河姆渡位於楚國的東方，楚滅越後，即在楚國的疆域之內，河姆渡文化第四層還出土有新石器時代考古史上罕見的大量稻作遺存，表明這種骨耜是水稻耕作的主要工具，這種工具當然對以後楚國的水稻生產產生深刻的影響。

比河姆渡文化的骨耜更接近於紀南城雙齒耒耜實物的要算是緊挨著楚北境的河南省陝縣東南青龍澗南岸廟底溝出土的一種木耒耜了。1956—1957年考古工作者在此地進行較大規模的發掘[2]，其絕對年代，經放射性碳素鑒定，為西元前2780 145年（樹輪校正），這種木耒耜「是一種雙齒木叉形的工具，齒長約20公釐、齒間距約4公釐、齒徑約4公釐。在廟底溝遺址的灰坑壁上就留有這種工具的痕跡[3]」。這種木制耒耜與紀南城出土的耒耜從形式上看，幾乎完全相同，均為雙齒，而且各部分的尺寸也大體相同：

表4-1　楚都紀南城與河南廟底溝出土雙齒耒耜尺寸比較表

	齒長（公釐）	雙齒間距（公釐）	齒徑
紀南城出土雙齒耒耜（1號）	33.5	3.5	約4
廟底溝出土雙齒耒耜	20	4	4

從上表看，除了齒長以外，其餘資料均大體相同。這無疑表明，紀南城出土的耒耜與廟底溝出土耒耜很有可能存在一定的繼承關係。如果我們進一步聯繫到早在春秋時期「楚國方城以為城[4]」，廟底溝

[1]　《新中國的考古發現和研究》，文物出版社，1984年版，第145頁。
[2]　《廟底溝與三里橋》，科學出版社，1959年。
[3]　《新中國的考古發現和研究》，文物出版社，1984年版，第70頁。
[4]　《左傳 僖公四年》。

遺址距楚方城所在的今河南葉縣地僅隔數十公里，便可進一步明了這種繼承關係。

雙齒是紀南城出土的這種耒耜的主要特點，除了廟底溝二期出土的新石器時代的耒耜提供了實物例證外，文獻和其他實物則進一步證實這種雙齒耒耜在春秋戰國時期使用得十分普遍：

「車人為耒，疵長尺有一寸。」

這是《周禮　考工記》的記載，鄭司農作注說，疵讀為其額有疵之疵，謂耒下歧。《釋名　釋通》言：「物兩為歧」，無疑《考工記》所言的疵即耒耜的雙齒。《周禮　考工記》所記，一般係戰國時期各諸侯國所通行，紀南城出土的這三件雙齒耒耜，是這種記載的唯一實證，反過來《考工記》則又證實這種雙齒耒耜的戰國及戰國以前使用的廣泛性。

除了《周禮　考工記》的記載外，與這種雙齒耒耜相同的還有一個重要見證，這就是在山東濟寧市發現的漢武梁祠石刻畫像中的〈神農執耒耜圖〉和〈夏禹執耒耜圖〉，現將紀南城出土的楚國雙齒耒耜樣式與這兩個石刻畫像的樣式比較如下：

圖4-3　神農執耒耜圖　　　　　圖4-4　夏禹執耒耜圖
（錄自《漢武梁祠畫像錄》）　　（錄自《漢武梁祠畫像錄》）

從圖中可以看得很清楚，武梁祠畫像中神農和夏禹手持的耒耜

也都是雙齒，與紀南城出土的雙齒耒耜在外觀上完全一樣。這除了證實這種耒耜在應用上的廣泛性之外，還進一步與至遲為戰國時代古文獻有關耒耜是「神農氏作，斲木為耜，揉木為耒，耒耨之利，以教天下①」的記載相合，在一定程度上這種雙齒耒耜是繼承前文第三章第一節已述的與楚處同一活動範圍的神農氏農耕傳統的體現。

紀南城出土的這種雙齒耒耜的尺寸大小，我們也可以根據《周禮　考工記》對於當時通行的耒耜尺寸的詳細記載加以對比：

圖4-3：「車人為耒，疪（雙齒）長尺有一寸，中直（中間垂直部分）者三尺有三寸，圖4-4：上句（柄上端微曲部分）者二尺有二寸。……自其疪緣其外，以至於首，以弦其內（總計）六尺有六寸。」基於這種雙齒耒耜僅為楚地出土，故《考工記》所言尺寸多為楚尺。典型的楚尺，我們只能按羅振玉所指壽州古墓中出土的周尺（每尺合今22.5公釐②）為依據，再與紀南城出土的三個耒耜分別比較（括弧中的數字係據尚存部分尺寸按比例復原）：

表4-2　楚都紀南城2號耒耜與《考工記》所記尺寸比較表

	通長	雙齒長	柄長	板長	雙齒外寬
《考工記》之耒耜原尺寸	六尺（直線長度）③	一尺一寸	二尺二寸	三尺三寸	耜廣五寸
《考工記》之耒耜折合尺寸（公釐）	135	24.7	49.5	74.2	11.2
紀南城出土1號耒耜尺寸（公釐）	109	33.5	59	13.5	13.5
紀南城出土2號耒耜尺寸（公釐）	殘 98 127.7	殘長 10（40.2）	70	17.5	15.6
紀南城出土3號耒耜尺寸（公釐）	（82.66）	殘（26.3）	46	殘 10.53	殘（11.6）

① 《易　繫辭下》。
② 據梁方仲《中國歷代戶口、田地、田賦統計》第540頁所附「古今尺度的比較」所列「周　銅尺甲」，梁氏注明此出自羅振玉所言「傳出壽州古墓」。又《安徽省考古學會會刊》第七輯記楚銅尺「長22.5公釐，今藏南京大學」。
③ 據林尹《周禮今注今譯》：「耒自疪至句首實長六尺六寸，此緣其外者，若舍其曲度，計疪至句首之直距，則僅六尺，此弦其內者，與步（六尺為步）相應也。」

從此表中可以看出，雖然《考工記》的耒耜齒較短而板較長，稍窄，但《考工記》所記的耒耜製作的大體尺寸，與楚紀南城出土的耒耜實際尺寸，特別是二號耒耜，基本相同。表明紀南城出土的耒耜完全合於通行的「規矩」。有的學者針對紀南城出土的三個耒耜大小有所不同，指出「當時的耒耜並非同一大小，重要的是三部分的比例是應嚴格遵循的，不然就不便於使用。如果三部分比例適中，膀寬腰圓的大個子就可用大號，瘦小體弱的小個子就可用小號了①」，這種看法，很有道理。紀南城出土的三個耒耜，以二號耒耜最大，一號耒耜次之，三號耒耜較小，以最小的為基準，按實際柄長的資料，比例為1：1.28：1.52，遞增的比例十分和諧。這大約是楚國的勞動人民結合自己勞作的實際情況而作的必要改進吧。

　　鐵套口是紀南城出土耒耜最具時代特徵之處。出土實物的鐵套口長7公釐，寬8公釐，據《楚都紀南城考古資料彙編》：「雙齒耒耜的鐵口部分在各地曾多次發現過」，表明這種鐵套口在楚地已經相當普及。這裡，且不說鐵器的出現所具有的意義，單是這種套口的形式便頗耐人尋思。檢點古籍，可以知道，在耒耜的齒端上套金屬套口，先秦乃至漢代的應用均十分廣泛。東漢人鄭康成在《禮記　月令》中作注說：「耜者，耒之金也」，「今之耜歧頭兩金」；《莊子　天下篇》：「禹親自操橐耜」句下，《經典釋文》引《三蒼》言：「耜，耒頭金也」；顏師古在《漢書　食貨志》中作注說：「耜，耒端木，所以施金也」，而在湖北江陵、湖南長沙的戰國與西漢古墓和古遺址中，正好多次出土手執耒耜的木俑和凹字形鐵口，江陵鳳凰山漢墓還出土抱耒木俑②，湖北當陽劉家塚東漢畫像石墓中也發現兩件綠釉執耒俑，雙手抱耒於胸前，耒頭著地③，這些，證實大量使用耒耜的分

---

① 陳祖全：〈耒耜淺談〉，《江漢考古》1980年第2期。
② 〈江陵鳳凰山一六七號漢墓發掘簡報〉，《文物》1976年第10期。
③ 沈宜揚：〈湖北當陽劉家塚東漢畫像石墓發掘簡報〉，《文物資料叢刊》第1期第24頁。

布區域是在長江中下游，延續的時間也較長。

從人類物質文化發展的歷程來看，耒耜經過骨質、木質、一直到出現金屬套口，其間經歷了漫長的時間，直到漢代，一直是盛而不衰，為人類進行農業生產的主要工具。在出現鐵套口之前，可能出現過銅套口，不過未發現實物。實際是用作耒冠，卻被認定為凹字形銅鋤的實物則在湖北、湖南及在中原等地曾發現過。以後，自春秋中葉時，冶鐵業的發展，給農具的變革提供了物質條件（冶鐵業的具體情況另作介紹）。鐵出現後，剛開始被稱之為「惡金」，這是由於受技術條件的限制，煉出的鐵不夠精良，鐵中含有渣滓，粗糙而脆，不能用以製造兵器或精巧工具，只好用以製造較為粗笨的農具，這樣一來，鐵出現後，首先便與農具相結合，幾乎成為必然的規律。鐵的易脆性，使之難以做成整體的農具，但只在木耒耜的齒端上套上鐵口，卻是輕而易舉的，這樣，木耒耜便變成鐵耒耜了，耜的形狀未變，作用卻大為提高。「湖北許多地方都出土了鐵耜頭，而且數量較多」，「在楚都紀南城的西垣北邊門、南垣西邊水門、松柏30號臺基、東北部的古井和古河道、松柏余家壪古井和松柏均臺古井的發掘中，均發現不少鐵口耜」[1]，這一事實，印證了《管子‧小匡》所說的「美金以鑄戈劍矛戟，試諸狗馬；惡金以鑄斤、斧、鉏、夷、鋸、欘，試諸木土」。美金是銅，用來造兵器，惡金即鐵，只能用來製造生產工具。

耒耜在楚國的農業中，實際上占據著主導地位，這已是毋庸置疑的事實。楚國統治者經常告誡「民生在勤，勤則不匱[2]」。何為不勤？「耕者釋耒而不勤[3]」，這說明，在楚國，一個勞動者勞動態度的好壞，是要從使用耒耜耕作來衡量的。楚國多水田，這種耒耜在

① 陳振裕：〈湖北農業考古概述〉，《農業考古》1983年第1期。
② 《左傳‧宣公十二年》。
③ 《鹽鐵論‧刺權》。

水田操作尤為便利，水泡過的地質較軟，易推刺翻耕，雙齒中間有空隙，可使水通過，減輕阻力，功效高於其他的一些農具，當然在楚地能夠得到廣泛應用。直到漢初，《淮南子》記楚故地的農作仍然大多是「耕者日以卻」，只有使用耒耜的耕者才會向後退卻，可見楚國的農業一直是以耒耜耕作為主。從耒耜在楚國農業中所占據的實際上的主導地位來看，我們把楚國的農業稱之為「耜耕農業」，也是毫不過分的。

2. 畚

作為翻土工具，僅有耒耜還是不夠的，雙齒耒耜主要適合於水田，而在農作過程中，還有旱地上的翻耕及諸如輸溝洫、掘坑穴、起土、起肥等工作，這只有畚一類的工具才能承擔。

畚，類似於今天的鍬，也寫成鍤。《釋名》：「鍤，插也，插地起土也。」畚本木製，江陵鳳凰山八號墓遣策「鍤」作「插[1]」，廣西貴縣西漢墓出土的木牘上有「銃、鍤、鉏、銚」等農具名，其中「鍤」的偏旁亦為「木」證明畚本木製，只是後來加上銅或鐵的套刃，才寫成「鍤」。湖北大冶銅綠山礦坑中，考古工作者曾採集到一件木鍬，形制與現在的鐵鍬相近，鍬板窄長，削了踩腳的著力坎，板與柄是一整體，全長76公釐，柄長50公釐，鍬板寬10公釐[2]，這件工具，「應該就是畚[3]」。江陵鳳凰山167號墓竹簡十五有「大奴一人持鍤」，而隨葬正有一持鍤男俑，鍤以墨繪鐵口，形制與大冶銅綠山木鍬相同。

① 〈鳳凰山167號漢墓遣策考釋〉，《文物》1976年第10期。
② 〈湖北古礦遺址調查〉，《考古》1974年第4期第253頁。
③ 陳文華：〈試論我國農具史上的幾個問題〉，《考古學報》1981年第4期。

圖4-5　湖北銅綠山出土的春秋時期木臿

　　臿是一種重要的挖土工具，除翻土外，還多用於開挖溝渠和興修水利。《淮南子》：「禹之時，天下大水，禹執畚臿，以為民先」，《漢書　溝洫志》形容興修水利有「舉臿為雲，決渠為雨」的諺語，顏師古注明，臿，「鍫也，所以開渠者也。」《孟子　滕文公》說「蓋歸反虆梩而掩之」，趙歧注：「虆梩籠臿之屬，所以取土者也」。《管子　度地》：「籠（土筐）臿、板築各什六，土車什一」，是興修水利的配套工具。揚雄《方言》卷五云：「臿，……宋魏之間謂之鏵，或謂之鐼，江淮南楚之間謂之臿，沅湘之間謂之畚，趙魏之間謂之桑，東齊謂之梩」，說明臿倒是先秦楚地的本來稱呼。

　　臿是從耒耜發展而來。因此《說文》說：「耜，臿也。」戰國以來已經耒臿並稱，如《韓非子　五蠹》說：「禹之王天下也，身執耒臿，以為民先」，《鹽鐵論　國疾》說戰國時的人「秉耒抱臿，躬耕身織者寡」，此處不再言身秉耜臿，只說是「秉耒抱臿」，反證出耒耜與臿是不同的翻土工具。從已發掘的實物看，臿是商周時期出現的新農具，發展於春秋，盛行於戰國、西漢，一直延用到南北朝以後。楚國出土的臿，較完整地經歷了木、銅、鐵三個階段，往上是直接繼承了在湖北盤龍城出土的商代入土部分全用青銅鑄就的銅臿和湖北蘄春王家嘴出土的西周銅臿。這種銅臿耗銅多，十分貴重，不易普及，大量使用的還是木臿。實際操作，不斷改進的結果，是將廣泛使用的木臿最易磨損的尖端之處，套上金屬套口。在鐵被用來打製農具之前，使用較多的是銅製的套口，這種銅臿舊吳越之地出土的較多。真正的鐵製臿套口已發現的仍以湖北、湖南之地為多，如湖北江陵、

紀南城、雨臺山、宜都紅花套、宜昌前坪，湖南長沙識字嶺等。詳參表4-3。表中所列，有的是在楚勢力到達之前，如在江蘇出土的西周和舊吳越之地使用的畬農具，但這些地區以後都屬楚境，楚人仍當慣用，為使人們對楚境內出土的畬有一個全面的掌握，故仍列入。

表4-3　楚地出土畬農具表

名稱	斷代	件數	出土地點	形制特點	尺寸（公釐）	資料出處
木畬（原名木鍫）	春秋	1	湖北大冶銅綠山	與現在的鐵鍫近似，鍫板窄長，削了踏腳的著力坎，板與柄是一整體。陳文華〈試論我國農具史上的幾個問題〉「湖北大冶銅綠山礦坑出土的木鍫，應該就是『畬』」（《考古學報》1981 年第 4 期）。	全長 76、柄長 50、鍫板寬 10（見圖 4—5）	〈湖北古礦冶遺址調查〉，《考古》1974 年第 4 期。〈湖北銅綠山春秋戰國古礦井遺址發掘簡報〉，《文物》1975 年第 2 期。陳振裕〈湖北農業考古概述〉，《農業考古》1983 年第 1 期。
木畬（原名木鏟）	春秋	多件	湖北大冶銅綠山	形近似小鍫。	長 31—50，寬 10—25	
鐵畬	戰國早至中期	1	湖北江陵紀南城30號建築遺址	四字形鐵畬套口，刃口外侈，一側已殘。	刃寬 18、高 11.2，見圖 4—6 之（2）〈楚都紀南城的勘察與發掘〉（下），《考古學報》1982 年第 4 期第 482 頁。	
鐵畬	春秋戰國	1	湖北江陵雨臺山	四字形，刃部弧形，兩側外侈。	原文有照片（圖版三，3）	〈江陵雨臺山楚墓發掘簡報〉，《考古》1980 年第 5 期。
鐵畬	戰國		湖北宜都紅花套	扁長方形		轉引自〈戰國鐵農具的考古發現及其意義〉，《考古》1980 年第 5 期
小鐵畬	春秋戰國			湖南長沙識字嶺		原載《考古學報》1975 年第 2 期，轉引自後德俊《楚國鐵器及其對農業生產的影響》。

名稱	斷代	件數	出土地點	形制特點	尺寸（公釐）	資料出處
銅耟	西周		江蘇儀征破口山	刃相對的一頭兩側伸出，頭作方角，長條形鎔，便於納木柄。器身近頭處有對穿的長方形孔，便於固柄。（原作銅斧）	長 17.2、刃寬 9.8，見圖 4-6 之（3.）	原載《儀征縣破口山挖掘出土銅器紀略》，《文物》1960 年第 4 期，轉引自《吳國農業考略》，《農業考古》1982 年第 2 期
銅耟			江蘇丹徒糧山一號墓 M2	長方形鎔，刃口弧形，器身有一方孔。	長 10 刃寬 10.5 鎔 7.8，重 139 克，見圖 4-6 之（4）	
銅鏵	東周	12	蘇州城東北	與江蘇丹徒糧山一號墓 M2 之鏵基本一致（原文為銹）		〈蘇州城東北發現青銅器〉，《文物》1980 年 8 期，轉引自《吳國農業考略》，《農業考古》1982 年第 2 期。
青銅鏵	西周	1	江蘇丹徒縣	刃部為三角形，底部平滑，面部有中脊，色澤青潤光滑	長 15.2，上寬 13.5，見圖 4-6 之（5）	〈丹徒丁崗出土西周農具——青銅耜〉，鎮江市博物館《文物考古資料彙編》1976 年，引自《吳國農業考略》，《農業考古》1982 年第 2 期。
銅鏵	西周	1	江蘇丹陽縣雲林公社	刃部為三角形，底部平滑，面部有中脊，色澤青潤光滑	長 10.6，刃寬 14.3	
銅鏵		1	蘇州葑門河道	體呈半圓形，刃呈半圓刃形，范鑄	見圖 4-6 之（6）	引自〈論吳越時期的青銅農具〉，《農業考古》1982 年第 2 期。
銅鏵	西周		湖北蘄春毛家嘴	器身作凹字形	長 10.8、寬 10.5，見圖 4-6 之（7）	引自陳文華〈試論我國農具史上的幾個問題〉，《考古學報》1981 年第 4 期
鐵鏵	戰國		湖北宜昌前坪		見圖 4-6 之（8）	
鐵鏵	春秋		長沙識字嶺		見圖 4-6 之（9）	
銅鏵	春秋		江蘇六合程橋		見圖 4-6 之（10）	
銅鏵	春秋		江西清江縣樹槐鄉王言壟	呈黃綠色，極為光滑適亮，體作凹字形，弧刃	上端寬8，刃寬7.5，高7.8	〈江西地區青銅器的分析與分期〉，《中國考古學年會第一次年會論文集》。
銅鏵	戰國早期		江西武寧畢家坪	體作凹字形	刃寬6.6，上端寬3，高7	〈武寧戰國墓葬的清理〉，《文物工作資料》（內部）1976 年第 4 期。
鐵鏵	戰國早期		江西九江縣沙河街大王嶺遺址	器雖殘損，仍可看出平面作凹字形		〈江西九江縣沙河街遺址發掘簡報〉，《考古集刊》第 2 集，1982 年。

第四章　楚國農業生產工具的進步

湖北江陵紀南城30號
建築遺址出土的鐵耒
（比例2/9）

江蘇儀征破山
口出土的銅耒

江蘇丹徒糧山
M2出土的銅耒

江蘇丹徒丁
崗出土的銅耒

蘇州葑門河
道出土的銅耒

湖北坼春毛家咀
出土的西周銅鍤

湖北宜昌前
坪戰國鐵鍤

長沙識字嶺出土
的春秋晚期鐵鍤

江蘇六合程橋
出土的春秋銅鍤

圖4-6　楚地出土的各種農具

　　從表4-3和圖4-6中可見這些出土地點不同、用料不同的耒套口，從形體上看，一般為凹字形，其刃部又有微弧刃和尖刃兩種，這種形制，既便於農作，又節約金屬，故較易推廣。

　　耒在使用時是雙手推柄，用一腳踏木板的左肩，手、腳同時用力把耒插入土中，再向後扳動，將土翻起。《淮南子　齊俗》有「修脛者使之蹠钁」的句子，高注：「長脛以蹋耒」，圖4-5中銅綠山出土的耒保留有木質耒的全貌，其中右肩較為突出，說明是為便於右腿用力而設計的，如果進一步參看漢時長沙馬王堆三號墓出土的帶鐵套口的耒，其左肩則比右肩突出而稍低，表明這是為習慣左腳用力者設計的。耕作者使用耒時的具體形象，如果查看楚地（今河南鄧縣）出土的畫像磚「郭巨埋兒」圖[1]，便可一目了然。

　　由於耒農具種類繁多，各地出土的耒形制各有不同，表4-4即湖

────────────

[1]　《鄧縣彩色畫像磚》，文物出版社1958年，第17頁。

南省境內所出土的17件鋘，可分成二型3式，各具特點 [①]：

表4–4　湖南出土鋘農具分類表

式：	A型				B型	
	件數	斷代	器形特點		件數	器形特點
1式	7	西周	作凹字形，銎部中間凹缺作圓弧狀，銛身兩側微向內凹，刃口平，或稍弧，銛身或長或短，與使用時間有關。		2	銎部只有一面凹缺，另一面有不規則的孔，以便拴釘，刃圓弧，器身兩側內凹。
2式	4	西周末至春秋	春秋銛身較短，刃稍向外侈，一面平，一面隆起，高5.5～6.8公釐，刃寬8.1～9.2公釐。		1	器身更短，腰部內凹，銎部的拴釘孔呈方形，淺綠色，高6.6，刃寬8，重119克。
3式	3	春秋	器形較窄小，銎部較深，刃較平，更向外侈。			

　　鋘這種農具，不僅用途廣泛，還有一種承前啟後的作用。其中最有意義的是，這種農具同耒耜一樣，在一定程度上是犁的祖先。這種演進的過程，詳本節「5.犁」部分。

　　楚國地處江漢流域，戰國時國土又擴大至長江下游地區及廣東、廣西之地。楚國人民進入這些地區後，多借助於鋘這種工具進行開發。楚國在春秋中期孫叔敖時期有興建大型水利工程、開挖多條運渠的壯舉，這些，在我們了解了鋘應用於楚國的普及程度後，也就不難理解，孫叔敖的所作所為，在當時的條件下，是完全做得到的。

3. 钁

　　钁是向後翻土的一種工具，與鋘的起土方向完全相反。其形制與今天的鎬頭相似。從石器時期出土的情況看，一般多在南方的遺址中發現，其中，廣西曲江石峽遺址發現較多，湖南和江西也有少量出土。到春秋戰國時期，楚國境內在湖北大冶銅綠山、安徽壽縣朱家集和湖南長沙等處有發現，見表4—5，圖4—7。

①　參見高至喜：〈湖南商周農業考古概述〉，《農業考古》1985年第2期。

表4-5　楚地出土钁農具表

名稱	斷代	出土地點	形制特點	尺寸	資料來源
銅钁	西周東周	湖北大冶銅綠山	原文有照片	見圖4—7之（1）	周保權等〈從銅綠山礦冶遺址看我國古代礦冶技術的成就〉，《湖北省考古學會論文集》（一）
鐵钁	戰國	安徽壽縣朱家集	呈長方板木契狀，上端為銎，下刃齊平		原載《安徽史學通訊》1959年4—5期。轉引自雷從雲〈戰國鐵農具的考古發現及其意義〉，《考古》1980年第3期。
鐵钁	戰國	湖南長沙	原文有照片	見圖4—7之（2）	原載〈長沙衡陽出土戰國時代的銅器〉，《考古通訊》1956年第1期，轉引自劉仙洲《中國古代農業機械發明史》第66頁。

(1) 湖北大冶銅綠
山出土的銅钁

(2) 湖南長沙出土
的戰國鐵鐝

圖4-7　楚地出土的钁農具

　　钁是農業生產中很重要的一種重型開土工具。南方一些地區的土質，不少係紅色黏土，濕度大時，黏如糕團，乾後又堅如頑石，因而用耒耜、臿等「插地入土」，十分困難，而用钁來進行挖掘，則難度較小，效率也高，因此钁是彌補耒耜、臿等翻土工具不足、適用於軟硬土壤的一種比較理想的翻土工具。王楨《農書》對钁的論述是：

「钁，斸田器也。《爾雅》謂之鐯，斫也。……農家開闢土地，用以劚荒，凡田園山野之間用之者，又有闊狹大小之分，然總名钁。」從楚國已出土的來看，與其他農具一樣，也是由石钁演進為鐵钁，表明其在農業生產中一直起著重要的作用。

4. 鍬

鍬與钁類似，同是掘土的工具。

《辭海》「鎬」條：刨土的工具，也叫鍬、钁，由鎬頭及木柄構成，用於挖地墾荒，刨除樹根，對付較硬的土壤。

楚地只在湖北紅安金盆遺址中發現過銅鍬，有人認為這是我國所見最早的踏犁 [1]。在湖北江陵紀南城遺址中，發現戰國時期的鐵鍬，表明當時湖北地區應用鍬這種農具較為普遍，與耒、钁等農具一起，是楚國人民開墾荒地、翻耕土地的有力工具。

表4-6　楚地出土鍬農具表

名稱	斷代	出土地點	形制特點	尺寸（公釐）	評價	資料出處
鐵鍬	戰國	湖北江陵紀南城	長方形，鍪裡尚存殘木柄，上部至刃較薄，上飾凸弦紋兩道。	長14.8，寬5.2（見圖4—8）		轉引自陳振裕《湖北農業考古概述》，《農業考古》1983年第1期。
銅鍬	春秋	湖北紅安金盆遺址			宋兆麟〈我國古代踏犁考〉，《農業考古》1981年第1期認為是我國所見最早的踏犁。	〈湖北紅安金盆遺址試掘〉，《考古》1960年第4期第38頁。轉引自陳振裕《湖北農業考古概述》，《農業考古》1983年第1期。

---

① 宋兆麟：〈我國古代踏犁考〉，《農業考古》1981年第1期。

第四章　楚國農業生產工具的進步

圖4-8　湖北江陵紀南城出土的鐵鑺

5. 犁

犁是提高農業生產力的一件至關重要的農具。研究楚國的犁，不能不追溯到出土較多的犁耕早期階段的木石犁。

楚國在春秋時期便占據了長江下游部分地帶[1]，戰國時期滅越後，更鯨吞了長江下游的全部地域。這一地區，早在新石器時代，浙江、上海地區良渚文化遺址曾出土石犁，體形扁薄，平面呈等腰三角形，刃部在兩角，其夾角在40　～50　之間。一般用片葉岩製成，背面平直，保留著岩石的自然裂面，未見磨光和摩擦的痕跡。正面微隆起，正中平坦如背面，磨出光亮的刃部，兩腰都有磨損的痕跡。中心有一至三個孔不等，有在中線直線排列的，也有作三角形平均分布的。前鋒尖銳，後端稍厚。見圖4-9[2]：

---

[1]　如楚平王時期，楚貴族伍尚（伍子胥之兄）封地在棠，棠地在今江蘇鎮江附近的六合縣。
[2]　陳文華：〈試論我國農具史上的幾個問題〉，《考古學報》1981年第4期。

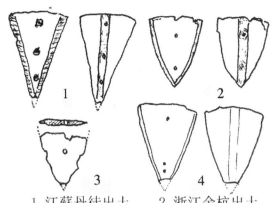

1. 江蘇丹徒出土　　　2. 浙江余杭出土
3. 杭州水田畈出土　　4. 浙江余姚出土

圖4-9　長江下游地區出土的石犁

　　從形體上看，這些石犁，一種形體較小，全長15公釐，兩腰各長
11公釐，寬20公釐，尖端夾角大約為60　，厚端成弧形突出，厚1.5
公釐，中心有鑽孔，孔徑較大，在浙江吳興邱城中層墓中和梅堰遺址
有出土。與此相類似的石犁，在上海湯廟和廣富林遺址也有發現。見
圖4-10：

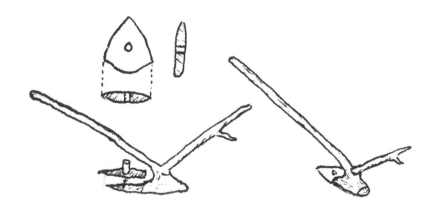

圖4-10　石犁復原圖之一（錄自《中國原始社會史》）

另一種是形體較大的石犁，長50公釐，厚約1.5公釐，由於全器平面較大，顯得格外扁薄。前鋒尖夾角45左右，兩腰微微弧出，後端平齊或略突出，厚度前後大致相同。中心往往有一個以上的鑽孔，孔徑小，孔壁粗糙。其他數器在杭州水田畈遺址良渚層中有出土，浙江吳興錢山漾下層也發現不少殘片。

石犁形體介於中間狀態者長度在25公釐左右，較特別的是後端有一弧形或方形凹缺，使兩腰如後掠式雙翼。在余姚上湖林、紹興陶堰、嵊縣崇仁和嘉興等地均有此類採集品。

以上石犁都比較單薄，且厚薄均勻，不能單獨翻地，否則極易折斷。而且石犁的底部平整，無磨光使用痕跡，說明它是安在犁床上的。犁床尖部由兩部分構成，下為墊木，上為木板，石犁夾在兩者之間，外露刃部，然後穿以木釘固定，見圖4-11。

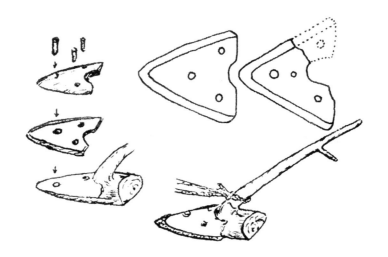

圖4-11　石犁復原圖之二（錄自《中國原始社會史》）

分析長江下游地區已出土的這種石犁，其結構特點有：

1.有犁床，而且犁床較大，它在水田操作中具有一定浮力，宜於水田耕作。

2.從有些石犁後端有一弧形凹缺看，它的出現有兩種可能，一種可能是有犁鑱直接頂住犁柱，一種可能是只有犁箭裝置，以保護犁鑱，增加抗力，並便於控制耕地的深淺。

3.可能有一根長轅。從民族學的資料看，最初的犁都比較笨重，一人難以操作，加一長轅，可供人力或畜力牽引，便於操作。在當時的條件下，這種長轅和犁床之間，以兩塊木料連接還比較困難，很可能是利用鶴嘴式犁架，即以鶴嘴為犁床，木柄為犁轅，或者以鶴嘴為犁床，木柄為犁柄，前面以人力或畜力以繩索引犁。

這種石犁，是從耒耜、耞等農具演化而成的。如果將這些石犁裝上木柄用來起土，就很像是耒耜或尖頭耞，但又有很大區別。第一，耒耜或耞的木柄只安裝在上端，而石犁的木柄一直伸到犁尖，這就表明它不是像耒耜或耞那樣插地起土，木柄一直延伸到犁尖不便於插入土中。第二，耒耜或耞一般較厚，能插入土中並同時扳動又不易折斷，石犁的體積很大，厚度卻只一公釐多，扳動時很容易折斷。第三，耒耜或耞入土，兩面都和泥土摩擦，因此兩面都會留下摩擦的痕跡，而這些石犁只是在正面留有摩擦痕跡，背面毫無痕跡，可見不是用來插地起土。第四，耒耜和耞是用腳在肩部踏入地中起土的，入土的角度較垂直，因而留下的痕跡是垂直的線條，而這種石犁在表面刃部留下的痕跡都是橫線條，說明石犁起土既不是垂直方向向下插，也不是按水平方向平貼地面入土，而是和地面呈銳角的傾斜狀態向前推進。因此，第五，這種石犁一個人無法使用，必定要有人在前面拉犁才能破土前進，因此，犁極大的可能是由耒耜或耞演變而來。圖4-12即是在根據楚地（湖北大冶銅綠山）出土的木耞（或謂木鍬）演變的示意圖 ①。

---

① 錄自陳文華〈試論我國農具史上的幾個問題〉，《考古學報》1981年第4期。

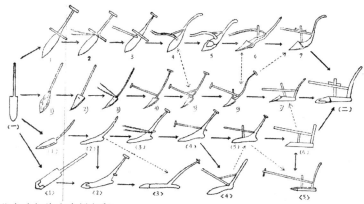

(一)湖北大冶銅綠山木鍬(耒)
　1.西藏珞巴族木耜　2、3.木耜向犁發展的過渡形態（推測）示意圖　4.新疆甘肅舊木犁
　5.陝西延安耩犁　6.廣西寧明舊犁　7.江蘇睢寧双沟畫像石中的耕犁　1).石耜安裝的
　柄示意圖　　2)、3).江浙一帶出土的商周石犁使用（推測）示意圖　4)、5).山西鏵犁
　6)、7).鏵犁向耕犁發展的過渡形態(推測)示意圖　(1)、(2)、(3)、(4)、(5)木耜向木
　發展的過渡形態(推測)示意圖　(6)甘肅武威出土的木犁　〈1〉河南鄧縣畫像磚中的鍤
　〈2〉廣西壯族踏犁　〈3〉貴州都勻舊犁　〈4〉甘肅敦煌85窟壁畫中的犁　〈5〉山東人挽犁
(二)漢代耕犁復原示意圖（根據漢代畫像石和出土犁鏵復原）

圖4-12　由耒到犁演變示意圖

　　揚雄《方言》卷五解釋「耒」，介紹各地的不同稱呼，說「江
淮南楚之間謂之耒」，而在宋魏之間則「謂之鏵」。表明以後演進為
犁。清人錢繹於《方言箋疏》引用了下列資料論證耒以後演進為犁：

　　《眾經音義》卷十一：「鏵，古文苯、鏵二形，今作鉝，或作
鋘……犁刃也。」

　　《釋名》：「銚或曰鏵。鏵，刳地為坎也。」

　　《淮南子　精神訓》：「縣者揭钁耒負籠土」，注云，钁，斫
也。耒，鏵也，青州謂之鏵有刃也，……是謂鏵者不獨宋魏之間也。

　　今吳俗呼犁為劃，劃即鏵聲之轉也。

　　又按鏵之言華也，鄭注《曲禮》云，華，中裂謂之華，故以耒入
地使土中裂，因謂之鏵。

　　《後漢書　戴就傳》注引《字詁》云，鋘，耒刃也。《吳越春

82

秋　夫差內傳》云，寡人夢兩鍡殖吾宮牆。

《釋名》：鍤或曰稍。稍，削也，能有所穿削也。

《說文》：芣，兩刃臿也。（芣就是木質的犁鏵，從木，三角形，故曰「兩刃」）[1]

這些記載，較為有力地證實，楚地的農具中，很可能隨著臿的廣泛使用而出現犁這種可連續向前推進翻土的工具，與耒耜、臿等一併使用。聯繫到楚地廣泛種水稻的特點，楚國的先民在廣泛使用雙齒耒耜、各種臿的基礎上，吸取吳越之地先民使用犁耕的先進經驗，完全可能在一定範圍內使用這種吃土較深、負荷較大，宜於水田耕作的農具——石犁。

到目前為止，楚國使用犁的實物材料，僅在20世紀50年代於長沙楚墓發現過一件戰國時代的鐵犁。韓國磐〈牛耕早在趙過之前〉[2]一文中指出：「五十年代長沙楚墓發現戰國鐵鏵犁，Ｖ型，是顯目的耕具」。但鄰近楚國的不少地方，卻有一定數量的戰國鐵犁出土：

表4-7　戰國鐵犁出土簡表

出土地點	形制特徵	資料出處
河北易縣燕下都遺址	略呈Ｖ型，前銳後闊、雙翼展開，交接處一面起脊。	《考古》1962年第1期第15頁。
河北武安午汲趙城遺址	犁鏵呈Ｖ型。	《考古通訊》1957年第4期第45頁。
山西侯馬北西莊	器已殘。	《文物》1959年第6期第43頁。
陝西西安市郊	犁鏵呈Ｖ型，前銳後闊，分雙葉展開，外側為刃，銳端起脊。	陝西省博物館
陝西南田鹿原	犁鏵呈Ｖ型。	
山東臨淄	犁鏵呈Ｖ型，中間交接處有三角形脊。	《考古》1961年第6期第292頁。
河南輝縣固圍村	犁鏵呈Ｖ型，前銳後闊，分雙葉展開，外側為刃，銳端起脊。	《輝縣發掘報告》

① 《中國原始社會史》，文物出版社1983年版，第258~259頁。
② 《社會科學戰線》，1985年第4期。

從此表看，戰國時期鐵犁的使用已相當廣泛。本來，楚國春秋末期最早使用鐵器，冶鐵走在前列[1]，理應有較多的鐵犁出土，但相對而言，鐵犁的出土少於其他地區，這種現象同舊吳越之地新石器時代的石犁連續出土，卻很少發現鐵犁一樣，都是不正常的情況，相信今後會有更多的鐵犁出土，很可能楚國在使用鐵犁上，同樣走在前列。

從邏輯上講，有犁之後，可以用人耕、馬耕，不一定非用牛耕不可，但有牛耕則一定使用犁。如果我們換個角度，看楚國的牛耕情況，似可進一步證實，楚國在一定程度上使用牛耕。

6. 牛耕

楚國雖少有銅犁或鐵犁出土，但卻不乏關於牛耕的記載。資料表明，楚國人們早在春秋時期已使用牛耕。

從文獻上看，楚人與牛的關係十分密切。西元前656年，齊桓公、管仲伐楚，楚成王派人發話：「君處北海，寡人處南海，唯是風馬牛不相及也。」[2]風是指牛、馬這兩種不相類的畜牲互相誘引而相追逐[3]，楚人以牛、馬表現齊、楚之間毫不相關，兩國之間即使牛馬走失，也不會跑到對方境內，顯示出楚人在春秋前期便對飼養牛馬之類的畜牲、掌握它們的習性有著豐富的經驗。

西元前598年，正是楚國國力鼎盛、蒸蒸日上之時，一代雄主楚莊王滅陳為縣，賢臣申叔時勸諫他不要這樣，說：「牽牛以蹊人之田，而奪之牛。牽牛以蹊者信有罪矣，而奪之牛，罰已重矣。」[4]（《史記　楚世家》、《史記　陳涉世家》記此事為「牽牛徑人田，

---

[1] 黃展嶽：〈關於中國開始冶鐵和使用鐵器的問題〉，《文物》1976年第8期。該文指出：「最早冶煉和使用鐵器的地區很可能是在楚國。」
[2] 《左傳　僖公四年》。
[3] 《尚書　費誓》：「馬牛其風。」
[4] 《左傳　宣公十一年》。又見《穀梁傳　宣公十一年》。

田主奪之牛」），這又是楚人以牛來喻政治，而此時之「牛」與「田」密切相關，很難將它認定為作犧牲用的「牲牛」，只可能是耕田之牛。先秦文獻上還有一條與牛相關的記載出自《國語　晉語》：「今其子孫將耕於齊，宗廟之牲為畎畝之勤。」也是直接將牛用於耕田。說明楚國和晉國這兩個春秋大國都使用牛耕。

《左傳　昭公七年》還記載楚國君臣關於人的等級的一番對話，楚臣無宇說，「天有十日，人有十等」，十等之外，「馬有圉，牛有牧」，杜預注：「養馬曰圉，養牛曰牧」，這表明楚國養牛業十分發達，從事飼養耕牛者（「牧」）人數眾多，從這些人排在「人有十等」之外，地位特別低賤之外，不可能是國家派出的管牛官吏，從「養牛」與「養馬」並提來看，亦不可能是飼養用作犧牲的牛，因為馬在當時是車戰的主力，不會用於祭祀，牛自亦然。這些，都說明養牛之「牧」只會是直接從事農耕的勞動者，所養之牛，為耕牛無疑。

春秋末年，戰國初年，楚國的鐵器逐步廣泛使用，鐵犁亦得到推廣，與此相應，牛耕當獲較大的發展。賈誼《新書　春秋》記以後被滅於楚的鄒國普遍實行牛耕：

> 鄒穆公有令，食梟鴈者必以粃，毋敢以粟。於是，倉無粃而求易於民，二石粟而易一石粃，……（鄒穆）公曰：「夫百姓煦牛而耕，曝背而耘，若勤而不敢惰者，豈為鳥獸也哉？粟米，人之上食也，奈何其以養鳥也？」

這條記載，劉向《新序刺奢》亦載，唯「煦牛而耕」作「飽牛而耕」，又《藝文類聚》卷八十五「粟」字條引此文，作「餉牛而耕」。這些都說明當時鄒國實行牛耕。

鄒國，即邾國，「曹姓，有今山東費、鄒、滕、濟寧、金鄉等

地，戰國時為楚所滅[1]」。《孟子　梁惠王章句下》記有鄒穆王與孟子的對話，據說就是聽了孟子的一番規勸，改行仁政，贏得以後賈誼、劉向讚揚的。因此，鄒穆公與孟子同時。楚國滅掉鄒國之後，還將其君和不少人口遷到今湖北黃岡，鄒國舊地，盡為楚有。即令楚此時仍未實行牛耕，所擄鄒國人口，也會將牛耕技術帶入。

從考古發掘的情況看，楚國使用牛耕。舒之梅、劉彬徽在分析曾侯乙墓出土文物時說[2]：

「曾侯乙墓還出土了五件大小、形制基本一致的蓋頂……蓋上近沿處有三個等距離站立著的水牛形鈕飾。……此種鼎與長沙瀏城橋一號楚墓出之Ⅱ式銅鼎相似，蓋上都有三個水牛形鈕飾（只是後者作臥式，稍有區別）。這種水牛形鈕飾也見於江陵出土的楚鼎。筆者在四川參觀，見新都戰國墓出土一件銘文為『邵（昭）之食鼎』的楚國銅鼎，蓋上水牛形飾與曾侯乙墓的酷似。」

除上列長沙瀏城橋一號楚墓，江陵、四川新都戰國墓出土的楚鼎有水牛鈕飾外，還有淮陽平糧臺四號楚墓出土的銅鼎，也是三個牛臥於鼎蓋，造型非常生動[3]。1958年11月，安徽壽縣徵集到銅牛一件，銅牛身長10公釐，前脊高5公釐，後股高4.5公釐，作臥狀，造型極為生動，牛腹下有銘文：「大賡之器。」「大賡」為楚國太府[4]，就銘文字體風格看，其時代可能與同地所出的鄂君啟節相當，即戰國中期[5]。

① 《辭海》「鄒」條。
② 舒之梅、劉彬徽：〈從近年出土曾器看楚文化對曾的影響〉，《楚史研究專輯》108頁。
③ 〈淮陽平糧臺四號楚墓發掘簡報〉，《中原文物》1980年第1期。
④ 見《文物》1978年5期〈安徽鳳臺發現楚國「郢大賡」銅量〉中對「大賡」的解釋。
⑤ 殷滌非：〈安徽壽縣新發現的銅牛〉，《文物》1959年第4期。

楚國何以對牛如此厚愛？只能有一個解釋，那就是有的學者所指出的：「南方楚地盛產水稻，多以水牛進行耕作，故在銅器裝飾注重寫實的戰國時代以水牛形為鼎蓋的鈕飾。」[1]「中原地區可能在春秋時代產生牛耕[2]」，將夏鼐的這句話，擴大至楚國，恐怕也是未悖實際的。

　　楚國的牛耕，還可以通過反映戰國末期至秦始皇時期歷史的雲夢《睡虎地秦墓竹簡》的材料得到證實。古雲夢之地，一直是楚國的腹心地區，西元前278年，秦將白起拔郢之後，楚人被迫東遷，都於陳城，秦在舊楚地上設置南郡加以統治，但楚人仍然保持原有的傳統習俗[3]，故雲夢秦簡中不少仍是楚國傳統習慣的繼續，其中，有不少反映楚地私人擁有的耕牛的情況：

　　《秦律　司空》記載：

　　「百姓有貲贖責（債）……有一馬若一牛，而欲居者，許。」（百姓有債務，……有一頭馬或牛，要求用其勞役抵償，可以允許）

　　《法律答問》記載由於耕地私有，導致互相盜竊，產生不少法律糾紛。

　　其一：「甲盜羊，乙智（知），即端告曰甲盜牛。」（甲盜羊，乙知道，而故意控告甲盜牛）

　　其二：「人臣甲某遣人妾乙盜主牛，買（賣）把錢偕邦亡。」（男奴甲主謀叫婢女乙偷主人的牛，把牛賣掉，帶著賣牛的錢一同逃越國境）

---

① 舒之梅、劉彬徽：〈從近年出土曾器看楚文化對曾的影響〉，載《楚史研究專輯》108頁。

② 夏鼐：〈考古學與科技史〉，《考古》1977年第2期。

③ 例如秦簡《語書》指責楚地舊民「私好鄉俗之心不變」，而秦的官吏「自從令、丞以下智（知）而弗舉論，是即明避主明法也，而養匿邪避之民」。

第四章　楚國農業生產工具的進步

其三：「甲盜牛，盜牛時高六尺。」（甲偷牛，偷牛時身高六尺）

其四：「甲告乙盜牛若賊傷人，今乙不盜牛，不傷人。」（甲控告乙盜牛或殺傷人，現在乙沒有盜牛，沒有傷人）

其五：「甲告乙盜牛，今乙賊傷人，非盜牛殹（也）。」（甲控告乙盜牛，現在乙是殺傷人，不是盜牛）

其六：「甲告乙盜牛，今乙盜羊，不盜牛。」

又有《廄苑律》的記載證實這些私人擁有的耕牛確實是用來犁田的：

「其以牛田，牛減絜，治（笞）主者寸十。」（用牛耕田，牛的腰圍減瘦了，每減瘦一寸要笞打主事者十下）

楚國使用犁翻地，並由人力犁田到以牛為動力，是農業耕作史的重要革命，這為提高耕地效率，開墾荒地和擴大耕地面積準備了條件。土地經過翻耕，可以改進土壤結構，使土壤變得鬆軟，減少蟲害，有利於恢復地力，這在當時的條件下，是提高糧食生產的重要措施。

第二節　碎土農具

土地經過耒耜、畬、鑺、钁或犁耕過之後，需要再經過一番碎土和扒土的工作，才歸於平整，並易於保持水分，播種之後，才比較易於發芽生長。在這方面的工作，先秦時期主要是通過耰這個工具來完成的。

耰是在一個長木柄上橫裝一段較硬木材的粗圓柱而成，是一種最簡單的碎土工具。當土壤被犁耕或其他工具翻掘後，總有大小不同的土塊存在。在土壤較乾時，土塊有的相當大，如果不將其打碎，並盡

量攤平，是很難播種的，這時，就得用耰來做碎土的工作。

在先秦文獻中，明確記載楚國勞動人民使用了耰這種工具：

長沮、桀溺耦而耕，孔子過之，使子路問津焉……（而人不回答）耰而不輟。[1]

「耰而不輟」即是表示二人耦耕時，其中一人翻地，另一人用耰把上打碎攤平。

此外，《國語　齊語六》：「及耕，深耕而疾耰之，以待時雨」；《管子　輕重乙》：「一農之事必有一耜、一銚、一鐮、一耨、一錐、一銍，然後成為農」（錐即耰）；《鹽鐵論　論勇》：「鉏、耰、棘、橿，以破沖隆」等記載，都證實了耰的存在。

王楨《農書》卷八農器圖譜：「耒耜門」有耰圖，見圖4-13：

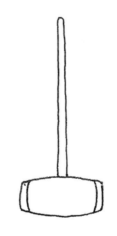

圖4-13　王楨《農書》中的耰圖

從王楨《農書》所繪的耰圖中，我們可以了解到當年楚人所使用

---

[1]　《論語　微子》。

的耰的具體形狀。這種木質的農具當然難以保存至今，故考古中未能發現。

第三節　中耕除草農具

農作物播種出苗後，必須加以多次的中耕鬆土除草，使農作物吸收水分，補充養料，改善通風透光條件，起到保墒和減少病蟲害的作用，保證作物正常生長發育，增加產量。中耕的作用是間苗、鬆土、除草、培土和保證水分不過量蒸發。

《呂氏春秋　辨土》說到間苗的必要：「凡禾之患，不俱生而俱死，是以先生者美米，後生者為秕。是故其耨也，長其兄而去其弟。」

《左傳　隱公元年》：「為國家者，見惡，如農夫之務去草焉。」

《詩經　小雅　甫田》：「或耘或耔，黍稷薿薿。」《傳》：「耘，除草也，耔，壅禾根也。」

《莊子　則陽》：「深其耕而熟耨之，其禾繁以滋。」

這些記載，都反映出先秦時期對中耕除草的重視。

中耕除草的工具，在楚國主要有鏟、耨和鋤。

1. 鏟

主要是運用手腕的力量貼地平鏟以除草鬆土的農具。王楨《農書》卷十，農器圖譜對鏟圖說如下：「鏟，《釋名》曰，平削也……柄長二尺，刃廣二寸，以劃地除草，此古之鏟也。今鏟與古制不同，柄長數尺，首廣四寸許，兩手持之，但用，前進鑱之，劃去壅草，就夏其根，特號敏捷。」

楚國出土的鏟數量不多，輯錄如下：

表4-8　楚地出土鏟農具表

名稱	斷代	出土地點	形制特點	尺寸(公釐)	資料來源
鐵鏟	春秋晚期	湖北江陵紀南城南垣門地層	見圖4—14之(1)		〈楚都紀南城的勘察與發掘〉,《考古學報》1982年第2期。
銅鏟	戰國偏早	湖南益陽新橋山10號墓	梯形鋬,一側有小圓孔,用於固柲,雙面弧形刃	長6.2,刃寬5,見圖4—14之(2)	〈湖南益陽戰國兩漢墓〉,《考古學報》1981年第4期,第528頁。
銅鏟	東周	江蘇六合程橋二號墓	器身較寬,刃口平直,上端有長方形鋬。	長10.4,寬7,長2.7,寬18,見圖4—14之(3)	〈江蘇六合程橋二號東周墓〉,《考古》1984年第2期,轉引自《吳國農業考略》,《農業考古》1982年第二期。
銅鏟		江蘇昆山盛莊	刃微呈弧形,雙肩。	高6.8,刃寬6.5,鋬2 3.5	〈昆山盛莊青銅器熔鑄遺址考察〉,《蘇州文物資料選編》,1980年。轉引自《吳國農業考略》,《農業考古》1982年第二期。
銅鏟	春秋晚期	安徽舒城九里墩			《楚文化考古大事記》,文物出版社1984年。
鐵鏟	戰國晚期	安徽壽縣楚王墓	形長刃寬體薄。		《楚文物展覽圖錄》。
銅鏟	東周	安徽貴池	小巧玲瓏,個別器物飾有圈點紋,長方鋬斜肩,狹刃。		盧茂村《淺談貴池東周青銅器》。
鐵鏟	戰國	湖南長沙仰天湖		寬約5	史樹青《長沙仰天湖出土楚簡研究》,群聯出版社1955年版。

(1)湖北江陵江南城南垣水門地層出土的鐵鏟　　(2)湖南益陽新橋山10號墓出土的銅鏟（戰國晚期）

(3)江苏六合程橋二號墓出土的銅鏟

圖4-14　楚地出土的鏟農具

第四章　楚國農業生產工具的進步

2. 耨

與鏟不同，耨主要是向後用力間苗、除草及鬆土，在中耕的作用上，比鏟更為進步。《中國農學史》（初稿）上說，「耨是除草器，是鋤、鎛一類的農具」。《呂氏春秋　任地》說，「耨柄長一尺，刃寬六寸」，「其耨六寸，所以間稼也」，「人耨必以旱，使地肥而土緩」。

有關耨的文獻記載有：

垂作耨。（《世本　作篇》）

深耕易耨；使不得耕耨。（《孟子　梁惠王》）

如是耕者且深，耨者熟耘也。（《韓非子　外儲說左上》）

楚國已出土的耨均為銅質，多分布在湖南、安徽、江蘇、浙江一帶，湖北地區尚未發現。這些耨，分別表明楚人在春秋晚期與今湖南、安徽之地廣泛使用耨來進行中耕，到了戰國時，當沿用吳、越人慣用的銅耨進行中耕。參見表4-9及圖4-15。

表4-9　楚地出土耨農具表

名稱	斷代	件數	出土地點	形制特點	尺寸（公釐）	資料出處
銅耨			蘇州城東北	呈彎月形，一角已殘，中有柄，柄有銎，一側形成三角形孔，器身一面有平行條紋。	見圖4-15	轉引自〈論吳越時期的青銅農具〉，《農業考古》1982年第2期。
銅耨		4	江蘇昆山盛莊	發現有四個殘器的尖，刃口有箆齒（原文為銅犁）		
銅耨			浙江永嘉	呈V型。		〈浙江永嘉出土一批青銅器簡介〉，《文物》1980年第8期。
銅耨	春秋晚期稍早	1	湖南	淺綠色，呈三角形，刃稍弧，上有長方形。	高7.8，刃寬10.7，寬1.8，長2.8，殘重112克	〈湖南商周農業考古概述〉，《農業考古》1985年第2期第118頁。

名稱	斷代	件數	出土地點	形制特點	尺寸（公釐）	資料出處
					续表	
銅耨	春秋晚期	4	安徽貴池	刃部作鈍三角形，一面有細梳，另一面磨削成刃，還有弧形隆脊。		〈安徽貴池發現東周青銅器〉，《文物》1980年第8期。

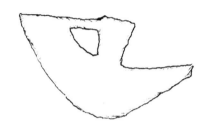

圖4-15　蘇州出土的銅耨

3. 鋤

　　鋤在古籍中多寫作鉏，是應用更普遍的一種中耕除草工具。和耨一樣，也是向後用力，明確記載楚國勞動者使用鋤這種工具的是《論語　微子》。孔子南游楚，「長沮桀溺耦而耕，（孔子）使子路問津焉」。此「長沮」，便是使用長鋤者，沮字當是鋤字的異形，鋤與鉏同，沮、鉏都從且字得音，古音同屬之部，所以沮、鉏和且三字，古代文獻中常常通用不分，如《史記》記春秋時齊人犁鉏，《韓非子》作犁沮；《左傳》、《漢書》的鉏麑（或鉏麛），《呂氏春秋》卻作沮麛；《戰國策　東周》的馮且，《韓非子》又作馮沮，都證明沮同且、鉏通用不分。「沮」的功用，《說文　金部》：「鉏，立薅斫也」，段玉裁注：「古薅艸坐為之，其器曰耨，其柄短，若立為之，則其器曰鉏，其柄長。」由此可見孔子見到的楚長沮者為使用長柄鋤的人。

　　從楚地出土的鋤看，鋤的形態各有不同，並且也經歷了從銅製到鐵製的不同階段。見表4-10及圖4-16：

表4-10　楚地出土鋤農具表

名稱	斷代	件數	出土地點	形制特點	尺寸（公釐）	資料出處
凹字形鐵鋤		1	湖北大冶銅綠山	與鐵鍤相近，鑾中空插入扁長木板，中部偏上鑾一長方形孔以納木柄，鋤為齊平刃，鋤板單薄。	全長12.2，板長28，見圖4—16之（3）	〈湖北古礦冶遺址調查〉，《考古》1974年第4期；《湖北銅綠山春秋戰國古礦井遺址發掘簡報》，《文物》1975年第2期。
六角鐵鋤		3	湖北大冶銅綠山	山均為鑄鐵，鋤板平，上部凸出方斗形鑾，鋤板單薄。	全長10.5，上寬7.5，見圖4—16之（5）	轉引自陳振裕〈湖北農業考古概述〉，《農業考古》1983年第1期。
曲把小鐵鋤		3	湖北大冶銅綠山	四棱長方柄，前段扁平再彎成鋤板。	全長50，板長12，刃寬9.3，板厚0.5—2，見圖4—16之（4）	轉引自陳振裕〈湖北農業考古概述〉，《農業考古》1983年第1期。
銅鋤		1		鋤板平，上部凸出方斗形鑾（已殘）。	約全長10.5，上寬7.5，肩寬17.5（已殘）	轉引自陳振裕〈湖北農業考古概述〉，《農業考古》1983年第1期。
鐵鋤	春秋		江陵紀南城松柏余家灣二號陶圈井	凹字形鐵套口。	見圖4—16之（1）	〈楚都紀南城的調查與發掘〉（下），《考古學報》1982年第4期第496頁。
鐵凹口鋤	春秋晚期戰國中期		江陵紀南城南垣水門地層	有鑾兩角外撇，作凹字形，齊平刃。	見圖4—16之（2）	〈楚都紀南城的調查與發掘〉（下），《考古學報》1982年第3期第348頁。
凹形口鐵鋤	戰國		湖北宜昌前坪	作凹字形，齊平刃。		《考古學報》1976年第2期第121頁。
凹形口鐵鋤	戰國		湖北宜都紅花套	下端作齊平刃。		轉引自雷從雲〈戰國鐵農具的考古發現及其意義〉，《考古》1980年第3期附表。
凹形口鐵鋤	戰國		湖北江陵望山沙塚	作凹字形，齊平刃。		轉引自雷從雲〈戰國鐵農具的考古發現及其意義〉，《考古》1980年第4期附表。
馬蹄銅鋤	東周	5	蘇州城東北	形似馬蹄，弧刃，上端一面有橫樑相連，一面開口。	高9.6，頂12，見圖4—16之（6）	〈蘇州城東北發現青銅器〉，《文物》1980年第8期，轉引自《吳國農業考略》，《農業考古》1982年第2期。
青銅鋤	東周	12	蘇州	長方形鑾，鋤身一面有方孔，一面開口，刃呈弧形。	大小不一，見圖4—16之（7）	〈論吳越時期的青銅農具〉，《農業考古》1982年第2期。
鐵鋤	春秋至戰國		長沙		見圖4—16之（8），（根據照片繪圖）	高至喜〈湖南古代墓葬概況〉，《文物》1960年第3期。

名稱	斷代	件數	出土地點	形制特點	尺寸（公釐）	資料出處
鐵鋤	戰國		長沙魏家堆		見圖4—16之（9）	〈新中國的考古收穫〉，《考古通訊》1956年第1期。
銅鋤	东周		江蘇六合程橋二號墓	器身作凹形，有溝槽，寬刃微弧。	長8.1，寬8，見圖4—16之（10）	〈江蘇六合程橋二號東周墓〉、《考古》1972年第2期。
銅鋤			江蘇溧水		長7.5，寬8.7，重80克，見圖4—16之（11）	轉引自《吳國農業考略》，《農業考古》1982年第2期。
青銅鋤	东周			較短，上端兩面都開口。	高7.8，頂寬11.9，見圖4—16之（12）	〈蘇州城東北發現青銅器〉，《文物》1980年第8期，轉引自《吳國農業考略》，《農業考古》1982年第2期。
鐵口鋤	戰國	4	江西臨川羅家寨（營門里）	平面呈凹字形，弧刃。	體高8，刃寬7.5	〈文物考古三十年〉第244頁。

(1)湖北江陵紀南城松柏余家灣二號陶圈井出土的鐵鋤套口（比例：1/3）

(2)湖北江陵紀南城南垣水門地層出土的鐵凹口鋤（比例：1/2）

(3)湖北銅綠山出土的凹字形鐵鋤　(4)湖北銅綠山出土的曲把小鐵鋤

(5)湖北大冶銅綠山出土的六角鐵鋤

(6)蘇州出土的馬蹄銅鋤

(7)蘇州出土的青銅鋤

(8)湖南長沙出土的春秋至戰國初期的鐵钁

(9)湖南長沙魏家堆出土的戰國鐵鋤

(10)江蘇六合程橋M2出土的銅鋤　(11)江蘇溧水出土的銅鋤

(12)蘇州出土的青銅鋤

圖4-16　楚國出土的各種鋤農具

第四章　楚國農業生產工具的進步

第四節　收穫農具

　　農業的目的在於收穫，故收穫工作是農業生產中最重要的一環。先秦時，勞動人民早已認識到及時收穫的重要，如汲塚《周書》：「既秋而不穫，惟禽其饗之」；《詩經　國風　豳風　七月》「八月其穫」，又「十月穫稻」；《詩經　周頌　載芟》：「載穫濟濟，有實其積，萬億及秭」等。楚國勞動人民當然也懂得這個道理。

　　收穫農作物，按其發展規律，一般是經歷先專收禾穗階段，然後才是連禾、秸稈一起收穫。楚國的收穫農具，正是這樣。其中，專收禾穗的工具有銍，連禾、秸稈收穫的工具有鐮。

1.　銍

　　《管子　輕重乙》說：「一農之事，必有一耜、一銚、一鐮、一耨、一錐、一銍。」《說文》：「銍，穫禾短鐮也」，此「銍」便是專司收穫禾穗的工具。

　　楚地出土的銍，主要是銅銍，發現地在安徽貴池以及江蘇一帶。見表4-11及圖4-17。

表4-11　楚地出土銍農具表

名稱	斷代	件數	出土地點	形制特點	尺寸（公釐）	資料出處
銅銍	東周	2	江蘇荇門河道	雙穿半月形，中部近棱邊外有二孔，刃部有鋸齒，反面平滑，範鑄。	圖4-17之（1）。一件10.4，寬4.5，另一件長10.7，寬4.5	〈論吳越時期的青銅農具〉，《農業考古》1982年第2期。
銅銍	東周		江蘇句容	器形似半個蛋殼，中部有兩個平行的孔可以穿繩索系在指上，內側一邊有平行箆齒狀紋，有刃口。	圖4-17之（2）。長10.9，腰寬4.8	轉引自《吳國農業考略》，《農業考古》1982年第2期。

名稱	斷代	件數	出土地點	形制特點	尺寸（公釐）	資料出處
銅銍	東周		安徽貴池	器形似半個蛋殼，中部有兩個平行的孔可以穿繩索系在指上，內側一邊有平行篦齒狀紋，有刃口。（原文銅蚌鐮）		〈安徽貴池發現東周青銅器〉，《文物》1980年第8期。轉引自《吳國農業考略》，《農業考古》1982年第2期。

（1）蘇州葑門河道
　　出土的銅銍

（2）江蘇句容出土的銅銍

圖4-17　江蘇出土的農具

　　從圖中可以看出，這種銍的中間有兩個孔，是供手指伸入的套環。劉先洲《中國古代農業機械發明史》介紹使用這種銍時，將右手指伸入套環，用左手捏住禾穗，再由右手用銍的刃部將它切斷，或單用右手用銍把禾穗切下，再轉遞左手握住。圖中的兩個銍，刃部都呈齒狀，切斷禾穗十分便利。

　　除上述銅銍外，鐵製工具出現後，有材料證明楚國勞動人民也使用鐵製的銍。

　　20世紀50年代，考古工作者在長沙仰天湖發掘的楚墓中，發現一批竹簡，其中，第十六簡便反映出楚地使用鐵銍。史樹青在《長沙仰天湖楚簡研究》中對此敘述如下：

　　第十六簡□□□□金之□，□角金之銍，魯鈑。

　　「銍」字，《詩經　周頌　臣工》：「庤乃錢鎛，奄觀銍艾」，

第四章　楚國農業生產工具的進步

錢、鎛、鈑都是當時的生產工具，《說文》：「銍，穫禾短鐮也。」《釋名　釋用器》：「銍，穫禾鐵也。」「角金之銍」就是惡金之銍。《詩經　招南》「鄰之角」，「誰謂雀無角」等句，角字均音祿，與族、居等字叶韻，又角字古音屬見母、牙音，惡屬影母、喉音，牙喉音古通，故角、惡二字古音相近，可以通假，「角金」就是「惡金」。《國語　齊語》和《管子　小匡》篇都有「美金（青銅）以鑄劍戟，試諸狗馬，惡金（鐵）以鑄鉏、夷、斤、斸，試諸壤土」的記載，「惡金之銍」就是「鐵銍」了，不過這座墓曾被盜掘，所以這次並沒有發現「鐵銍」，但是在墓中發現了一個寬約5公釐的鐵鏟，可見古代的農具，除了用以從事生產外，也是殉葬的物品。史樹青認為，「角金之銍」便是鐵銍，是很有道理的，這是楚國勞動人民使用鐵銍的確證。

2. 鐮

鐮在中國農具發明史上，比銍的發明稍晚一些。鐮均裝有直柄，這是與銍的不同之處。鐮的優點是收割時只把作物的根部遺留在土壤中，地面以上最多只留下一小段「茬」（短秸），再耕地時，把這些短秸翻轉在土地之內，腐爛後變為肥料，同時割下禾秸還可以作為牲畜的飼料及燃料，再加上以鐮收割速度較快，故鐮的應用日見廣泛。

楚地使用鐮，比其他地區早而普遍。在我國，「銅鐮直到西周甚至更晚一些才出現。經發掘出土的西周銅鐮目前僅見一例，即1959年江蘇儀征破山口墓坑出土的一件，外弧背內弧刃，柄端平齊，前尖殘，體窄柄端寬，柄有三孔，鐮身縱剖面呈楔形，全長14.2公釐〔見圖4-18之（4）〕。到春秋時期，銅鐮大增，主要是齒刃銅鐮。如安徽舒城九里墩一座春秋大墓中即出土九件形制大體相同的齒刃相同的齒刃銅鐮」[①]。該文所舉早期之鐮，以後都大體在楚國的地域內。楚

---

① 雲翔：〈銍鐮辨析〉，《文物》1984年第10期。

國地域內出土的鎌較為豐富，列表4-12及圖4-18如下。

表4-12　楚地出土鎌農具表

名稱	斷代	件數	出土地點	形制特點	尺寸（公釐）	資料出處
鐵鎌	春秋晚期	1	湖北江陵紀南城南垣水門地層		見圖4-18之（1）	〈楚都紀南城的調查與發掘〉（上），《考古學報》1982年第1期第348頁。
銅鎌	春秋戰國	1	湖北江陵雨臺山	原文有圖版三的照片。	見圖4-18之（3）	〈江陵雨臺山發掘簡報〉，《考古》1980年第5期。
鐵鎌	春秋晚期		湖北江陵	背近直，末端向下彎曲，柄部一側卷成欄狀，刃部有齒。	見圖4-18之（2）	轉引自陳振裕〈湖北農業考古概述〉，《農業考古》1983年第1期。
銅鎌	戰國	2	湖北襄陽山灣楚墓	半月形，正面有篦狀紋，刃部有細鋸齒。	見圖4-18之（3）	轉引自陳振裕〈湖北農業考古概述〉，《農業考古》1983年第2期。
青銅鎌	西周	1	江蘇儀征破山口	一頭有三圓孔，外弧背內弧刃，柄端平齊，前尖殘，鎌身總剖面呈楔形。	長14.2，見圖4-18之（4）	〈江蘇儀征破口山挖掘出土銅器紀略〉，《文物》1960年第4期第85頁，轉引自劉仙洲《中國古代農業機械發明史》第61頁。
鋸齒鎌	春秋晚期	1	江蘇六合程橋二號墓	一面平滑有刃，一面是較深的平滑篦紋。		〈江蘇六合程橋二號東周墓〉，《考古》1984年第2期，轉引自《吳國農業考略》，《農業考古》1982年第2期。
銅鋸齒鎌		7	蘇州越城附近郭巷公社			〈江蘇六合程橋二號東周墓〉，《考古》1984年第2期，轉引自《吳國農業考略》，《農業考古》1982年第2期。
鋸齒鎌	东周	6	蘇州城東北窖藏			〈蘇州城東北發現青銅器〉，《文物》1980年第8期，轉引自《吳國農業考略》，《農業考古》1982年第2期。
鋸齒鎌		11	江蘇昆山盛莊熔鑄遺址	殘		〈昆山盛莊青銅器熔鑄遺址考察〉，《蘇州文物資料選編》，1980年。轉引自《吳國農業考略》，《農業考古》1982年第2期。

名稱	斷代	件數	出土地點	形制特點	尺寸（公釐）	資料出處
鋸齒鐮		4	蘇州葑門河道	背微彎，背部有棱邊，正面有平行篦齒紋，範鑄。	見圖4—18之（8）	〈論蘇州葑門河道內發現的耕戰青銅器〉轉引自《論吳越時期的青銅農具》，《農業考古》1982年第2期。
銅鋸齒鐮		8	江蘇金壇	一面平滑，一面是較深的平行篦狀紋。	見圖4—18之（5）	轉引自《吳國農業考略》，《農業考古》1982年第2期。
銅鋸齒鐮			江蘇高淳	一面平滑，一面是較深的平行篦狀紋。	見圖4—18之（6）	轉引自《吳國農業考略》，《農業考古》1982年第2期。
銅鋸齒鐮			江蘇句容	一面平滑，一面是較深的平行篦狀紋。	見圖4—18之（7）	轉引自《吳國農業考略》，《農業考古》1982年第2期。
銅鋸齒鐮			浙江紹興	一面平滑，一面是較深的平行篦狀紋。		轉引自〈論吳越時期的青銅農具〉，《農業考古》1982年第2期。
銅鋸齒鐮	春秋	9	安徽舒城九里墩			〈安徽舒城九里墩春秋墓〉，《考古學報》1982年第2期。轉引自《鋸鐮辨析》，《文物》1984年第4期。
銅鋸齒鐮	春秋中晚期		河南淅川下寺			〈河南淅川下寺春秋墓〉，《文物》1980年第10期。
鋸齒形銅鐮	春秋		安徽貴池	一面平滑，一面是較深的平行篦狀紋，延長到刃部成鋸，鋸面寬，鋸齒粗。		轉引自蘆茂村《淺談貴池東周青銅器》
彎月形鐵鐮	戰國		安徽貴池			

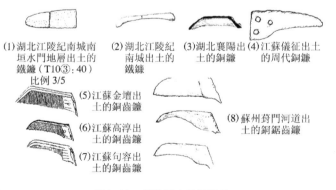

(1)湖北江陵紀南城南垣水門地層出土的鐵鐮（T10③：40）比例3/5

(2)湖北江陵紀南城出土的鐵鐮

(3)湖北襄陽出土的銅鐮

(4)江蘇儀征出土的周代銅鐮

(5)江蘇金壇出土的銅齒鐮

(6)江蘇高淳出土的銅齒鐮

(7)江蘇句容出土的銅齒鐮

(8)蘇州葑門河道出土的銅鋸齒鐮

圖4-18　楚地出土的鐮農具

從表4-12、圖4-18中，可知楚國所使用的鐮，數量多，分布面廣，銅鐮鐵鐮並用，由銅質鐮向鐵質鐮發展的軌跡十分清楚。值得注意的是，這些鐮的鋒刃，有相當大的比例，將平口改成先進的鋸齒口，這樣，越使用磨損鋸齒越鋒利，這是十分科學的，是楚國農業發展達到水準的重要標誌。

第五節　楚國農業生產工具簡論

馬克思在《資本論》第一卷中曾經就生產工具對社會進步的重大作用作過如下深刻的論述：

在人類歷史的初期，除了經過加工的石塊、木頭、骨頭和貝殼外，被馴服的，也就是被勞動改變的、被飼養的動物，也曾作為勞動資料起著主要的作用。勞動資料的使用和創造，雖然就其萌芽狀態來說已為某幾種動物所固有，但是這畢竟是人類勞動過程中獨有的特徵，所以佛蘭克林給人下的定義是，……製造工具的動物。動物遺骨的結構對於認識已經絕跡的動物的機體有重要的意義，勞動資料的遺骸對於判斷已經消亡的社會經濟形態也有著同樣重要的意義。各種經濟時代的區別，不在於生產什麼，而在於怎樣生產，用什麼勞動資料生產。勞動資料不僅是人類勞動力發展的測量器，而且是勞動藉以進行的社會關係的指示器。在勞動資料中，機械性的勞動資料（其總和可稱為生產的骨骼系統和肌肉系統）比只是充當勞動對象的容器的勞動資料（如管、桶、籃、罐等，其總和一般可稱為生產的脈管系統）更能顯示一個社會生產時代的具有決定意義的特徵。

從我們已經了解到的楚國的農業生產工具情況來看，可以說，這

些如同馬克思所說的「生產的骨骼系統和肌肉系統」是十分健全的。這些不同的農具，對於楚國這個以農業立國的國家經濟起到了決定性的作用，顯示出春秋戰國時期的楚國許多重要的經濟特徵。

楚國農業生產工具的特點，大致體現在如下方面：

一、門類齊全

從已出土和雖未出土，但有明確文字記載的農具（如耰等）來看，幾乎農業生產的每一道程式，都基本上有相應的農具，整地及翻土農具方面，有宜於水田操作的耒耜，適合於旱地翻土起土及開挖溝渠的臿，對付較硬土壤的重型開土工具钁、鏃及碎土農具耰等，楚國在春秋時很可能已將耜演進為犁，戰國時在周圍各地使用鐵犁的影響下，大量使用鐵犁。特別重要的是，各個方面的跡象反映出楚國春秋時業已使用牛耕。在中耕除草農具方面，有鎛、鐯、鋤等，在灌溉方面，有桔槔、轆轤等（見第五章第四節），在收穫農具方面有銍、鐮等。這樣一來，楚國農業發展的全貌便十分清楚地呈現在我們面前，這些有力地說明，先秦時期的楚國，有著一套完整的農業體系，楚國之所以雄踞於中國的南方，歷代楚王的赫赫武功，都不是憑空而來的，堅實的農業基礎，充足的糧食來源，為楚國的東征西討提供了物質上的保證。

二、分布廣泛

楚國各類農具的出土地點，分布面很廣，不論是楚國的腹心地帶湖北，還是以後擴展的湖南、安徽、江蘇、浙江等地，均有代表性的農具出土，說明楚國對於新開拓的土地，是重視開發和墾殖工作的。從這個意義上講，楚國當年的武力擴張，不僅沒有對其地生產造成毀滅性的破壞，反而促進該地農業的發展，促使各民族間的融合，使這些地區重獲新的繁榮。

三、形式多樣

楚國的農具中，無論耒耜，抑或鐮刀，其同一類型的農具又有不

同形式之分，如耜，有的刃部呈弧形，有的刃部呈三角形，還有的刃部兩角外侈，既有器身作凹字形的，也有器身作長方形的。又如鋤，有凹字形鋤鐵口鋤，還有六角梯形鋤，馬蹄形鋤。再如鐮，有平刃鐮，但更多的是鋒利的鋸齒鐮。這充分說明，楚國發達的農業，促進同一種類的農具發生不同形式的變化，反映出楚國的農業已向精工細作方向發展。

四、鐵取代銅

從目前已出土的農具中，明顯看出，楚國的農具，先是單純銅製，鐵器出現後，相當長的一段時間內，是銅、鐵並用。到戰國中、晚期，鐵器以不可阻擋之勢，終於取代青銅而占據農具的主導地位，這種現象，恰如文獻上記載的戰國時楚國的許行「以鐵耕[①]」完全一致。這種意義是不同尋常的，表明鐵確實「是在歷史上起過革命作用的各種原料中最後和最重要的一種原料[②]」。在我國，銅器出現後，在一千多年的漫長歲月裡，仍然不能取代木、石農具，其情景正如《農學史》所指出的那樣：「我們知道，殷代已有青銅器的工具，但是……殷墟的發掘物中有大量的石質農具，證明殷代的農具主要是銅、石並用。當詩經時代，即西周到春秋的五六百年間，石質農具已處衰落階段，青銅農具數量不多，不能為人們普遍使用，鐵質農具的使用，還沒有正式開始，在這一階段，由青銅工具製成的木質農具，應該是最通行的農具。……李文信在〈古代的鐵農具〉一文指出：解放以後，我國各地出土的戰國到漢代的鐵農具48件，其中不少是鐵口木器，因此，他認為，先秦時期是以木製農具進行生產的。」而在楚國，鐵工具便在它出現的一百多年的光景，便迅速地取代了銅製農具而占據了主導地位，楚國農具史上這鐵的事實，昭示著整個中華民族

---

① 《孟子・滕文公上》：「許子……以鐵耕乎？曰：然。」
② 《馬克思恩格斯選集》第四卷，人民出版社1972年版，第159頁。

第四章　楚國農業生產工具的進步

在先秦時期的社會性質隨著鐵工具的廣泛使用而發生深刻的變化[1]。

五、製作精良

楚國農具的成型和加工工藝技術，不論是銅器還是鐵器，都達到了相當高的水準。銅農具以在江西清江縣樹槐鄉王言壟之地出土的春秋銅鍤為代表，這件銅鍤，「呈黃綠色，極為光滑透亮，是青銅農具中難得的精品」。鐵製農具的精品更多，不論是鍛、鑄，還是熱處理，都水準很高。其中，經金相學考察的戰國鐵農具中，以塊煉鐵作原料的鍛造鐵農具，生產工藝比較精細，長沙識字嶺314號墓出土的春秋中晚期凹形鐵口鋤，是目前所見較早的可鍛鑄鐵農具。到戰國中晚期，楚國的鐵農具已普遍採用由白口鐵鑄件經控制脫炎熱處理的方法來製造鐵農具。用這種方法製造的鐵農具「在使用中，表面層磨耗露出中層作為刃口，解決了某些農具要求堅硬鋒利耐磨的刃口而又具有韌性的矛盾[2]」。

總之，楚國大量農具的出土，使我們對先秦時期中國南部農業發展水準有一個概略的了解。不同農具的廣泛應用支配著農作物生產的全過程，使開墾、整地、保墒、中耕、除草、收穫等提高農作物產量的各個環節都有得以改進和發展的條件。昭示著楚國勞動人民在農業領域已經做到「農耕於田」、「耕者日深，耨者熟耘」[3]，具有豐富的實踐經驗。楚國以它眾多的出土農具，表明他在整個先秦時期，政治、軍事諸方面能夠走在前列，絕非偶然，堅實的農業基礎，是楚國長期稱雄的真正原因。

---

[1] 彭適凡：〈江西先秦農業考古概述〉，《農業考古》1985年第2期。
[2] 李眾：〈中國封建社會前期鋼鐵冶煉技術發展的探討〉，《考古學報》1975年第2期。
[3] 《韓非子·外儲說上》。

第五章　楚國土地的開發及利用

第一節　荒地的開墾

　　史載楚在建國之初，「僻在荊山，篳路藍縷，以處草莽[1]」，表明楚國當時環境之險惡，四處全部是沒有開墾的草莽之地，人們拖著笨重的柴車，穿著破爛的衣服，進行艱苦的開墾，其時生產力之低可以想見。這種土地大量荒蕪的情況，隨著楚國的不斷開疆拓土，拓荒工作常常不能相應跟上，這種撂荒現象更形普遍，猶如墨子所指出：「楚四竟（境）之田，曠蕪而不可勝辟[2]」、「今萬乘之國，虛（墟）數於千，不勝而入，廣衍數於萬，不勝而辟，然則土地者，所有餘也[3]」。墨子所指的這種情況，表明楚國在整個春秋時期，直至戰國初期，土地荒蕪的現象大量存在。

　　墨子所言，也是當時中原各國普遍存在的情況。如鄭國在西周東周之交時遷到今鄭州附近時，是「斬之蓬蒿藜藿而共處之」的，當姜戎被秦所逐而徙居晉國賜給他們「南鄙」（南邊地方）時，也是「除翦其荊棘，驅其狐狸豺狼」。在這種情況下，各國經濟的發展，很大程度取決於開荒墾地。

---

① 《左傳　昭公十二年》。
② 《墨子·耕柱》。
③ 《墨子·非攻中》。

分析造成楚國荒地的原因大致有：一是統治者崇尚武功，對外征戰，拓地速度過快，耕墾未能相應跟上；二是勞動人手過少，得地有餘而人力不足；三是墾荒工具落後，墾荒效率不高。但是，不能否認，楚國統治者對於開墾荒地的工作仍是十分重視的，採取過不少措施。一是盡力增加農業人口，對外征戰，變拓地為主，為掠奪人口為主，並四方招徠流民墾耕；二是頻繁移民，將被滅國遺民遷於需要墾耕的地方，儘量使農耕人口分布漸趨平均（這兩點將在第十三章第二節「異族宗法性公社」中詳加敘述）；三是盡力採用較為先進的農具，提高墾荒效率（這已在第四章「農業生產工具的進步」作過介紹）；四是極力改變落後的耕作技術，提高農產量（這將在第十章中介紹）。

實行這些措施的結果，使楚國的荒地陸續得到開墾，墨子指出戰國初期的那種「楚四竟（境）之田，曠蕪而不可勝辟」的情況得到了很大的改變，到戰國中期的楚懷王時代，便已變得「接徑千里，出若雲只」，「田邑千畛，人阜昌只」[1]，不少地方呈現出一片興旺的景象。

第二節　早期的刀耕火種

在人類歷史上，農業耕作總是由粗放經營到精耕細作，由低級向高級發展，楚國農業的發展同樣如此。

從楚國早期僻處荊山一隅，「土不過同」的歷史來看，它最初的土地多為山地。這從反映楚國早期的歷史記載「僻在荊山，篳路藍縷，以處草莽」，可得到證實。因此，楚國的先民，給人一個山區開拓者

---

① 《楚辭　大招》。

的形象，研究楚國農業對土地的利用，最初只能在山區的範圍內。

我國山區地帶少數民族的農耕史，都較為普遍地經歷過刀耕火種的階段。文獻和各種調查報告都有較多的記載。先秦時期的楚國，是否也採用過刀耕火種的方法呢？答案是肯定的。《鹽鐵論　通有》記：「荊、揚南有桂林之饒，內有江湖之利……伐木而樹穀，燔萊而播粟，火耕而水耨，地廣而饒財」，便是明證。關於楚國採用刀耕火種的直接記載，我們還可以從較晚的記載中往上推求。唐代的大詩人溫庭筠在當時的江南道（今長江中下游平原南部地區）和劍南道（今四川雲南地區）曾經觀察到一些山區的老農其時仍在實行刀耕火種的耕作方法，並確認這種方法是從先秦時的楚國一直流傳下來的。對此，溫庭筠寫詩進行了記錄：

起來望南山，
山火燒山田。
微紅夕如滅，
短焰復相連。
差差向岩石，
冉冉淩青壁。
低隨回風盡，
遠照簷茅赤。
鄰翁能楚言，
倚耟欲潸然。
自言楚越俗，
燒畬為旱田。
……①

―――――――――――

① 《溫庭筠詩集》卷三〈燒歌〉。

這首詩中，溫庭筠借能作「楚言」的鄰翁之口，將刀耕火種的耕作方法直接認定為沿用已久的「楚越俗」，這是值得重視的。

楚國的農業與其他諸侯國一樣，也經歷過以刀耕火種為特點的原始農業時期。對於這種粗放的耕作方式，史書一向缺乏記載，只是在唐、宋的記載才多起來。南宋詩人范成大在〈勞畬耕詩序〉中曾對畬田的全過程作過敘述：

（畬田），峽中刀耕火種之地也。春初砍山，眾木盡蹶，至當種時，伺有雨候，則前一夕火之，借其灰以糞。明日雨作，乘熱下種，則苗盛倍收。

這就是說，畬田可以不用翻耕，不用施肥，只要在下雨前夕燒荒，趁雨後灰肥熱氣未退時下種，就能有所收穫。可以說，楚建國之初「篳路藍縷，以啟山林」，正是在各種野生植物茂密的山林之地，放火燒荒，並於燒荒之後點種的寫照。《周禮 司爟》中曾言司爟的職責之一是按時下達焚燒野草的命令，對擅自焚燒野草的要加以刑罰，可見這種耕作方法在先秦時期亦帶有較大的普遍性。

實行刀耕火種的耕作方法的落後性在於，播種之後不除草，不施肥，農作物純靠土壤中原有的肥力以及新近燔燒的草木灰肥分生長發育，這樣年復一年，土肥耗竭，土質變劣，莊稼的收成自然越來越低。收成少到一定程度，楚人便得另找一片荒地進行耕種，而將原耕作地撂荒，不耕不種任其休閒。當第二片新墾荒地經過燒草、種植過程又需要撂荒休閒時，再找第三片荒地進行墾種，這樣的結果，土地的利用率當然極低，同時耕作者不得不經常換土移居，頻繁遷徙。在楚國歷史上，我們常常可以見到楚統治者將被滅國遺民「遷」來「遷」去，如《左傳 昭公二十五年》「楚子使薳射城州屈，複茄人焉；城丘皇，遷訾人焉」，是昭公九年「楚公子棄疾遷許於夷，實城

父，取州來淮北之田以益之，伍舉授許男田，然丹遷城父人於陳，以夷濮西田益之，遷方城外人於許」等等。造成「遷」的原因很多，其中之一則可能是由於落後的耕作方式，地力耗竭，需要休閒，而不得不換土易居。

由楚國沿用過對土地利用率很低的刀耕火種之法，造成經常性的易地，又使我們可以有把握地推測到，《周禮》所記的先秦時期各諸侯國普遍實行的田萊制，在楚國也實行過。

第三節　田萊制度

田萊制是古代勞動人民經過長期實踐總結出的一種用地和養地互相補充，按土地肥脊程度而制定的耕作畝數與休閒地畝數輪換使用、輪換休閒的制度。以正在耕種之地稱田，休閒之地稱萊①，故稱田萊制。田萊制的土地利用率是不高的，但以楚國農業發展的情況來分析，楚國一向荒地甚多，「楚四竟（境）之田，曠蕪而不可勝辟②」，則完全具備實行田萊制的條件。

田萊制的出現，是生產力逐漸發達的體現。楚國早期實行的火耕農業，燒去荒草，借其灰為自然肥料，其肥力一般只供三年作物生長之用。第一年收成最好，第二年次之，第三年更次之。三年之後，地力耗盡，長不出莊稼，只能長草，故只有第一年、第二年可用。《爾雅　釋地》中說：「田一歲曰菑，二歲曰新田，三歲曰畬」，第一年墾荒後建立成的菑田為第二、三年的新田、畬田收穫量多少的關鍵。因此，在耕地與休閒地之間，就有一個輪換使用、休閒的問題，有必

① 《周禮　遂人》注：萊謂「休不耕者」。
② 《墨子　耕柱》。

要通過摸索，尋找最佳的輪換使用、休閒的方案，田萊制就是這樣產生的。

按照《周禮　遂人》的記載，楚國野地的田萊制度大體內容是：

> 上地夫一廛，田百畝，萊（休閒）五十畝（即半易之地），餘夫亦如之；中地夫一廛，田百畝，萊（休閒）百畝（即一易之地），餘夫亦如之；下地夫一廛，萊二百畝，餘夫亦如之。

這就是說，在野地實行的田萊制，為半易、一易、再易制，三年期而復始。為明晰起見，請看下表：

表5-1　田萊制土地輪流休閒表

	田地（畝）			第一年		第二年				第三年			
	總共	田	萊	田	萊	原種田	第一年萊變為田	第一年田廢為萊	第一年存萊	原種田	第二年萊變為田	第二年田廢為萊	第一年田廢為萊
半易之地上地	150	100	50	100	50	50	50	50		50	50	50	
一易之地中地	200	100	100	100	100		100	100			100	100	
再易之地下地	300	100	200	100	200		100	100	100		100	100	100

按照此表所列，可知無論哪一種耕地，每年都是耕種百畝，如有餘夫，亦受到同樣的分配。其中，若為上地，每夫可占有150畝，年耕三分之二，休閒三分之一；若為中地，每夫可占有200畝，年耕二分之一，休閒二分之一；若為下地，每夫可占有300畝，年耕三分之一，休閒三分之二。由此可見，土地愈差，休閒地占的比重愈大。這種情況表明，那時的土地利用率是很低的。但是，這種田萊制不同於

原始的刀耕火種，只種植一兩年地力耗盡便予以放棄，不得不換土易居，而是有意識休閒並定期變萊為田，這無疑又是一種較大的進步。隨著耕作技術的進一步改進，特別是鐵製農具的廣泛使用，「深耕易耨[①]」，劣地亦被利用，「休閒」便越來越沒有必要，這種「田萊制」也就逐漸不存在了。

第四節　土地鹽鹼化的改良

　　上文第二章第四節中已經介紹楚地存在一定面積的鹽鹼土，不過與中原地區比起來，鹽鹼化的程度相對較低，鹽鹼化的面積相對較小。這些鹽鹼地對楚國的農業並不存在多大影響，但是，楚國的勞動人民在對待這些鹽鹼地上，與北方的勞動人民一樣，仍然是花費了巨大的勞動。

　　《左傳　襄公二十五年》所記的「表淳鹵」便是楚蒍掩在大面積地「書土田」之時調查全國鹽鹼地情況的重大行動。表明楚國上下對鹽鹼地的認識已經達到一定程度，對治理鹽鹼地已經提到重要的議事日程。對於鹽鹼地的形成，《管子　輕重丁》有「帶濟負河，葅澤之萌也」的話，意思是只能生長葅（澤生）草的低濕鹽鹼土的形成是由於臨近黃河和濟水的緣故；《管子　地員》還記載在「斥埴」、「黑埴」鹽鹼土地區，地下水有著「其泉鹹」和「其水黑而苦」的特點。把這些記載聯繫起來分析，可知當時人們已經初步認識到鹽鹼土的形成與地下水質和河流側滲補給地下水、抬高了地下水位有關。與《管子》對形成鹽鹼地的認識完全一致。楚國將鹽鹼地（鹵）之前冠以「淳」字，亦是表明楚國的鹽鹼地與漬水有關。竹添光鴻《左氏會

---

① 《孟子·梁惠王上》。

箋》云：「淳，漬也。……地漬於水，不可得而耕」，漬水過多，當然伴生出現鹽鹼現象，可見楚人對鹽鹼地成因的觀察是準確的。楚國境內向來河流縱橫，湖泊星羅棋佈，不少地方地下水位過高，故鹽鹼地在楚國存在。這種鹽鹼地，現在稱之為內陸鹽鹼土類型，其具體成因大體如圖5-1所示。

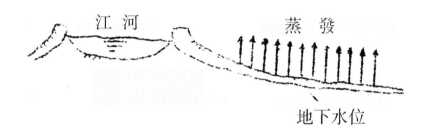

江河　　　　　　　　蒸　發

地下水位

圖5-1　鹽鹼地成因圖

　　在楚國，「淳鹵二者為棄地[①]」，「地不生物曰鹵[②]」，因此，對其治理實在是一件十分重要的事情。

　　楚國對鹽鹼地確有治理，這從《左傳　襄公二十五年》所記的「表淳鹵」之「表」的行動中便可看出。「表」，楊伯峻《春秋左傳注》解釋為「樹木為標幟」，竹添光鴻《左氏會箋》說：「表，異輕其賦也」，均是一種表示區別於別的土壤之意。將鹽鹼土的面積掌握準確，這是楚國積極認真地作治理鹽鹼地的前期準備工作。楚國在春秋時期治理鹽鹼地的具體方法，由於未見明確確指係楚國所施行的記載，難以妄測，但在戰國初期，特別是吳起為楚國令尹後，採用灌水洗鹼的辦法來改良鹽鹼土，則是大致可以肯定的。因為吳起在魏國時

---

① 日本　竹添光鴻：《左氏會箋》。
② 《爾雅　釋名》。

就曾成功地用類似這種方法的淤灌法治理過魏國的鹽鹼地：

　　魏襄王與群臣飲，酒酣，王為群臣祝，令群臣皆得志。史起興而對曰：「群臣或賢或不肖，賢者得志則可，不肖者得志則不可。」王曰：「皆如西門豹之為人臣也。史起對曰：「魏氏之行田也以百畝，鄴獨二百畝，是田惡也。漳水在其旁而西門豹弗知用，是其愚也；知而弗言，是不忠也。愚與不忠，不可效也。」魏王無以應之。明日，召史起而問焉，曰：「漳水猶可以灌鄴田乎？」史起對曰：「可。」王曰：「子何不為寡人為之？」史起曰：「臣恐王之不能為也。」王曰：「子誠能為寡人為之，寡人盡聽子矣。」史起敬諾，言之於王曰：「臣為之，民必大怨臣。大者死，其次乃藉臣。臣雖死藉，願王之使他人遂之也。」王曰：「諾。」使之為鄴令。史起因往為之。鄴民大怨，欲藉史起。史起不敢出而避之。王乃使他人遂為之。水已行，民大得其利，相與歌之曰：「鄴有聖令，時為史公，決漳水，灌鄴旁，終古斥鹵，生之稻粱。」

　　這是《呂氏春秋　樂成》篇中對吳起用淤灌法治理漳河的記載。這條記載，較詳細地介紹了吳起治理漳河一帶的來龍去脈。這種淤灌法的作用在於，漳河水含有大量的細顆粒泥沙，有機質肥料十分豐富，引水灌田的結果，既填淤加肥，更使鹽鹼地得到沖洗、稀釋。這樣一來，以前被視之為「棄地」的鹽鹼地，遂「成為膏腴，則畝收一鐘[①]」。吳起既然早年在魏國成功地治理了鹽鹼地，到了楚國並擔任了令尹之後，必然對楚國存在的鹽鹼地進行一定程度的治理。治理的方法，在漳水而言，由於漳水含沙量較高，是為淤灌法；在南方的楚國，由於水質較清，則只能稱之為灌水洗鹼法。以楚國歷代統治者均

---

① 　王充：《論衡　率性》。

十分重視水利建設，特別是從春秋中期的楚令尹孫叔敖大力興辦水利事業，使楚國主要地區的水利建設初具規模而言，吳起到楚後，利用已有的水利設施大規模地進行鹽鹼地的改良工作當是勢在必行的。

認定楚國成功地進行了鹽鹼地的改良工作，還有一個間接的依據。據研究，《呂氏春秋》關於先秦農業的四篇經典的論著《上農》、《辨土》、《審時》、《任地》，很大程度係採擷亡佚之《神農》古書[①]，而已佚之《神農》古書，從各方面分析，為楚國的許行所著，據此，《呂氏春秋》關於農業的這四篇論著，在很大程度上可以視為楚國農業的體現。其中，《呂氏春秋　任地》中借后稷之名提出了對農田精耕細作的十個要求，有一個要求是「子能使吾土靖，而呻浴土乎？」「靖」是平整和細耘耕地，而「呻」是耕地裡的溝渠，浴是洗浴的意思，「以呻浴土」大約是通過溝渠灌水，沖洗鹼地，即灌水洗鹼。灌水洗鹼時，必須輔之以深溝排鹼法，當水將土壤中的鹽分溶解後，還必須設法把土壤中含鹽量高的水分排出，方能起到洗鹼的效果。為了排水，就得在田地上挖排水溝，並且排水溝要有一定的深度，使地下水位降到臨界深度以下，才能有效地制止土壤返堿。其工作原理如圖5-2所示。

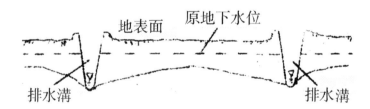

圖5-2　深挖排水溝降低地下水位防止土壤鹽鹼化示意圖

---

① 《漢書　藝文志》農家類首列「《神農》二十篇」並肯定為戰國時的農家著作僅《神農》和《野老》。《四庫全書總目提要》指出：「《呂覽》所陳種植之法，並文句典奧，與他篇不類，蓋古必有專書，故諸事得引之，今已佚不可見矣。」而《呂氏春秋》文中屢提《神農》而不提《野老》，可見採擷《神農》之書的程度頗大。

挖排水溝必須深，這在楚人亢倉子[1]所著《亢倉子 農道篇》中亦有明確的記述：「甽欲深以端，畝欲沃以平」也是講明這個道理，足證楚國在治理鹽鹼地的過程中，多使用深溝排水法來達到目的。這是有別於中原的淤灌法的。

治理鹽鹼地的方法，除上述外，《周禮 地官 草人》還介紹了一種結合施肥的方法：「草人，掌土化（改良土壤，使其肥美）之法以物地，相其宜而為之種。凡糞種，……鹹瀉用狟（貆）糞。」以楚國野生動物資源豐富，由楚國人民總結出這種以施肥來改良鹽鹼地的方法是可能的，謹附記於此。

第五節 梯田

英國學者李約瑟曾經對中國的梯田發出過如下感歎：

四川紅色盆地是中國最引人注意和富饒的地區之一。本區多山，除了在連綿起伏的山巒之巔或谷底的沖積平原以外，平地極少。可是人們祖祖輩輩的努力，使大片山地變為梯田，耕地大量擴充。坡度在30 以下的山地通常從山頂到山腳全是梯田，只有45 以上的山地才未被利用。梯田一般很狹，同一層梯田很少連成二三百尺以上。梯田彼此間用縱橫交錯的灌溉水渠溝通。灌了水的梯田，水面如明鏡，呈現出世界上任何地方所不能比擬的美麗景象。[2]

李約瑟所指的這種梯田，是古代勞動人民沿丘陵坡地等高線做成

---

① 亢倉子-為楚人，將另文論述。
② 李約瑟：《中國科學技術史》第一卷第一分冊「地理概述」,第148頁。

的梯形田地。它保山、保水、保肥，極大地提高了山坡地的利用率。現在，我國各地，尤其是南方的山區，梯田十分普遍，但可能無人知道梯田的歷史可以一直上溯到楚國。

戰國時期的楚國詩人宋玉有一首有名的〈高唐賦〉，其中有一句「若麗山之孤畝」的文句。表明至遲在宋玉之時，楚國的梯田已經出現。山上有田，當是楚國人民在常年的實踐中，摸索出的在山地種植的經驗。不過，楚國人民並沒有對這種山中田給予一個適當的名稱。只是到了宋代，才正式出現「梯田」之名，如范成大在一則筆記中寫道：「出廟三十里至仰山，緣山腹喬松之磴甚危。嶺陂上皆禾田，層層而上至頂，名梯田。」[1]元代王楨《農書》對梯田進行詳盡的記載：「梯田，谓梯山為田也。夫山多地少之處，除磊石及峭壁例同不毛，其餘所在土山，下至橫麓，上至危巔，一體之間，裁作重磴，即可種藝。如土石相伴，則必疊石相次，包土成田。又有山勢峻極，不可展足，播殖之際，人皆偏僂蟻沿而上，耨土而種，躡坎而耘。此山田不等，自下登陟，俱若梯磴，故總曰梯田。上有水源則可種粳秫，如止陸種，亦宜粟麥。蓋田盡而地，地盡而山。」從宋、元時期對梯田的種種記述，我們可以對楚國人民的這種創造給予較高的評價，可以說，梯田的出現，是楚國土地利用率大為提高、山地種植業趨於成熟的體現。

梯田種植，較之平原種植而言，由於日照不及平原地帶充足，故對農作物生長有一定限制。《呂氏春秋 辨土》中說：「四序參發，大甽小畝，為青魚胲，苗若直獵，地竊之也」，便是指田地四面如牆之高地參錯交互，遮掩陽光，雨中作物僅於中午前後得陽光，甽既深而畝反小，夾在山中的小片莊稼就像失水擱在沙灘的魚一樣，這種地方生長出來的作物之苗容易長得長短不齊，莖細而高，這便是由於地

---

① 范成大：〈驂鸞錄〉。

形不良而產生的「地竊」現象。《呂氏春秋》中的四篇農書，不少學者從其中主張「君民共耕」的議論指出其係來自楚農學家許行及其門徒所著古農書《神農》，故這一段對於梯田產生「地竊」現象的議論，在一定程度上可視作對楚梯田種植經驗的總結。

第六章 楚國的糧食作物

從考古資料看，我國已發掘和發現的五六千處新石器遺址證實遠在距今四五千年前，我國原始農業中心出現了「北粟南稻」的分布趨勢。出土粟遺存的遺址分布於河北、陝西、河南、山西、青海、甘肅、遼寧等省，這些省都處於黃河流域及其以北地區；出土稻穀遺存的遺址則分布於浙江、江蘇、上海、河南、廣東、江西、湖北、安徽、臺灣、雲南等省市[①]，但到春秋戰國時期，農作物分布的這些基本格局，卻在很大程度被打破，農作物的種類亦逐漸增多。

楚人先民早在虞、夏之際就已進入農耕時代。《國語 鄭語》記：「祝融亦能昭顯天地之光明，以生柔嘉材者也。」韋昭注：「柔，潤也。嘉，善也。善材，五穀材木。」是楚先祖祝融時已產五穀。五穀是先秦時的糧食作物的統稱。《楚辭 大招》就有「五穀六仞，設菰梁只」的詩句。五穀這一名稱的最早記錄，見於《論語 微子》，倒正是孔子一行在楚國遇到荷蓧丈人時，從這位楚人嘴裡說出的：

---

① 范楚玉：〈我國古代農業生產中的天時、地宜、人力觀〉，《自然科學史研究》1984年第3卷第3期。

子路從而後，遇丈人，以杖荷蓧，子路問曰：「子見夫子乎？」丈人曰：「四體不勤，五穀不分，孰為夫子？」植其杖而芸。子路拱而立。止子路宿，殺雞為黍而食之，見其二子焉。

從這段記載裡，我們至少可以知道，「五穀」這一稱呼，最早始於楚國民間。在春秋晚期中，已作為楚國的特有名稱而廣泛流行，並且楚國農夫還將「黍」作為招待客人的上等食物之一。萬國鼎：「五穀的意思是指五種穀」，戰國時期產生的《周禮》，裡面有「九穀」、「六穀」之說，如《周禮　大宰》：「以九職任萬民，一曰三農，生九穀」，漢鄭玄注：「九穀：黍、稷、粱、稻、麻、大豆、小豆、小麥、苽」；《周禮　天官　膳夫》：「凡王之饋，食用六穀」，漢鄭司農注：「六穀：秫、黍、稷、粱、麥、菰。」而在《詩經》中，涉及到的農作物種類則遠不止「九穀」。共分四類，其中穀類有：黍、稷、禾穀、粱、麥、來、穈、稻、秬、秠、穈、芑等名稱。禾、穀泛指各種糧食作物，秬和秠是黍的品種，粱和穈、芑都是稷的不同品種，麥和來通常為小麥，穈可能是大麥，秫是稻的別名。豆類有：荏菽、菽、藿等名稱。荏菽和菽都指的是大豆，藿是大豆的葉。麻類有：麻、苴、紵等名稱。麻在古代一般指大麻，苴是大麻子，紵即紵麻，此外還有檾麻[1]等。對比《詩經》所記，楚國的「五穀」，種類顯然少得多。萬國鼎對此解釋說：「更古的書如《詩經》等，裡面只有說『百穀』的，沒有說『五穀』的，從百穀到五穀，是不是糧食作物的種類減少了呢？不是的。當初人民往往把一種作物的幾個不同品種一個個起上一個專名。這樣列舉起來就多了。而且『百』字在這裡不過是用來指多的意思，也並不是真有一百種。五穀這一名詞的出現，標誌著人們已經有了比較清楚的分類概念，同

---

① 參見《中國科學技術史稿》上冊，科學出版社1982年版，第54頁。

時，反映當時的主要糧食作物有五種。」按照萬國鼎的這種推測，楚國的荷蓧丈人隨口說出的「五穀」，自然就是指楚國當時的主要糧食作物有五種了。

楚國農作物種類，按照楚人亢倉子所記，是「禾（粟）、黍、稻、麻、菽麥[①]」六種，與《呂氏春秋　審時》所列的先秦時主要糧食作物的種類及順序完全相同，亦與《雲夢睡虎地秦墓竹簡　倉律》所列當地糧食主要作物一致[②]，在此分類說明。

第一節　粟

程瑤田《九穀考》：「案禾，粟之有稾者也。其時粟也，其米粱也。」萬國鼎《五穀史話》中指出，禾原是穀子的專名，粟原指穀子的籽粒。在我國商代文字甲骨文裡，穀子稱為禾（禾），像穀子抽穗時的植株形，也稱為禾，這也是稷的原始字形。甲骨文的年字，寫作秂，在禾字下面多了一些鬚根，像穀子連根拔起的形狀。連根拔起表示收穫，用禾的一次收穫表示一年，表明穀子是商代的首要作物。這種作物在楚國地栽培的歷史，亦可上溯至商代。1959年在湖南寧鄉縣黃材寨子山曾出土「大禾」人面方鼎。鼎高38.5公釐，鼎內壁鑄有「大禾」二字銘文，鼎的四面以四個人面作為主要裝飾，極為少見，具有地方特色，應為產地所鑄造。這一銘文反映了當地在鑄鼎的那一年「禾」獲得了大豐收[③]，可證楚地粟的栽培既造且多。臺灣著名學者文宗一認為，如果說在楚國農作物中粟占第二位，「就楚而論，依

---

① 《亢倉子　農道第八》。
② 《雲夢竹簡　倉律》：「種：稻、麻畝用二斗大半斗，禾、麥畝一斗，黍、小豆、大豆，與《亢倉子》、《呂氏春秋　審時》大體相同。」
③ 高至喜：〈商代人面方鼎〉，《文物》1960年第10期。

然怕不是必然的。也許粟的產量為最多，倒是事實[①]」。從文獻記載看，此說是有依據的。《戰國策　楚策一》蘇秦對楚威王說楚國當時實力之強是「地方五千里……粟支十年，此霸王之資也」，《史記　蘇秦列傳》於此亦有相同的記載；又如《史記　伍子胥列傳》：「楚國之法，得伍胥者，賜粟五萬石。」《淮南子　泰族》：「闔閭伐楚，五戰入郢，燒高府之粟」，高府中儲糧一定很多。又如，《史記　越王勾踐世家》：「讎、龐、長沙，楚之粟也。」又《左傳　成公十六年》記楚晉鄢陵大戰，楚軍「宵遁，晉入楚軍，三日穀」，杜預注云：「食楚粟三日也」，可見楚軍的軍糧也是以粟為主。《楚辭　招魂》云：「挐黃粱些」，亦是以粟為食。除上述史料外，《韓非子　外儲說左下》記「孫叔敖相楚，棧車、牝馬、糲餅菜羹，枯魚之膳……面有饑色」，糲餅就是以粟做成、僅舂過一道的粗糧[②]。馬王堆漢墓中，曾發現一種小米餅，至今陳列於湖南省博物館，大概就是這種食物了。又《鹽鐵論　通有》記「昔孫叔敖相楚，妻不衣帛，馬不秣粟」，《文選　赭白馬賦》注：「以粟飯馬曰秣。」反證楚國與中原各國一樣，粟亦常作馬飼料。再如《左傳　成公十六年》記楚晉鄢陵大戰的間歇時間裡，晉軍「秣馬利兵」，即也是以粟喂馬。此外，《鹽鐵論　通有》還明確記「荊、揚南……伐木而樹穀，燔萊而播粟」，播種的作物以粟為主，也可證楚國的糧食作物中，粟確實占很大比重。

　　從湖北雲夢睡虎地發掘的戰國末至秦代的竹簡中，還告訴人們，當年楚地不僅產粟，而且對粟的種類亦有一定的區別：

---

① 　文宗一：〈楚文化研究〉。臺灣《中央研究院民族學研究所專刊》之十二，1967年。

② 　《睡虎地秦墓竹簡　倉律》（第44頁）：「粟一石六斗大半斗，舂之為糲（糲）米一石，糲米一石為鑿（糳）米九斗；九斗為毀（毇）米八斗。」證之《說文》：「糲，粟重一禾石為十六斗大半石，舂為米一斛曰糲。」「糳，糲米一斛舂為九斗曰糳」。「毇，米一斛舂為八斗也。」完全相合。可見孫叔敖所食之「糲餅」以僅舂過一道的粟做成。

計禾，別黃、白、青。秫（秫）勿以廩人。（《倉律》）

這裡，「計」即算賬。「黃、白、青」即古時對粟種類的區別。《政和證類本草》卷二十五引《名醫別錄》有黃、白、青粱米，陶弘景注：「凡云粱米，皆是粟類，惟其牙頭色異為分別爾。」秫，《說文》：「稷之黏者。」古時用來作酒和煮糖，這段簡文的意思是：「算粟的賬，要把黃、白、青三種區別開來，黏粟不要發放給人。」從中可見，這時粟的種類已有黃、白、青、黏四種。

第二節　黍

最早記載楚之「五穀」的《論語　微子》中，那位罵孔子四體不勤、五穀不分的楚國老農荷蓧丈人，看見子路態度尚好，聽人說話時一直「拱而立」，便改變態度：「止子路宿，殺雞為黍而食之。」這表明，黍在楚國，尚是接待客人的一種較上等的糧食。《韓非子　外儲說左下》亦曾記孔子在魯哀公面前對黍的恭敬態度：

孔子御坐於魯哀公。哀公賜之桃與黍，哀公：「請用」，仲尼先飯黍而後啗桃，左右皆揜口而笑，哀公曰：「黍者，非飯之也。以雪桃也。」仲尼對曰：「丘知之矣。夫黍者五穀之長也。祭先王為上盛。果蓏有六，而桃為下，祭先王不得入廟。丘之聞也，君子以賤雪貴，不聞以貴雪賤。今以五穀之長雪果蓏之下，是從上雪下也，丘以為妨義，故不敢以先於宗廟之盛也。」

從孔子先食黍而後吃桃的行動及所發的議論中，可知古代黍處於一種受尊敬的地位。孔子說的「黍為五穀之長，祭先王為上盛」，說

明黍當時是祭祀祖宗的一種重要的祭品。到戰國時，官至楚國蘭陵令的荀子也提到黍的這一作用：「饗，尚玄尊而用酒醴，先黍稷而飯稻粱。」[1] 表明了黍在五穀中所占據的地位。

楚國種植黍的歷史很長。楚國先民進入農耕時代後，便已開始種植黍。《山海經 大荒南經》記「有國曰顓頊，生伯服，食黍」，吳任臣《山海經廣注》引《世本》云：「顓頊生偁，偁字伯服」，袁珂疑《山海經》原文是「有國曰伯服，顓頊生伯服」，脫伯服二字。而據《史記 楚世家》：「楚之先祖出自帝顓頊高陽」，可知楚自先祖顓頊之時不久，便已開始以黍為食，亦即開始種植黍。

萬國鼎指出，「黍也是原產於我國。1931年，在山西萬泉縣荊村新石器時代遺址中就發現了黍穗和黍殼，距今已有六七千年，說明黍在我國也是在原始農業時代就已栽培的作物」。這與楚先祖早在顓頊時代不久便有食用黍所記載的時間大體相當。黍在甲骨文中出現的次數特別多，商代的統治者飲酒是有名的，酒用黍釀造，可見黍在商代極為重要。《詩經》中時常黍稷連稱，也反映出黍的重要性。然而，萬國鼎認為「黍的種植偏較北的高寒地區」，「黃河以南極少」，這與楚國的史實則不符。楚國地處黃河以南，氣候溫然，但仍種植有一定數量的黍。除上述文獻史料可以證實外，考古資料同樣也可得到證實。20世紀70年代在湖南長沙附近的馬王堆發掘的西漢初年的墓葬中，人們在出土的實物中就發現黍[2]。在比馬王堆漢墓稍早的湖北雲夢睡虎地發掘的秦墓竹簡中，也明文記載當時當地的糧食作物中有黍，其中《倉律》還明文記載一畝地種黍需下種大半斗[3]。這些，都證實黃河以南的楚國也種植黍。

與粟相比，黍的單位面積產量較低，作為日常飲食，也不如小米

① 《荀子 禮論》。
② 參見《馬王堆漢墓》第43頁，文物出版社1982年版。
③ 參見《睡虎地秦墓竹簡》第43頁，文物出版社1978年版。

好吃，故其重要性一直不如粟，在楚國，更不能與水稻相比。它的使用價值以後多在祭祀上得到體現。

第三節　稻

這是眾所周知的楚國普遍種植的糧食作物。《史記　貨殖列傳》記「楚越之地，地廣人稀，凡稻羹魚，或火耕而水耨」，《漢書地理志》：「楚有川澤山林之饒，江南地廣，或火耕水耨，民食魚稻」，均是說楚國人民以稻為主食。《周禮　職方氏》記載：揚州、荊州二地，「其穀宜稻」，《淮南子　地形》記：「漢水重安而宜竹，江水肥仁而宜稻」，這些，證實楚境內大量種植稻穀。

從考古角度看，在楚國境內，更在楚國之前的新石器時代，這裡便大量發現有栽培稻的遺存。總計在楚滅越之前的地域內，發現有栽培稻遺存的新石器時代遺址多達四處，其中大部分位於湖北，也有在湖南、江西和河南西南部的[①]。

其一，湖北京山屈家嶺。1959年春在這裡發掘時即已發現稻穀，1956年至1957年第二次發掘期間，在晚一期和晚二期的紅燒土堆積中都發現了大量的稻穀殼和稻草的痕跡，猶以晚一期遺跡二中所含的數量最多。在面積約500平方公尺體積約2000立方公尺的紅燒土中都摻有稻穀殼和稻草莖，有的地方更是密結成層[②]。這樣大量地使用稻穀殼作為房屋建築的摻合料，說明當時的稻米生產已具有相當規模。

其二，湖北天門石家河。1955年2～8月發掘時，發現大片房屋建築遺跡，長45～47公尺，寬6.52～20.5公尺，面積約450平方公尺，

---

① 嚴文明：〈中國稻作農業的起源〉，《農業考古》1982年第1期。
② 中國科學院考古所《京山屈家嶺》，第24、38頁，1965年版。

和屈家嶺遺跡二的大小差不多。這座房屋的牆壁是用木骨和草拌泥做成，以稻草和稻穀殼作摻和料，經火燒毀後變成了紅燒土①。

其三，湖北武昌洪山放鷹臺。1955年發掘，為屈家嶺文化早期的遺址兼墓地，稻穀出於遺址的地層中②。

其四，湖北宜都紅花套。遺址從1972年開始曾多次發掘，主要遺存屬大溪文化，其上有局部地方疊壓著較薄的屈家嶺文化遺存。大溪文化遺存又至少可分為早晚兩期，各期都有大量的紅燒土和房屋遺跡，紅燒土中摻和了少量的稻殼和稻草。另外還有一些陶器用稻穀殼做摻和料③。

其五，湖北枝江關廟山。考古研究所長江隊在此發掘的過程中，於F30中發現摻有稻穀殼的紅燒土塊，屬大溪文化④。

其六，湖北江陵毛家山。1975年發掘，在新石器時代的地層和灰坑中發現有很多紅燒土塊，上面有木頭和竹篾的痕跡，當係牆壁塗泥所燒成，其中常摻有稻穀殼和稻草⑤。

其七，湖北鄖縣青龍泉。遺址分上、中、下三個文化層，在中層的一座大房子F6的牆壁塗泥中，發現摻有稻穀之皮殼和莖葉，屬屈家嶺文化⑥。

其八，河南淅川黃棟樹。淅川是楚人早期活動地帶，1973年發掘時，在屈家嶺文化層中發現了稻穀遺存⑦。

其九，江西修水跑馬嶺。發現有新石器時代房屋F1，長6.5公尺，寬4.5公尺，殘留部分牆壁，係用紅燒土摻入稻稈和穀殼築成，

① 〈湖北京山、天門考古發掘簡報〉，《考古通訊》1956年3期17～19頁。
② 丁穎：〈江漢平原新石器時代紅燒土中的稻穀殼考查〉，《考古學報》1959年第4期。
③ 北京大學考古實習隊1974年發掘資料。
④ 中國社會科學院考古研究所長江隊發掘資料。
⑤ 〈江陵毛家山發掘記〉，《考古》1977年第3期第159頁。
⑥ 〈湖北鄖縣和均縣發掘簡報〉，《考古》1961年第10期第523頁。
⑦ 李璠：《生物史》第五分冊第10頁〈栽培植物的起源和演變〉，1979年版。

經火燒成了紅色或灰黑色[1]。

其十，湖南澧縣夢溪三元宮。在年代大體相當於紅花套二期的中期地層中普遍有大塊紅燒土，裡面有稻草和稻穀腐爛後的痕跡[2]。

其十一，湖北漢川烏龜山遺址。發現有龍山時期至周代各時期的陶器，伴之出土的有稻米，稻米呈黑色[3]。

其十二，安徽潛山薛家崗。1979年至1980年考古工作者曾在此進行了三次發掘，在一處殘存房基的紅燒土堆積中摻雜了許多稻穀，應是作為建築物塗料的稻糠泥經火燒烤而成[4]。

其十二，安徽肥東大陳墩。此地離春秋中期楚令尹孫叔敖於壽縣南興建的我國最早大型水利工程芍陂不遠。1955年考古工作者調查了此地，於其西坡的紅燒土中發現了稻粒結塊[5]，但因共有器物不明，難於確定它的年代，不過可以肯定在春秋中期以前。這與以後孫叔敖在這一帶興辦水利、大力種植水稻不無關係。

從上述稻穀遺存中，可以很清楚地看出，楚國崛起後，大力發展水稻種植，有著極為堅實的基礎。翦伯贊曾經從字形上研究出早在楚祖鬻熊之時，楚人即與水稻發生密切的關係[6]：

　　至於鬻熊，余以為即祝融一音之轉，故鬻熊即祝融。按融字從鬲，鬻字亦從鬲。前者鬲從蟲，而後者則鬲從米。前者鬲無耳，而後者則有兩耳。但「融」與「鬻」之同為三足器，則無可疑。「融」字轉為「鬲」，與鬲之附耳有關，同時亦與稻之種植有關。從字的構

---

① 〈江西修水山背地區考古調查與試掘〉，《考古》1962年第7期第359、367頁。
② 〈澧縣夢溪三元宮遺址〉，《考古學報》1979年第4期第463頁。
③ 《孝感地區文物普查資料彙編》，孝感地區博物館編，1983年第3版第37頁。
④ 安徽省文物工作隊〈薛家崗遺址一二次發掘簡報〉，轉引自《農業考古》1982年第1期第31頁注。
⑤ 〈安徽新石器時代遺址的調查〉，《考古學報》1957年第1期第23頁。
⑥ 翦伯贊：《中國史論集》，文風書局印行，1944年版，第61頁。

成上看來，融為烹食肉食之具，鬻為烹食稻米之器……南遷荊楚的夏族，習而種之，以為主要食品。證之融族中的禿、蘇、季（即季連）諸族名，皆從禾字，足證楚族與禾有關，因而「融」字之變而為「鬻」，正可以表示具有三鬲器文化的夏族，在其南徙荊楚以後，因生活資料之改變所發生的結果。

　　翦伯贊的這段議論，極有見地。以此與楚境內眾多的新石器時代的稻穀遺存相對照，可以看出，楚人種植水稻，與在此之前的新石器時代的水稻種植有一種直接的繼承關係。楚國以後大力發展水稻種植，到春秋中期的楚莊王時期，令尹孫叔敖大力興辦水利事業，更將水稻種植的生產技術水準大大提高。使水稻在整個糧食作物中所占的比重越來越大。

　　楚國種植水稻的具體情況，由於文獻史料的缺乏，今已很難確考。從考古揭示的情況看，楚國的水稻種植業已相當發達。

　　考古工作者在對楚都紀南城進行全面勘察發掘的過程中，於松柏區30號建築遺址的陳家臺子部，在第三層堆積中，發現五處被火燒過的稻米遺跡。四處在臺基西北角，一處在臺基南部的水溝填土中：

　　稻米炭化成黑色。有的粒狀清楚，雜質很少。最北的一處面積最大，長約3.5，寬約1.5公尺，厚約5～8公釐。水溝中炭化米雜質較多，顯然是從臺基上沖刷下來的。

　　炭化米的時代，根據北大考古專業碳14實驗室測定為距今2410年　100年，即西元前460年　100年。

　　小結……這裡應是一個鑄造作坊遺址，臺基西部發現炭化米，可能是當時作坊存放糧食的地方，後因火而毀。[1]

―――――――――

① 〈楚都紀南城的勘察與發掘〉，《考古學報》1982年第2期第485頁。

這個發現，足以將江漢平原新石器時代至戰國時期稻米遺存的缺環銜接起來，表明楚國的水稻種植較過去又有長足的發展。特別是這些炭化稻米出土於楚都紀南城內的鑄造作坊中，證實鑄造作坊工人以稻米為主食。而郢都在當時人口眾多，街上車水馬龍，行人熙來攘往，以致車碰車、人擠人，到了「朝衣鮮而暮衣弊①」的程度。這麼多的人以稻米為主食，其水稻必為商品糧無疑。

楚都紀南城內的炭化稻米尚不是僅有的發現，亦不局限於楚國的腹心地區。春秋晚期至戰國時期，楚國的版圖向鄱陽湖、贛江流域大力發展，將這一地帶經營成了重要的產糧區。1975年在江西新淦縣界埠袁家村贛江邊上發現的兩座大型戰國糧倉就是有力的證據②。每座糧倉平面呈長方形，長61.5公尺，寬11公尺，近700平方公尺，倉內到處堆積有被燒成炭末的米粒，其堆積厚度為0.3～1.2公尺，其中有一部分保持較完整的形狀，經原江西共大總校鑒定為粳米③。

上述出土的稻米實物，有力地證實了楚國種植水稻的數量與分布地域，都是首屈一指的。在年代稍晚的長沙馬王堆一號墓中，同樣出土了稻穀，同時，這些稻穀還可明顯地歸納為秈稻、粳稻和粳型糯稻等幾種類型，可見西漢初期湖南的水稻品種極為豐富，秈、粳、黏、糯並存，有芒和無芒並存④。在以水稻為原料製成的農副產品中，有稻食、稻密糒（用來摻和著蜜製成的塊狀或糊狀食物）、稻類（疑即糗的一種，米粉）等。在雲夢睡虎地秦簡中，同樣證實楚人對稻的品種分類很細，如《倉律》記載：

稻後禾孰（熟），計稻後年。已穫上數，別粲、穤（糯）粘

① 桓譚：《新論》。
② 陳文華等：〈新淦縣發現戰國糧倉遺址〉，《文物工作資料》1976年第2期。
③ 彭適凡：〈江西先秦農業考古概述〉，《農業考古》1985年第2期第112~113頁。
④ 《馬王堆漢墓》，文物出版社1982年版第32頁。

第六章 楚國的糧食作物

（黏）稻。

簡文中「粲」，疑讀為秈，《一切經音義》四引《聲類》：「秈，不粘稻也。」黏，《說文》：「粘也。」這句簡文的意思就是：「稻如果在穀子之後成熟，應將秈稻和糯稻分別開來。」可知在此之前，雲夢一帶的楚人種植稻穀時早已對稻穀的品種進行區別。聯繫到江西新淦縣界埠楚戰國糧倉的稻米遺存為粳稻，可知楚國種植的水稻至少有粳、秈、糯三個不同的品種，與馬王堆西漢墓出土的稻穀實物反映出的種類完全一致。

不過，需要指出的是，楚國水稻的農藝性，雖然比起新石器時代的水稻有較大的發展，但比今天還是差得很多。1975年江陵鳳凰山167號西漢墓出土過四束完整的稻穗，其穗長18～19公釐，千粒重28～32克，推測生產期為150天，有長芒，經鑑定為中晚粳。這四束稻穗出土於楚國當年的腹心地區作為陪葬品，理應是精選出的最佳品，它與現代稻的生長情況相比，雖然許多指標大體相當，但每穗的粒數卻僅在41～72粒之間，只占現代水稻的一半[1]。顯然，當年楚國的水稻種植水準仍然是較為粗放的。

第四節　麻

麻在古代是人們的糧食之一。《禮記　月令》：孟秋、仲秋之月「食麻與犬」。《呂氏春秋》中的〈孟秋〉、〈季秋〉篇亦記「食麻與犬」，〈仲秋〉篇云「以犬嘗麻」，〈任地〉篇云「日至，樹麻與菽。」所食的麻當是一種麻所結的果實，即所謂麻子，古時也稱之為

---

[1]　游修齡：〈西漢古稻小析〉，《農業考古》1981年第2期。

蕡或苴。而韌皮則供纖維用，這是當時人們將麻列為「五穀」之一的主要原因。甚至到南北朝的時候還有吃麻粥的，可知先秦時麻的食用作用更大。《呂氏春秋　本味》記：「飯之美者，……陽山之穄」，程瑤田曰：不粘者呼穄。而穄為飯之美者，故為祭祀上品，而有「嘗麻」之禮 [1]。

楚國對於種麻，極為重視，甚至影響到國君的繼承問題：

> 王子建出守於城父，與成公乾遇於疇中，問曰：「是何也？」成公乾曰：「疇也。」「疇也者何也？」「所以為麻也。」「麻也者何也？」曰：「所以為衣也。」成公乾曰：「昔者（楚）莊王伐陳，舍於有蕭氏，謂路室之人曰：『巷其不善乎？何溝之不浚也。』莊王猶知巷之不善，溝之不浚。今吾子不知疇之為麻，麻之為衣，吾子其不主社稷乎！」王子果不立。[2]

《說苑》的這段記載，極為生動地證實，在楚國，已經開墾過的農田，當時多數種的是麻。由於麻兼有食用和織衣的兩種功能，故種植的面積相當大，以致到了講到田疇必稱「所以為麻」的程度。更有甚者，一個國君，如果不知道開墾田疇必是為了種麻，而種麻的作用在於為衣和食用，那麼，他就不配做一個國君。成公乾發出這個預言，這位楚太子果然未被立為楚君，可知麻對於國計民生，何等至關重要。

① 陳奇猷：《呂氏春秋校釋》第4冊，學林出版社，1984年版，第1798頁。
② 《說苑　辨物》。

第五節　菽

　　菽就是豆。戰國以前豆都稱為菽。據《呂氏春秋　審時》，菽有大菽、小菽之分，大菽就是大豆，又稱為荏菽或戎菽。戎菽之稱，表明這是東北少數民族山戎所栽培出來的一個大豆品種，大約是在春秋初期傳入中原地區而廣泛耕種。據《逸周書　王會》篇，山戎曾向周成王貢獻特產戎菽，便是這種大豆。《管子　戒篇》說，齊桓公「北伐山戎，出冬蔥與戎菽，布之天下」，可能也是這種大豆。

　　大豆先秦時是勞動人民的主要糧食。《墨子　尚賢中》說：「賢者之治邑也，蚤（早）出而莫（暮）入，耕稼樹藝，聚菽粟，是以菽粟多而民足乎食。」《孟子　盡心上》說：「聖人治天下，便有菽粟如水火。菽粟如水火，而民焉有不仁者乎？」這兩則記載都表明，勞動人民多以大豆為食，一般窮苦農民大約都是以大豆作飯，豆葉作羹，「民之所食，大抵豆飯藿羹[①]」。春秋時楚人把貴族與平民的生活簡稱為「食肉者」、「藿食者」[②]，猶如《韓詩外傳》卷九第二十三章記載楚北郭先生之妻在決定是否應楚王之聘時權衡說：「今如結駟連騎，所安不過容膝，食方丈於前，所甘不過一肉。以容膝之安，一肉之味，而殉楚國之憂，其可乎？」「於是（北郭先生）遂不應聘，與婦去之」，繼續過他的「食粥踐履，無怵惕之憂」的生活。

　　大豆之所以成為勞動人民的主食，主要在於大豆在春夏兩季都可以播種，在不同氣候和不同土壤條件下都可生長，抗旱力強，並可以利用高地山溝和其他空隙地方播種，不費大力即可得到較高的產量，收穫有保證，容易種植。《齊民要術》卷二〈大豆〉篇引《氾勝之書》說：「大豆保歲易為，宜古之所以備凶年也。」故勞動人民樂意

---

① 《戰國策　韓策一》。
② 參見《說苑　善說》之六：「晉獻公之時，東郭民有祖朝者，上書獻公曰：『草茅臣東郭民祖朝，願請聞國家之計。』獻公使使出告之曰：『肉食者已慮之矣，藿食者尚何與焉。』」

種植。

　　楚國種植大豆的具體情況，限於資料，難以詳知。但民間廣泛種植菽即大豆，則是可以肯定的。這從有關楚國著名的隱士老萊子自食其力的記載中可以證實：

　　萊子逃世，耕於蒙山之陽。葭牆蓬室，木牀著席，衣縕食菽，墾山播種……①

　　從這段記載中，可以知道，老萊子在蒙山之陽墾山耕種，所種的東西，不是別的，就是菽，即大豆，並以大豆為主食，楚國還有一位著名的隱士鶡冠子，隱居於深山，大概與老萊子一樣，在自食其力時，也是以種植大豆為主，以致在說明某一個道理時以大豆來作比喻，說：「一葉蔽目不見太山，雙豆塞耳不聞雷霆。」②從有關這兩人的零星記載中，當時楚國人民種植大豆之廣，可以概見。

第六節　麥

　　麥有小麥、大麥之分，均耐於寒，按播種期的不同，又有春麥和冬麥的區別，但種植較普遍者則為冬麥。《禮記　月令》指出，「麥在仲秋之間種植至孟夏之月收穫」，但也有種植春小麥的，如《詩　豳　七月》說：「九月築場圃，十月納禾稼；黍稷重（後熟者）穋（先熟者），禾麻菽麥。」麥和黍稷等一起在十月收穫，可知西周晚期的王畿內種的是春小麥。按史書反映的種植趨勢，冬小麥是

---

① 劉向：《古列女傳》卷二，「老萊子妻」。
② 《藝文類聚》卷八十五「百穀部　豆」。

在春秋時代逐步由北向南發展的。春秋初期周的溫（今河南省溫縣西南）已種冬小麥，以致鄭國軍隊入侵，於夏曆四月（周曆六月）「取溫之麥[①]」。到春秋中期，位於今山西汾水流域的晉國也已種了冬小麥，於周曆六月，「晉侯欲麥，使甸人獻麥[②]」。到了春秋後期，緊鄰楚國的陳國也已種了冬小麥，可能獲得大豐收，儲存了很多。這些存麥，引起了楚國的羨慕，在楚國白公之亂平定後，為了得到這些麥子，楚藉口陳國在白公之亂時乘機入侵，向陳大舉進攻，「使帥師取陳麥」，陳人為了護麥進行了頑強的抵抗，遭到失敗，楚軍乘勢將陳國再次滅亡。因此，可以說，麥是促成陳國被滅亡的潛在因素。楚國既然不惜大動干戈以奪取他國之麥，當然也會在本土大力推廣種植。事實上，從春秋晚期，到戰國時期，楚國一直大力種植麥，史載楚野地的「野人」即「持麥飯」，以麥為食[③]。戰國時，由麥做成的餅成了人們的主食之一，《墨子》中記載：子墨子謂魯陽文君曰：「今有一人於此，羊牛犓豢，維人但割而和之，食之不可勝食也。見人之作餅，則還然竊之，曰『舍餘食』，不知日月安不足乎？其有竊疾乎？」[④]魯陽文君，按賈逵《國語注》，為楚平王之孫，司馬子期之子，被封為魯陽公。墨子對楚國貴族談的這種餅，必然是楚民間常食，並且價格便宜之物。此處「餅」字，為最早見於記載，《說文》食部說：「餅，麪餈也」，是麥磨成麵粉後用水合麵製成的。另按照《太平御覽》卷七六二引《世本》和《說文》對「䃺」字的解說，䃺（磨）為春秋戰國間公輸般所發明，公輸般與墨子為同時代人，可見楚國民間食餅之早。其對麥的種植自然是日漸普遍的。

---

① 《左傳　隱公三年》。
② 《左傳　成公十年》。
③ 《吳越春秋》：「漁父視子胥有饑色，持麥飯，鮑魚羹，盈漿以餉子胥。」
④ 《墨子　耕柱》。

第七節 糧食的幾種食法

以上六種糧食作物，均為楚國人民的主要糧食，是楚國農業的主要種植物。從文獻記載來看，楚人日常食用這些糧食，大體有以下方法：

一、**蒸食**：《藝文類聚》卷八十五「粟」條引《春秋說題辭》說，「粟五變，生為苗，秀為禾，三變而祭，一作（粲）謂之粟，四變曰米，五變而蒸飯可食」，將粟的生長及加工過程全部包括，並且最後經過「蒸」而食。這實際上反映的是楚國的情況。1970年6月，在安徽合肥市優勝公社烏龜崗出土了一件楚蒸飯鼎，這是一件分襠銅鼎，直式方耳，直邊平鼎蓋，上有鑄銘「喬夫人鑄其餴鼎」七字[①]。餴，《爾雅》作饋，「蒸之曰饋」，蒸米也，「潃飯也」。對潃，《說文》解釋為「久泔也，淅米汁」，據此，可以斷定，這件鼎，為蒸飯的鼎無疑，證實楚人習慣蒸食。

二、**煮食**：《國語 楚語下》記：「昔鬬子文三舍令尹，無一日之積，恤民之故也。成王聞子文之朝不及夕也，於是乎每朝設脯一束，糗一筐，以羞（進）子文。」楚成王給令尹子文的「糗」，韋昭注為「寒粥也」，《說文》「糗，熬米麥也」，段玉裁《說文解字注》引各家解釋說：「黍、粱、菽、麥，皆可為糗，故或言大豆以包米，或言穀以包米豆」，「糗者，搗粉熬大豆為餌」，「糗，熬大豆與米也」，等等，說明當年楚成王為令尹子文準備的，不過是將各種糧食混合煮成粥樣的東西而已。大概只有這種食物，素以節儉聞名的令尹子文才會接受。楚民間食用這種煮成的「糗」十分普遍，如《楚辭 惜誦》便有「願春日以為糗芳」的詩句，又如楚北郭先生拒絕楚王之聘後，仍去過他的「食粥毚履，無怵惕之憂」的生活，即

---

① 《文物考古工作三十年》第231頁。

第六章 楚國的糧食作物

為一例 [①] 。

　　三、製成乾糧和水而食。《左傳　宣公十一年》記春秋中期的孫叔敖為楚令尹之時，非常有才幹，一次，指揮築沂城（今河南正陽縣境），他：「量功命日。分財用，平板榦，稱畚築，程土物，議遠邇，略基趾，具餱糧，度有司。」即計量工程，規定日期，分配材料用具，取平夾板和支柱，規定土方和器材、勞力的數位，研究取材和工程的遠近，巡視城郊之界，計算役夫應準備的乾糧，審定監工的人選。這裡，「餱糧」就是乾糧，《說文》：「乾食也」，段玉裁《說文解字注》：「凡乾者曰餱」，這是當年楚國人民遠行做工或行軍時，將各種糧食炒成乾糧，便於攜帶，吃的時候，調和了水漿，便於下嚥。由於人們吃飯時只需找些水即可將隨身帶的乾糧取出來充饑。故在楚國，有的交通大道上，有的人家專賣水漿，如《莊子　則陽》記：「孔子之楚，舍於蟻丘之漿」，便是說孔子到了楚國一個叫蟻丘的地方，在一個專賣水漿的人家中歇息。可見隨身攜帶乾糧的作法在當時十分普遍。

---

① 《韓詩外傳》卷九第二十三章。

第七章 豐富的物產

除上述粟、黍、稻、麻、菽、麥等糧食作物外，楚國境內還有極其豐富的物產，為其他諸侯國所垂羨[1]，文獻記載的楚國物產種類很多，除手工業品和礦產在手工業部分論述外，其餘大體可分為農副產、水產、林產、畜產四大類[2]，現分述之。

第一節 農副產

楚國的農副產，資源豐富，是楚國農業經濟的重要補充。這方面的品種有以下幾種：

1. 包茅

楚國的包茅，如果用來濾酒，酒便格外香冽，故一向享有盛名，成了周天子祭祀的必需品。在楚國國力尚未強盛之時，大約每年必須向周天子進呈貢品，包茅是主要貢品。到了楚成王的時候，楚國國力強盛，開始不把周天子放在眼裡，言行舉動不大恭敬的地方逐漸多起

---

① 如《戰國策‧楚策三》記楚王對晉人說，「黃金、珠璣、犀、象出於楚，寡人無求於晉國」。
② 參見鄭昌琳《楚國物產初探》油印稿。

來，包茅當然不再進貢了。到了楚成王十六年（西元前656年），東
方的齊國，由於管仲輔弼齊桓公，國勢如日中天，正處鼎盛時期，與
開始向東發展的楚國發生了衝突，齊桓公親自率大軍前來討伐，當楚
成王派屈完前去理直氣壯地質問：「君處北海，寡人處南海，惟是風
馬牛不相及也，不虞君之涉吾地也，何故？」齊桓公本來師出無名，
一時語塞，管仲急忙聲言是代周天子前來討伐楚國人不進貢包茅給周
王室之罪：「王室的包茅你楚人不進貢，使周天子的祭祀缺乏物資，
不能瀝酒請神，寡人為此前來問罪。」①區區包茅，竟成為齊國侵楚
的口實，足見其地位之重要。包茅，晉杜預注：「包，裹束也。茅，
菁茅也，束茅而灌之，以酒為縮酒。」《尚書　禹貢》開列荊州貢品
的名單，其中也有「包匭菁茅」。漢孔安國《傳》：「茅有毛刺曰菁
茅。」孔穎達疏：「菁，蓂菁也，蓂菁處處皆有，而今此州貢者，
善，以其唯美也。」這種包茅，大約就是今日湖北山區常見的一種農
民叫「芭茅」的野生植物，葉片寬而長，生長密集處可以藏人，其色
綠而其味清香，濾酒之後擺在祭臺上作裝飾物亦十分好看，在先秦時
由於祭祀的需要而備受重視，可以想見。在江陵馬山一號楚墓出土的
竹簡中，器物與竹簡之間均塞有成束的茅草或底部墊上茅草②，疑即
為包茅。

2．酒

　　楚人善釀酒。《九歌　東皇太一》有「奠桂酒兮椒漿」的名句，
可見當時楚人善於用各種香花泡名酒。《楚辭　大招》云：「吳醴白
蘗，和楚瀝只」，就是將吳人的釀醴和以白麵之麴，共作楚瀝，一種
甜美的清酒。楚國貴族大量飲酒，並驅使奴隸（主要是女奴）為其釀
酒，《呂氏春秋　精通》載：「鍾子期夜聞擊磬者而悲，使人招而問

---

① 《左傳　僖公四年》。原文是：「爾貢包茅不入，王祭不供，無以縮酒，寡人是徵。」
② 《馬山一號楚墓》，文物出版社1982年版，第83頁。

之。曰，子何擊磬之悲也？答曰：臣之父不幸而殺人，不得生，臣之母得生而為公家為酒。臣之身得生而為公家擊磬。臣不覿臣之母三年矣。昔為舍氏賭臣之母，所以贖之則無有，而身固公家之財也，是故悲也。」從這段記載中，可知楚國貴族嗜酒，給楚國勞動人民帶來了無窮的災難，足證當年楚國產酒量很大。釀酒的方法，《禮記　月令　仲冬之月》記載說：「乃命大酋，秫稻必齊，曲糵必時，湛熾必潔，水泉必香，陶器必良，火齊必得。兼用六物，大酋監之，無有差貸」，這是先秦時釀酒技術的寫照。在長沙發掘的馬土堆漢墓中，隨葬的「僅酒一類就分白酒、米酒、溫（醋）酒、肋酒（過濾過的清酒）幾種[1]」。這些勢必是當年楚地的傳統品種，上推楚國之酒，必是品種豐富。

3. 桔柚

桔柚是楚國的特產。《呂氏春秋　本味》記，「江南之桔，雲夢之柚」；《山海經　中次八經》記「荊山，其草多竹，多桔」；《史記　貨殖列傳》記「蜀漢江陵千樹桔」。這眾多的記載，都是楚地盛產桔柚的明證。屈原在寄託自己的情志之時，亦將當時楚國盛產的桔信手拈來，引以自喻：「后皇嘉樹，桔來服兮」，楚人種植桔柚之廣，從中可見一斑。

此外，戰國時縱橫家蘇秦遊說趙王時說：「大王誠能聽臣⋯⋯楚必致桔、柚雲夢之地。」[2]《考工記》說：「桔逾淮而北為枳」，《尚書　禹貢》記載揚州「厥包桔、柚」，可見在楚國，桔、柚的種植一直較為發達，享有盛名。在江陵望山一號楚墓中，還曾發現柑桔遺物[3]，是這些文獻記載的實物證據。

① 《馬王堆漢墓》，文物出版社1985年版，第87頁。
② 《戰國策　趙策一》，《史記　蘇秦列傳》記作「楚必致桔、柚之園」。
③ 〈湖北江陵三座楚墓出土大批重要文物〉，《文物》1966年第5期。

4. 桑

在我國，蠶桑的起源，可以追溯到傳說時代的黃帝。清馬驌《繹史》卷五引《黃帝內傳》：「黃帝斬蚩尤，蠶神獻絲，乃稱織維之功」，又說養蠶是黃帝的妻子嫘祖發明並傳播於人民的，這當然不可信，但我國蠶桑生長之早則是肯定的。古代希臘、羅馬人就稱中國為「塞里斯」，意即「絲綢」，羅馬的大奴隸主們把從中國運去的絲綢視為無上珍品[①]。在長江流域，考古工作者曾在江蘇吳江縣的梅堰發掘到印有蠶紋的黑陶，又在浙江吳興縣錢山漾發掘的新石器時代遺址中發現絹片、絲帶、絲線等，可證長江流域早在距今三四千年前與黃河流域一樣養蠶織綢。養蠶必定大量種植桑樹，在楚國，種植桑樹較為普遍，以致為爭奪桑葉，一度成為楚吳交戰的導火線：

楚邊邑卑梁氏之處女與吳邊邑之女爭桑。[②]

吳之邊邑卑梁與楚邊邑鍾離小童爭桑，兩家交怒相攻，滅卑梁人，卑梁大夫怒，發邑兵攻鍾離。楚王聞之怒，發國滅卑梁。吳王聞之大怒，亦發兵，使公子光因建母家攻楚，遂滅鍾離、居巢，楚乃恐而城郢。[③]

這個記載，說明當時淮河以南的楚地，桑業已很發達。從考古發現來看，楚國桑樹的種植較為普遍，這從表7-1所列絲織物出土地點的分布可得到證實。

---

① 參見章楷：〈蠶業史話〉，《古代經濟專題史話》，中華書局1983年版第39頁。
② 《史記 吳太伯世家》
③ 《史記 楚世家》。

表7-1　楚國絲織物出土地點分布表

地點	時代	資料依據
湖南長沙五里牌406號墓	戰國	《長沙發掘報告》，科學出版社1957年
湖南長沙仰天湖25號墓	戰國中期	〈長沙仰天湖第25號槨墓〉，《考古學報》1957年第2期
湖南長沙左家公山15號墓	戰國中期	〈長沙左家公的戰國槨墓〉，《文物參考資料》1954年第12期
湖南長沙瀏城橋一號墓	春秋末期	〈長沙瀏城橋一號墓〉，《考古學報》1972年1期
湖南長沙左家塘44號墓	戰國	〈長沙新發現的戰國絲織物〉，《文物》1975年2期
湖南長沙烈士公園三號墓	戰國中期	〈長沙烈士公園3號木槨墓發掘簡報〉，《文物》1959年第10期
河南信陽長臺關一號墓	戰國中期	〈我國考古史上的空前發現──信陽長臺關發掘一座戰國大墓〉，《文物參考資料》1957年第9期
湖北江陵雨臺山楚墓	春秋早─戰國晚期	《考古》1980年第5期
湖北江陵九店磚瓦廠楚墓	春秋晚─戰國中期	《楚文化考古大事記》第131頁
湖北江陵馬山一號楚墓	戰國中期	〈江陵發現戰國「絲綢寶庫」〉，《江漢考古》1982年第1期
湖北荊門十里鋪包山大塚	戰國中晚期	《湖北日報》1987年2月15日

　　從表7─1中可見，楚國桑樹，在湖南、河南、湖北諸地均有種植。因絲綢不屬農業範疇，此處從略。

5. 其他農副產品

　　楚國的各種農副產品極為豐富，此處仍以列表的形式加以介紹。見表7─2。

表7-2　楚地出土農副產品品種表[①]

品名	說明
板栗	見於湖北江陵望山一號、二號墓
杏	見於湖北江陵望山一號、二號墓
櫻桃	見於湖北江陵望山一號、二號墓，楚都紀南城亦出土

---

① 　表中「見於湖北江陵望山一號、二號墓」者，據《考古》1980年第5期〈江陵三座楚墓出土大批重要文物〉。「見於馬王堆一號墓」者，據《馬王堆漢墓》，文物出版社1982年版。

品名	說明
梅	見於湖北江陵望山一號、二號墓，又見於長沙馬王堆一號墓
生薑	見於湖北江陵望山一號、二號墓，馬王堆一號墓亦出土
小茴香	見於湖北江陵望山一號、二號墓，江陵溪峨山亦出土
楊梅	見於長沙馬王堆一號墓，絨刺清清楚楚
梨	見於長沙馬王堆一號墓，梨梗清清楚楚
柿	見於長沙馬王堆一號墓
棗	見於長沙馬王堆一號墓，又《史記　楚世家》記楚莊王喂馬「啖以棗脯」
橙	見於長沙馬王堆一號墓
枇杷	見於長沙馬王堆一號墓
甜瓜	見於長沙馬王堆一號墓
芋	見於長沙馬王堆一號墓
藕	見於長沙馬王堆一號墓
冬葵子	見於長沙馬王堆一號墓
芥菜子	見於長沙馬王堆一號墓
醬	見於長沙馬王堆一號墓
豆豉	見於長沙馬王堆一號墓
糖	見於長沙馬王堆一號墓
蜜	見於長沙馬王堆一號墓
麴	見於長沙馬王堆一號墓
醋	見於長沙馬王堆一號墓
稻食餅	見於長沙馬王堆一號墓
麥食餅	見於長沙馬王堆一號墓
黃粢食餅	見於長沙馬王堆一號墓
白粢食餅	見於長沙馬王堆一號墓
粔籹	《楚辭　招魂》「粔籹蜜餌」，王逸注：言蜜和米麵熬作粔籹，倚黍作餌
僕促餅	或作尃迠，《集韻》謂樞餅，據「遣策」，與糖放在一起，為一種甜餅
稻蜜糯	用米摻和著蜜製成的塊狀或糊狀食物
稻類	米粉
棘類	棗子和米麥一起熬制
白類	
醯羹	米屑和肉做成
白羹	米屑和肉做成
巾（堇）羹	米屑和肉做成，或用無菁葉和肉做成，或用肉摻和苦菜做成
芹	芹，《爾雅》「芹，楚葵」，郭璞注「水中芹菜也，旱芹生平地」。《呂氏春秋　本味》「菜之美者……雲夢之芹」。這些記載都表明芹是楚地的一種特產

第二節　水產

楚國境內，江河縱橫，湖泊星羅棋佈，故水產資源極為豐富。計有：

1. 魚

《史記　貨殖列傳》記：「楚越之地，地廣人稀，飯稻羹魚，或火耕而水耨」；《漢書　地理志》亦記：「楚有江漢川林山澤之饒，江南地廣，或火耕水耨，民食魚稻」；《戰國策　楚策》稱蔡聖（聲）侯「食湘波之魚」，都將魚列為楚國人民的主要食物。在江漢平原發現有很多新石器時代的陶網墜，證明楚先民早已捕魚為食。據統計，長江流域共有魚類300多種，其產量約為全國淡水魚類總產量的三分之二。從考古發掘中，長沙馬王堆一號墓中屬於魚類的有鯉、鯽、鹹、刺鯿、銀鮈、鱖等。而見於屈賦的魚類名稱則有鯪（鯉）、鯖（鯽）。可知當年楚地魚類出產品種之豐富。

2. 蚌

《漢書　地理志》記「楚有江漢川澤山林之饒……果蓏蠃蛤，食物常足」，此中蠃蛤即為蚌的一種。《湖北通志》卷二十三物產二：「《本草拾遺》：蚌生匯汉渠凟間，老者含珠，殼堪為粉，非大蛤也。《本草綱目》：蚌類甚繁，處處江湖中有之，惟漢沔獨多，大者長七八寸，狀如杜礪，小者長四寸，如石決明，其肉可食。」在楚都紀南城南垣木構建築的發掘中，就發現有蚌[1]。

3. 龜

龜是楚國的特產。《莊子　逍遙遊》記「楚之南有冥靈者，以五百歲為春，以五百歲為秋」，臺灣學者陳鼓應《莊子今注今譯》釋「冥靈」云：「溟海之靈龜也。」《尚書　禹貢》載荊州的貢品有「九江納錫大龜」，漢孔安國《傳》云：「尺二寸曰大龜，出於九江水中，龜不常用，錫命而納之」。屈賦中還記有一種叫「蠵」的大龜。《左傳　宣公四年》記「楚人獻黿於鄭靈公」，引起鄭國內亂，是楚地產龜，常作禮物送人。

---

① 湖北省博物館：《楚都紀南城考古資料彙編》第87頁。

4. 萍實

《孔子家語》記：「楚昭王渡江中流，有物大如斗，圓而赤，直觸王舟，王大怪，使使聘於魯問於孔子，孔子曰：『此所謂萍實也，可剖而食之，吉祥也，惟霸者能得』。」又《說苑》卷十八亦記「楚昭王渡江，有物大於斗，直觸王舟，止於舟中，昭王大怪之，使聘問孔子，孔子曰：『此名萍實……』」。異時小兒謠曰：『楚王渡江得萍實，大如拳，赤如日，剖而食之美如蜜』，此楚之應也。」足證萍實為楚地所產。現在江西境內有地名「萍鄉」，地方志記載是楚昭王食萍實之處，故而得名。

5. 菱

《國語　楚語上》記「屈到嗜芰」，「祭我必以芰」。芰即菱。《荊州府志》：「兩角曰菱，三角四角曰芰，郢城菱三角而無刺，楚屈到所嗜即此，其米歲荒可以代糧。」《七國考》卷十四引明《一統志》：「采菱城在桃源縣東北二十五里，其湖產菱，肉厚味甘，楚平（王）常採之。」在楚都紀南城南垣水門遺址中，發現過菱角，在長沙馬王堆一號墓中，亦有菱之實物出土，可證楚地當時產菱，菱為楚人喜食之物。

第三節 林產

楚國由於有著充足的雨水和適宜的氣候，林木的生長條件極為優越，資源非常豐富。《史記　貨殖列傳》記「江南卑濕，丈夫早夭，多竹木」。楚人亦重視對山林的開採利用，《史記　循吏列傳》載孫叔敖「秋冬則勸民山採，春夏以水，各得其所便，使民皆樂其生」，徐廣曰：「乘多水時而出材竹」。楚地擁有的林產主要有如下數種：

1. 荊

《說文》，荊，楚木也。《本草綱目》「牡荊」注：「古者刑杖以荊，故字從刑。其生成叢而疏爽，故又謂之楚，荊楚之地因多產此而名也」。楚國以「楚」為名，正是表明在楚國境內，生長得最多，分布最廣的就算是這既名荊又稱為楚的樹木。其實，這種荊，只能算是一種灌木叢而已。筆者近去鄂西山區，所見之山地盡為灌木叢，漫山遍野，色彩駁雜，粗細不等，大約都屬這種「荊」的範圍。《詩經 周南》：「翹翹錯薪，言刈其楚」，便是意指亂雜的薪柴，要砍取較為高大一點的。

2. 竹

《史記 貨殖列傳》記楚地多竹木。《山海經 中次八經》：「東北百里曰荊山，其草多竹」；《國語 楚語下》：「雲連徒洲，金、木、竹、箭之所生也。」這些，都是楚地產竹的明證。竹在楚國的應用非常廣泛，其中，各種竹編織物精巧絕倫，品種繁，數量多，各地都有大量的竹編織物實物出土。有的學者將出土的竹編織物分為喪葬用具與生活用具兩大類，其中喪葬用具類指棺內發現的以竹席包屍、墊屍的有32處；在槨蓋板上覆蓋有竹蓆、篾網和葦蓆有26處；生活用具類的竹編織物主要有竹筒、竹扇、竹簍、竹網簍和竹蓆等，已發掘的竹筒的類型與數量多達110件之多[1]，足證竹在楚人經濟生活中的重要地位。

3. 松柏

《山海經 中山經》：「荊山之首，曰冀望之山……其上多松柏。」[2]尚書 禹貢》所列荊州的貢品有「杶、幹、栝、柏」，《戰國策 宋衛》記：「荊州有長松」，均表明楚地盛產松樹柏樹。

---

① 均見陳振裕：〈楚國的竹編織物〉，《考古》1983年第8期。
② 袁珂：《山海經校注》，上海古籍出版社1980年版第163頁。

4. 杉

《爾雅》將杉作煔,郭璞注:「煔似松,生江南,可以為船及棺材,作柱,埋之不腐。」是楚地產杉之證。今日杉樹早已遍及各地,以其速生、樹幹直,而受人喜愛。

5. 杞

《左傳 襄公二十六年》記「杞、梓、皮革,自楚往也」,是楚地自產杞之證。《詩經 鄭風 將仲子》:「無折我樹杞」,陸機疏云:「杞,柳屬也,生水旁,樹如柳葉,麤而白色,理微赤,故今人以為車轂。」先秦時盛行車戰,杞木可以用來作車轂,當然備受人重視。

6. 梓、柟等

《史記 貨殖列傳》:「江南出柟、梓⋯⋯」,《戰國策 宋衛》「荊州有長松、文梓、楩、柟、豫章」,大者可為棺槨,小者可為弓材。

筆者1987年曾到湖北大冶銅綠山古礦冶遺址考察,在遺址陳列館的櫥窗中發現又有下列4種樹木作為部分古礦井井巷的支護樹木和樹種。

7. 化香樹

材質粗松,性喜陽光,對土壤要求不嚴,耐乾旱瘠薄,適應性較強。

8. 青剛櫟

為偏陰性樹種,喜鈣,宜植於石灰岩或酸性土壤。材質堅韌,不易割裂,富彈性。

9. 豆梨

陽性樹種,較能抗旱、抗寒、抗蟲害。

10. 紫荊

對氣候適應性強,無論強酸性或鹼性土壤都能適應。

第四節 畜產

1. 馬

馬在先秦時作用極大，戰時能拖戰車馳騁疆場，平時可供役使，故顯得特別珍貴。史載楚莊王愛馬，「楚莊王之時有所愛馬，衣以文繡，置之華屋之下，席以露床，啖以棗脯。馬病肥死，使群臣喪之，欲以棺槨大夫禮葬之[①]」，在楚國，民間常使用馬來拖一種很低矮的庳車，「楚民俗號庳車，（楚莊）王以為庳車不便馬，欲下令使高之[②]」，都是愛馬的體現。《左傳　襄公二十五年》所記的楚蒍掩「書土田」，目的是「賦車籍馬」，計算從勞動人民那兒該徵多少數量的馬匹以供軍用，可見楚國軍隊的馬匹是由民間供給的。在楚國，貴族擁有的財富多少，常常以馬匹的數量來衡量，《國語　楚語下》便記有「鬭且廷見令尹子常，子常與之語，問蓄貨聚馬」，顯現出楚令尹子常的一副貪婪的神態。在考古發掘中，除在河南淅川下寺曾發現有五座車馬坑，葬有大批馬匹外，河南淮陽馬鞍塚也發現車馬坑，隨葬之馬多達24匹，泥馬數十匹，考古工作者便是依據車馬坑的規模、下葬的車數和馬匹數，推測淮陽馬鞍塚楚墓是楚頃襄王墓[③]，可見馬在楚國經濟、政治生活地位之重要。

2. 牛

前文第四章第一節關於「牛耕」部分已對楚國有牛作過論述。在楚國，除作耕牛外，牛還被用作祭祀[④]和肉食[⑤]，在家畜中當然地位日重。

---

① 《史記　滑稽列傳》。
② 《史記　循吏列傳》。
③ 張志華、駱崇禮：〈淮陽馬鞍塚墓主考略〉，《楚文化覓蹤》，中州古籍出版社1986年版第93頁。
④ 《國語　楚語下》：「子期祀平王，祭以牛俎於王。」
⑤ 《楚辭　招魂》：「肥牛之腱（筋肉），臑若（熟爛）芳些。」

3. 豬

豬在人民生活中歷來占有重要的地位，在楚國也是如此。《莊子　德充符》記：「仲尼曰，丘也嘗使於楚矣。適見豚子（小豬）食於其死母者」，是說孔子來到楚國的農村，看到一頭母豬已死，但小豬還是一個勁兒地咬死母豬的乳頭欲吃奶，一幅楚國農家生活圖畫活脫脫地呈現在我們面前。不難推測，在楚國的廣大農村，豬的蓄養極為普遍，楚人重祭祀，豬亦是重要的貢品。《國語　楚語下》記楚的「祭典」有「大夫舉以特牲，祀以少牢」，韋昭注：「少牢，羊、豕（豬）。特牲，豕（豬）也」。

4. 羊

楚國對羊的飼養，在很大程度上也是為了祭祀。上引《國語　楚語下》所記楚的「祭典」中「大夫……祀以少牢」，韋昭注：「少牢，羊、豕」，是將羊列為貢品之一。楚人大概十分喜愛吃羊肉，故在楚郢都專設有「屠羊之肆」，並有著名商人屠羊說。屠羊說事見《韓詩外傳》卷八：「吳人伐楚，昭王去國，國有屠羊說從行，昭王反國，賞從者及說，（屠羊）說辭曰……遂辭三公之位，而反乎屠羊之肆。」從出土情況來看，在江陵馬山一號楚墓中，出土有羊椎骨[1]，說明當時飼養已甚普遍。

5. 狗

楚國的貴族大概都喜歡養狗，文獻記載春秋早期的楚文王，便是其中的一位。「荊文王得如黃之狗，箘簬之矰，以畋於雲夢」[2]。這個「如黃之狗」便是楚文王打獵的得力幫手。在江陵馬山一號楚墓中，曾發現一具完整的狗骨架，「置於邊箱的竹笥上，出土時，骨架基本保持原狀，毛色純白，頭向東，尾向西，叭伏狀，長25～30公

---

① 《江陵馬山一號楚墓》，圖版四七，文物出版社1985年版。
② 《說苑　正諫》。又見《呂氏春秋　直諫》。

鼇，經鑒定是一隻小白狗。可能是主人生前的愛犬 [1] 」。

6. 其他

以上為現在已知楚國人民飼養的主要家畜。楚人通過飼養和打獵捕獲的動物，種類更多。長沙馬王堆漢墓中，曾出土大量動物骨骼，表明該地的動物品種極為豐富：

> 科研部門對現存骨骼進行鑒定，屬於獸類的有黃牛、綿羊、狗、豬、馬、兔，還有現在長沙巳經絕跡的梅花鹿。屬於禽類的有雞、野雞、野鴨、雁、鷓鴣、鵪鶉、鶴、天鵝、斑鳩、鷸、鴛鴦、竹雞、火斑雞、鴞、喜鵲、麻雀等。……有一個竹笥裡，整整齊齊地放置著兩隻華南兔。有一個竹笥裡，層層疊疊地堆積著數十個鵪鶉和竹雞。……一、三號墓各有一竹笥雞蛋，一號墓竹簡記載為「卵一笥」。笥內蛋黃蛋白乾涸成紙頁狀，蛋黃仍大塊大塊地保存著，三號竹笥還記載著「卵一笥九百枚，笥內的蛋只剩下殼內的膜了」。[2]

長沙馬王堆之地，過去為楚國的腹心地帶。這些出土的動物，無不是當地動物資源豐富的反映。

楚國的動物資源向來豐富，現在楚地已經絕跡，但文獻上屢有記載的動物還有象、犀牛（兕）[3]、鹿 [4] 等，這些，都使楚國始終處於地大物博、經濟實力雄厚的有利地位。

---

① 《江陵馬山一號楚墓》，文物出版社1985年版第93頁。
② 《馬王堆漢墓》，文物出版社1982年版第32頁。
③ 《戰國策　宋衛》：「荊有雲夢，犀兕、麋鹿盈之。」《戰國策　楚策三》：「犀、象出於楚，寡人無求於晉國」。《戰國策　楚策一》（楚）「乃遣使車百乘，獻雞駭之犀、夜光之璧於秦王」。
④ 《管子　輕重戊》：「（齊）桓公……使人之楚買生鹿，生鹿當一而八萬，楚民即釋其耕農而田鹿。」

第八章 農業科學技術的進步

楚國的農業，從最初的刀耕火種，到戰國時期的「粟支十年」，其間農業科學技術經歷了一個漫長的發展過程。農業科學技術的進步，是在農作物生長的各個環節中體現出來的，前文論述的楚國大力進行水利建設，使農田得以旱澇保收，大力改進各種農具，並對土壤進行治理等等，都是提高農業科學技術的重要方面。除了這些方面之外，楚國的農業勞動者還在施肥、選種、輪種、復種和推行一年兩熟制諸方面做了大量的工作，農業科學技術有著長足的發展。

第一節　施肥

施肥是農業生產的極為重要的環節。楚人開始的刀耕火種，只不過是放火燒荒留下草木灰作為肥料的來源，自然肥效很低。人們在耕作中，很快土地肥力耗盡，便不得不將土地撂荒，實行田萊制，到新的土地再行墾荒。這樣做的結果，耕作的效率當然極低。在漫長的歲月中，人們逐漸發現了人工施肥的作用，可以保持地力的持久，出現連作的「不易之田」，少受遷徙之苦，於是開始有意識地對土地施加肥料。

向土地施肥的物質，人們經歷了一個由單一的草木灰到人糞、畜糞多種施用的過程。施單一的草木灰，《呂氏春秋 任地》中有一段介紹：「人肥必以澤」，據陳奇猷的解釋，「人肥」係指人工施肥，「澤」係指土地濕潤。「人肥必以澤」是指凡是人工施肥，必在土地濕潤之後施用。因為「古代所用肥料係草木灰，故乾土濕潤之後施用，一則不致為風吹去，一則是草灰潤濕後一如泥土，可以使苗加固，又草灰潤濕，與泥土混合後，可使泥土疏鬆，雖古人未必明了此種物理原理，但從實地觀察亦可得土地潤濕後施灰肥則土鬆疏之現象，此文云然①」。《呂氏春秋》在最後四篇人們公認是古農書，其中許多追述上古君民並耕的話與楚國「有為神農之言者」許行如出一轍②，故這種對於施草灰肥的看法，可以找到楚國的影子。

由施草灰肥到施人糞，是農業的一大飛躍，這一點，正是楚國勞動人民所實行的。最早反映出施用人糞的記載要數春秋晚期的孔子親眼看見楚國的農民正挑著滿桶的人糞尿往田地上肥。此事見於《論語 微子》：

長沮桀溺耦而耕，孔子過之，使子路問津焉。

這裡，「長沮」不是人的名字，而是指使用長鋤頭正在薅草的人，前文第四章第三節已述。而「桀溺」同樣也不是指人名，係指一位正擔著尿準備施肥的農耕者③。「桀」即是擔的意思，《左傳 成公二年》：「桀石以投人」，杜預注：「桀，擔也。」「溺」則是古尿字，《史記 范雎傳》：「魏齊大怒，使舍人笞擊雎，折脅摺齒，雎佯死，即卷以簀，置廁中，賓客飲者醉，更溺雎」，張守節「正

① 《呂氏春秋校釋》，學林出版社1984年版第1744頁。
② 參見劉玉堂：〈《神農》作者考辯〉，《中國農史》1984年第3期。
③ 參見何直剛：〈長沮桀溺解詁〉，《東嶽論叢》1985年第2期。

義」即云：「溺，古尿字。」因此，《論語》所言桀溺者，其實是路遇而不知其名，只看見其人正擔著尿在勞動，便籠統以「擔尿的人」（桀溺）稱之。幸得孔子周遊列國，在楚國田間走了一趟，親眼見到楚國的農夫耕作的情況，並記了下來，我們才得以知道，原來，文字記載最早使用人尿以肥田者，是為楚人。

到了戰國時代，楚人對於施肥更為重視，肥料的來源更為廣泛。楚蘭陵令荀子在所著書中一再進行介紹，這在先秦史籍中，並不多見。《荀子　富國》說：「掩地表畝，刺草殖穀，多糞肥田，是農夫眾庶之事也」，這是說，在翻地修好田埂、除草下種之後，施肥是最重要的工作，野草在土中腐爛可以作為肥料。荀子並不直接從事農耕，這當然是楚國農耕者在生產實踐中對於施肥的經驗總結。又《荀子　致士》說：「數落則糞本」，這是指落葉可以作肥料。對照《禮記　月令》篇所述的以草致肥的方法：「土潤辱（溽）暑，大雨時行，燒薙行水，利以殺草，如以熱湯，可以糞田疇，可以美土疆」，我們可知，這是把落葉如同割下的草一樣，或焚燒，或是用水灌上，使之腐爛，便可以作肥料，改良土壤。直到今天，農民在使用化肥的同時，仍不能不採用這種方法積農家肥。對於施肥之後，農作物產量成倍提高，荀子亦作了充分的估計，〈富國〉篇云：「田肥以易，則出實百倍……田瘠以穢，則出實不半」，十分精闢。楚國人民對這種積肥、施肥的重視，為提高農業產量創造了重要條件。在歐洲，要到第10世紀和第11世紀，才開始施肥，相形之下，楚國農業技術的進步，是不言而喻的。

第二節　選種

選種是保證農業產量的一個極為重要的環節，歷來受到勞動人

民的高度重視。《詩經》中就有很多關於農作物選種的記載,如《詩經　大雅　生民》中說:「種之黃茂」,意思是播種時要選擇色澤光亮美好的種子,才會長出好苗來。〈生民〉篇還說:「誕降嘉種,維秬維秠」,把「秬」、「秠」、「穈」、「芑」看做是「嘉種」,說明當時已有優良品種的概念。《詩經　魯頌　閟宮》:「黍稷重穋,稙稺菽麥」,《毛傳》說,「後熟曰重,先熟曰穋」,「先種曰稙,後種曰稺」,這種早熟、晚熟、早播、晚播的不同品種概念,反映了我國古代農作物選種技術的重要進展。楚國勞動人民,在長期的生產實踐中,也逐步認識到選擇「嘉種」的重要,在選種技術上總結了較為豐富的經驗,這種經驗,主要體現在傳為楚人亢倉子[1]所著的《亢倉子　農道》篇分別提出的六種農作物的良種標準:

表8-1　《亢倉子・農道》提出的良種標準

名稱	要求
粟（禾）	穗大、粟圓、糠薄、米秸而香、易舂。
黍	穗生芒、穗長、搏米、寡糠。
稻	莖葆（盛）、稠（附著穀粒的梗）長,穗如馬尾
麻（穈）	節疏、色陽（顏色鮮明）、臬（秸）堅本（根）小
菽（大豆）	足（開杈以下至地面之總幹）短,莖（開杈處以上）長,每排七莢,兩排枝多,數（多）節,莢葉（葉密而相莢）,繁實（結實多）,稱之重,食之息（食之使人氣順暢）
麥	稠（附著麥粒的梗）長,頸（穎,即莖）簇,二七以為行（兩行小穗,每行七個）,翼（麥粒外的穎殼）薄,色犨（黃）,食之使人肥且有力

在選種方法上,從《亢倉子》的上述標準看,當時已有株、穗、粒選。所謂「莖葆」、「節疏」、「臬堅」、「本小」、「足短」、「莖長」、「數節」、「頸簇」、「莢葉」等,意味著株選;所謂「穗大」、「穗不芒」、「穗長」、「穗如馬尾」、「稠長」等,意

---

① 關於亢倉子為楚人,《亢倉子》一書非偽書,另有專文論證,此處從略。

味著穗選；所謂「粟圓」、「搏米」、「繁實」、「稱之重」、「翼薄」、「色犉」，意味著粒選。

《亢倉子　農道》上述良種標準的記載，與戰國晚期的《呂氏春秋　審時》篇相比，內容大致相同而更簡略。不少文字，比《呂氏春秋　審時》更為準確。因此，不少注家注《呂氏春秋》時，常與《亢倉子　農道》對勘，以《亢倉子》校正《呂氏春秋》，正誤不少[①]，可見以上所列《亢倉子》反映出楚人的選種標準，當屬可信。

從古農書和其他歷史文獻的記載看，楚國之後，我國勞動人民發現穗選法等，最早還見於西元前一世紀的《氾勝之書》，北魏《齊民要術》裡關於人工選擇良種的記載更多。反映出我國不僅已形成了一套完整的選種和育種制度，而且還建立了相當先進的種子田制度。這些與楚國賴《亢倉子　農道》篇保存下來的選種方法一起，再結合《詩經》中反映出的西周時期選擇「嘉種」的片斷記載，可知我國對於農作物品種培育，源遠流長，積累有豐富的經驗，充分反映出，楚國古代勞動人民在栽培植物選種方面早已創造了輝煌的業績。

第三節　火耕水耨

這是楚國不同於原始墾荒式的刀耕火種作法於水田裡採取的一種較為先進的耕作方法。

楚國在種植水稻時實行「火耕水耨」的耕作方法，見於記載的有：

①　參見陳奇猷《呂氏春秋校釋》1782頁至1807頁對《呂氏春秋　審時》的注釋。該注釋詳徵博引各家注言，詳列各家依《亢倉子　農道》正《審時》之言，也有指出《亢倉子》之誤的，限於篇幅，此處不徵引。

楚越之地，地廣人稀，飯稻羹魚，或火耕而水耨[①]；

楚有江漢川澤山林之饒，江南地廣，或火耕水耨，民食魚稻，以漁獵山伐為業[②]；

江西良田，曠廢未久，火耕水耨，為功差易[③]；

江南之俗，火耕水耨，食魚與稻，以漁獵為業[④]。

這些記載，表明楚地確曾長期實行過「火耕水耨」的耕作方法。

「火耕水耨」的具體作法，東漢末年的應劭曾作過解釋：「燒草，下水種稻，草與稻並生，高七八寸，因悉芟去，復下水灌之，草死，獨稻長，所謂火耕水耨也。」[⑤]唐張守節也說「火耕水耨」是「言風草下種，苗生大而草生小，以水灌之，則草死而苗無損也。耨，除草也[⑥]」。

對於上述記載，有的學者認為，所謂「火耕水耨」，其特點在於「燒」、「耕」、「耨」相結合的連續生產過程，是南方早期水稻種植的兩個階段。「火耕」，是放火燒地，燒去野草和割稻後留下的禾稿，然後「耕之」，即翻土，這是備耕階段。「水耨」是水稻種植後的除草方法，這種除草方法有兩種，一是將雜草單獨除掉後，放水灌田，將除下的雜草漚爛腐化後作肥料，二是利用雜草生長慢於禾苗的特性，因勢利導，把水灌至雜草沒頂處，將雜草慢慢悶死[⑦]。

再看《周禮》中有關水田內除草的記載，也會有助於對這種「火耕水耨」耕作法的理解。《周禮　薙氏》中說：「薙氏，掌殺草。春

① 《史記　貨殖列傳》。

② 《漢書　地理志》。

③ 《晉書　食貨志》。

④ 《隋書　地理志下》。

⑤ 參見《史記　平准書》裴駰集解。

⑥ 參見《史記　貨殖列傳》張守節正義。

⑦ 參見黃展嶽：〈「火耕水耨」與楚國農業考〉，《中國農史》1985年第3期。

始生而萌之，夏日至而夷之，秋繩（孕）而芟之，冬日至而耜之。若欲其化也，則以水火變之」，意思是薙氏掌理除草，春天野草開始萌芽時，挖土去草，夏天用鐮刀於根莖處割草，秋天去掉含實的野草，冬天以耒耜伐土滅草。如果要除草的地方土質肥美，就要把除下的草用火焚燒，然後再灌水使其漚爛，這種「水火變之」的方法，與楚國的「火耕水耨」完全一致。此外，《周禮　稻人》中說：「稻人，掌稼下地……凡稼澤，夏以水殄草而芟夷之」，這種「以水殄草」法，實際也是「火耕水耨」。

對於水稻種植除草的方法敘述得較為詳盡的是北魏大農學家賈思勰的《齊民要術》：

苗長七、八寸，陳草復起，以鐮侵水芟之，草悉膿死。稻草漸長。復須薅。薅訖決去水，曝根令堅。量時水旱而溉之，將熟又去水，霜降穫之。……二月冰解地乾，燒而耕之，仍即下水……[1]

從賈思勰的記載中，我們則可知道，原來，「火耕水耨」，正是水稻種植過程中的除草良法，是勞動人民種植水稻經驗的總結。正如晉杜預所言：「諸欲修水田者，皆以火耕水耨為便。」先秦時期的楚國人民種植水稻便能採取這種方法，說明其稻作技術是十分成熟的。

第四節　輪作、復種、一年兩熟

輪作、復種是在一年一熟的基礎上逐步發展起來的。一年一熟制的缺點，在於春種作物自秋收後，地即空閒起來，留待來年春種，秋

---

[1] 《齊民要術　水稻第十一》，引自浙江人民出版社影印掃葉山房本《百子全書》。

收作物至來年夏收後地亦空閒起來，留待秋後再種。這兩種作物之間間隔好幾個月的時間，土地未被利用，是十分可惜的。春秋以前，人們遵守傳統習慣，對這種土地，儘管已經較為肥沃，仍然習於一年一熟，未想到如何改進，以後，只是在遇到較嚴重的災害等情況，迫使人們另思良策，利用各種農作物生長期的差別，輪作、復種的必要性才逐漸被人們所認識。例如，《左傳 莊公七年》記載：

　　秋（大水），無麥苗，不害嘉禾也。

　　對此，杜注：「今五月，周之秋，平地出水，深殺熟麥及五稼之苗」，「黍稷尚可更種，故曰不害嘉穀。」這是說，水災使麥苗遭受毀滅性的打擊，但水退之後，猶可以補種黍、稷，使人們的糧食來源不至斷絕，災害迫使人們從復種中找出路，趕快種上黍、稷，作為一種臨時應急措施。這樣經歷的次數多了，約到了戰國時期，人們就乾脆直接將不用生長期的作物進行輪作，將去年秋種、今年夏收之穀物，與今年夏種、秋收的作物連續種植，一旦都獲得好收成，比常年的收入增加一倍，當然令人歡喜，這就是《呂氏春秋 任地》篇所記的「今茲美禾（粟），來茲美麥」（今年豐收了美禾，接著又種麥，來年又豐收了美麥）的景象，這樣，雖然人較辛苦，土地的利用率則提高了一倍，農業生產的效率無疑是大大提高了。

　　以上所述的，是先秦時期各國農作物栽培的一般規律，這是隨著農業生產水準的逐步提高很自然地形成的。這種規律，在楚國的農業生產中體現得尤為明顯。

　　楚國約在戰國中期實行了輪作、復種制度，較為直接的依據，見於《楚辭 招魂》中「稻粢穱麥」的記載。東漢王逸注：「穱，擇也，擇麥中先熟者也」，宋洪興祖「補注」不同意王逸的解釋，指出「穱，音捉，稻處種麥也」。兩相比較，以洪興祖注為確。東漢張

衡《南都賦》中，在述及今河南省南陽一帶的農業景象時說：「冬稌（稻）夏稽，隨時代熟，其原野則有桑漆麻苧，菽麥稷黍，百穀蕃廡，翼翼與與」，也明顯是指在種稻時復種麥，這與《呂氏春秋·任地》「今茲美禾，來茲美麥」即種粟時復種麥的記載屬於同種類型，表明楚國其時農作水準大為提高。

復種的結果，直接形成農業的一年兩熟制，而先秦時明確反映出農業上存在一年兩熟制的，則又在楚國境內。一度為楚蘭陵令、晚年又在楚著書的荀子在《荀子·富國》篇中說：

今是土之生五穀也，人善治之，則畝數盆，一歲而再穫之。

這是先秦時唯一一條關於農作物一年兩熟的記載，其中意義之大，是不言而喻的，由輪作、復種到較普遍實行一年兩熟制，是農業逐步由粗放經營走向精耕細作的標誌。這樣做的結果，使耕作者的時間、土地、人力、畜力能夠充分利用，對整地、中耕、除草、施肥、排灌等提出了更高的要求。這是農業生產技術上的一個大的飛躍，可以說，從《荀子》記楚農作物「一歲而再穫之」之日起，楚國的農業科學技術就開始達到了一個新的高度。

第九章 農業產量的測定

第一節 楚畝——畛

研究楚國的糧食生產水準，就必然需要求得楚國糧食生產的畝產量，要做到這一點，就得先求出楚國每畝土地的面積。

楚國的畝制，沒有明確的記載，只有下列史料從側面給人以一定啟示：

（楚）威王問於莫敖子華曰，「自從先君文王，以至不穀之身，亦有為爵勸，不以祿勉，以憂社稷者乎？」莫敖子華對曰：「……昔者，葉公子高身獲於表薄，而財於柱國，定白公之禍，寧楚國之事，恢先君以揜方城之外……葉公子高食田六百畛，故彼崇其爵，豐其祿，以憂社稷者，葉公子高是也……」

「吳與楚戰於柏舉，三戰入郢，君王身出，大夫悉屬，百姓離散，蒙穀結鬥於宮唐之上，舍鬥奔郢，曰：『若有孤，楚國社稷其庶幾乎！』遂入大宮，負雞次之典，以浮於江，逃於雲夢之中。昭王反郢，五官失法，百姓昏亂，蒙穀獻典，五官得法」百姓大治。比蒙穀之功，多與存國相若，封之執珪，田六百

畛……」①

　　這是春秋晚期在楚國發生的兩件大事，楚王對有功之臣葉公子高和蒙穀賞賜有明確數量的田畝面積「六百畛」。之所以較詳細地引用這兩段史料，是因為這兩段史料告訴我們，楚國常以「畛」作為面積的計量單位②。

　　此「畛」字曾使史學界和考古界感到極大的困惑。仁者見仁，智者見智，各執一說。如果按《戰國策》的這兩條記載，當為楚國的畝積計算單位無疑。但歷來對「畛」的解釋五花八門，在未見考古資料之前，人們多將「畛」釋為田界或田間道路。如《左傳　定公四年》有「封畛土略」的記載，杜預注：「畛，塗所徑也」；《周禮　地官　遂人》記「十夫有溝，溝上有畛」，鄭注為「溝廣深各四尺，畛容大車」；《詩經　載芟》記「徂隰徂畛」，「箋」云「畛謂舊田有徑路者」；《莊子　齊物論》記「為是而有畛也」，注云：「畛謂封域或畛陌也」；又《楚辭　大招》記有「田邑千畛，人阜昌只」，王逸亦注：「畛，田上道也」；還有《說文》「畛，井田間百（陌）也」等等。

　　以上述這些解釋，來證《戰國策》所記楚國之「畛」，明顯不合。新中國成立以來，我國考古有兩處重要文物出土，使人們對「畛」字的理解有了深化。一處是1972年在山東臨沂出土的漢簡，其中有《孫子兵法》佚篇《吳問》，出現有「畛」字：

　　範，中行是（氏）制田，以八十步為畹，以百六十步為畛……〔智是（氏）制田，以九十步為畹，以百八十步為畛〕……韓、魏制

----

① 《戰國策　楚策　威王問於莫敖子華》。
② 《楚辭　大招》描述楚地「田邑千畛，人阜昌只」亦可證楚以「畛」為面積計算單位。

田，以百步為畹，以二百步為畛……趙是（氏）制田，以百廿步為畹，以二百卅步為畛……

　　黃盛璋指出：「畛」字整理小組原隸定為「呦（畞）」，注云：「呦，疑即『畮』字異體，今作畞。」[①]長沙馬王堆帛書《易說昭力》篇「四海」作「四勿」，可證「勿」聲與「每」聲可通。根據《吳問》中這兩個「畛」字寫法一致，而另有畞字作畮，同於《說文》「畮」字所收的另一篆文或體「畮，或從十、儿」，可知「畮」字都是「畛」，不是「畞」，……《吳問》以多少步為畛，實際上是指一畛的面積為多少步。

　　按照這種理解，「畛」便不再單指田間的道路或田界，而是如同今畞，是指一定的面積單位。

　　證實「畛」為一定面積單位的第二個考古發現是出土於四川青川的秦田律木牘，其中也出現有「畛」字。

　　……更修為田律，田廣一步，袤八則為畛。畞二畛，一百（陌）道。

　　對這段記載，有的學者仍從畛為田界的角度來理解，一直不得要領，如揚寬先生認為，這裡的「畛」是指一畞田兩端的小道，所謂「田廣一步，袤八則為畛」，是說「畛」寬一步，長八步。「陌道」是一畞田旁邊的道路，也就是畞與畞之間的道路，與「畛」垂直相交，使畞成為一塊長方形的田[②]。這樣理解，畛為寬一步長八步的畞兩邊的小道，以此來看《戰國策》中楚王賞賜貴族「六百畛」，僅為

---

① 黃盛璋：〈青川新出秦田律木牘及其相關問題〉，《文物》1982年第9期。
② 楊寬：〈釋青川秦牘的田畞制度〉，《文物》1982年第7期。

第九章　農業產量的測定

六百條小道，難以說通。以後，胡平生對青川秦墓木牘中的這段文字提出了新的見解，才使問題得到圓滿的解決。胡平生提出，青川秦墓木牘的這段文字應斷為「田廣一步，袤八則，為畛①」，而則，在這裡是一種度量標準，因為在安徽阜陽出土的西漢簡冊②中正有「冊步為則」的話，這樣一來，就弄清了「袤八則」便是指八個三十步，即二百四十步。由此，「畛」便與《孫子兵法 吳問》中所記的古田制「趙是（氏）制田，以二百冊步為畛」完全一致起來，無可辯駁地證實，「畛」實為楚國在春秋晚期楚昭王時的畝積單位，這種以二百四十步為畛的楚畝，與晉國趙氏大畝、秦國的大畝③是一樣的。

　　楚一「畛」土地的具體面積，根據考古發現的楚銅尺，是可以推知的。1933年，安徽壽縣楚王墓中曾出土一把銅尺，量得長度為22.50公釐，據《安徽省考古學會會刊》第七輯（1983年4月出版）記載，此銅尺現在尚藏於南京大學，陳夢家〈戰國度量衡略說〉④一文和梁方仲《中國歷代戶口、田地、田賦統計》第540頁「古今尺度的比較」第四欄曾作引證。以古時通行的「六尺為步」進行推算，楚「畛」（二百四十步）的面積和楚小畝⑤的面積當於表9-1所示。

---

① 胡平生：〈青川秦墓木牘（為田律）所反映的田畝制度〉，《文史》第十九輯。
② 〈阜陽雙古堆西漢汝陰侯墓發掘簡報〉，《文物》1978年第8期。
③ 《說文》：「秦以二百四十步為畝。」
④ 《考古》1964年第6期。
⑤ 楚也有「畝」的記載，見於《離騷》：「樹蕙之百畝」，此畝與畛同時出現於楚辭，當為不同的面積單位，既然「畛」以二百四十步為標準，則畝多以通行的「步百為畝」為標準。

表9-1　楚畝換算表 [1]

	寬	長	面積	今市畝	楚畝相當於今市畝	擴大600相當於今市畝
一畝（240步）	0.225公尺6尺=1.35公尺	0.225公尺6尺 240步=324公尺	1.35公尺324公尺=437.4㎡	666.7㎡	437.4 666.7=0.656市畝	0.656市畝600=393市畝
一小畝（100步）	0.225公尺6尺=1.35公尺	0.225公尺6尺 100步=135公尺	1.35公尺135公尺=182.25㎡		182.25 666.7=0.273市畝	0.273市畝600=162市畝

　　從此表中可以看出，按楚銅尺0.225公尺計算，《戰國策》中所記春秋晚期楚昭王欲賞給有功之臣的土地「六百畝」，實際相當於今393.6市畝。一「畝」面積為437.4平方公尺，合今0.656市畝。

　　鑒於目前史學界多以洛陽金村出土的戰國銅尺和商鞅量的實數0.23公尺為標準計算先秦畝積，按這個標準計算，楚「畝」（二百四十步）和楚小畝（一百步）的面積如表9-2：

表9-2　楚畝換算表

	寬	長	面積	今市畝	楚畝相當於今市畝	擴大600相當於今市畝
一畝（240步）	0.23公尺 6尺=1.38公尺	0.23公尺 6尺240步=331.2公尺	1.38 331.2公尺≈457㎡	666.7㎡	457 666.7=0.6855市畝	0.6855 600=411.3市畝
一小畝（100步）	0.23公尺60=1.38公尺	0.23公尺60 100步=138公尺	1.38公尺≈190㎡		190 167=0.2856市畝	0.2856 600=171.36市畝

　　從表9-2中可以看出，按通行的戰國銅尺0.23公尺來計算，《戰國策》中所記春秋晚期楚昭王欲賞賜有功之臣的土地「六百畝」，實際相當於今411.3市畝，一「畝」的面積為457平方公尺，合今0.6855市畝。

---

① 以1933年壽縣出土的長0.225公尺的楚銅尺為據。

楚畝的面積計量單位，除「畛」外，還有「畹」、「畝」諸名稱，見於〈離騷〉：

余既滋蘭之九畹兮，又樹蕙之百畝。

歷來對此「畹」字的解釋，也莫衷一是。有說為三十畝者，如《說文》：「畹，三十畝也」，《文選　魏都賦》注引班固曰：「畹，三十畝也」；有說為十二畝者，如王逸《楚辭集注》云：「十二畝為畹，或曰田之長為畹也。」其實，這兩種理解都不正確。前引臨沂漢簡《孫子兵法　吳問》篇佚文中，明確記載「畹」正是「畛」的一半。見表9-3。

表9-3　畛、畹面積比較表

	范、中行氏	智氏	韓、魏	趙氏
畛	百六十步	百八十步	二百步	二百卅步
畹	八十步	九十步	百步	百廿步
畹為畛的%	50%	50%	50%	50%

由此可知，屈原「滋蘭之九畹」，實為九畛的二分之一，按每尺0.23公尺的通行標準，一畛為0.6855市畝，表明屈原有約今3市畝的花園。而屈原「樹蕙之百畝」，按每尺0.23公尺的通行標準，一畝為0.2856市畝，表明屈原除了3市畝的花園外，還「樹蕙」28.56市畝。

第二節　楚量制

楚國單位面積的農業產量，是用量具來計算的，故欲知楚農作物

166

的產量，須先知楚國的量制。

從已知的文獻記載來看，楚國的量制有「升」、「斗」、「石」、「斛」等。例如：

「楚國之法，得伍胥者，賜粟五萬石，爵執珪。」（《史記　伍子胥列傳》）①

白公勝「大頭斛以出，輕斤兩以內（納）」。（《淮南子　人間》）

「積如倉粟，斗石以陳，升委（少）無失也」。（《鶡冠子　王鈇》）

從這些記載中，楚國的量制與中原各國比較，從名稱上來看，是大體一致的，同樣有升、石、斛諸名稱。檢索史籍，先秦時的量制除齊國採用四進位制外②，一般採用十進位制，即《說苑　辨物》所記的「十升為斗。十斗為石。」這一點，還可以從《周禮　考工》中得到證實。楚國的量制從陸續發現的量器實物來看，實際上也大體如此。

《考工記》早於《周禮》，不少人認為是齊國官書，劉洪濤撰〈《考工記》不是齊國官書〉③一文已力辯其非。《考工記》中有關製作量器的一段十分重要的文字，實為先秦時各國所通用：

---

① 又《呂氏春秋　異寶》：「荊國之法得五（伍）員者爵執珪，祿萬簷，金千鎰」，高誘注：「萬簷，萬石也」，與《史記　伍子胥列傳》的記載相同。

② 《左傳　昭公三年》載晏子曰：「齊舊四量，豆、區、釜、鍾，四升為豆，各自其四，以登於釜，釜十則鍾」，是實行四進位制。以後，「陳氏三量皆登（加）一焉，鍾乃大矣」，杜預注：「加一謂加舊量之一也，以五升為豆，五豆為區，五區为釜」，是為五進位制。又《管子　輕重丁》：「今齊西之粟釜百泉，則鏂（區）二十也；齊東之粟釜十泉，則鏂二泉也」，亦為五進位制。但《管子　海王》記：「鹽百升而釜」，則又為十進位制。

③ 載《自然科學史研究》1984年第3卷第4期。

栗氏為量，改煎金錫則不耗，不耗然後權之，權之然後準之，……量之以為鬴。深尺，內方尺而圜其外。其實一鬴，其臀一寸，其實一豆，其耳三寸，其實一升。

這段話的意思是，栗氏製造量器，更番煎煉金錫，直至精純而沒有雜質為止，然後稱出製造規定重量的金錫，用水測知它的體積是否合乎標準，然後量金汁入模中，所鑄成的鬴，深一尺，底為一方尺，口為圓形，它的容量是一鬴。下底深一寸，它的體積容量是一豆，兩側的鬴耳，深三寸，它的體積容量是一升。

按照這個量器上、下兩層的比例，「深一尺」者為鬴，「深一寸」者為豆，很顯然，是1鬴＝10豆。又根據鄭玄注「豆當為斗」，可知便是1鬴＝10斗。而豆（斗）與升的比例，因這段文字中的升，位於兩側的鬴耳，無可比較，我們還可以再從《考工記　梓人》中的有關記載中考求：

梓人為飲器，勺一升，爵一升，觚三升，獻以爵而酬以斛，一獻而三酬，則一豆矣。

這句話的意思是：梓人製作飲器，勺的容量為一升，爵的容量一升，觚的容量三升。爵用以獻，觚用以酬，獻一升，酬三斛則九升，相等於一豆（斗）了。這樣，歸納《考工記　栗氏》與《考工記　梓人》的這兩段記載，我們完全可以認定，先秦時通用的量制為十進位，即為：10升＝1斗（豆），10斗＝1鬴（石）[①]。這與漢代以來的

[①] 鬴為石，為斛。過去注家多以鬴相當六斗四升，如鄭玄《栗氏》注：「鬴，六斗四升也」，賈公彥疏云：「六斗四升曰鬴，因名此器為釜」，上文已證其皆誤。又因賈疏已明指鬴為釜，而1957年在山東膠縣靈山衛古城出土之齊「陳純釜」實測容量為20580毫升，「子禾子釜」容量20460毫升，均相當一石的容量，故知此處鬴與石相當。

十進位制是完全一致的。

　　楚國的量制與《考工記》中記載完全一致，也是採用十進位制，這從考古發掘出的數個楚量中得到證實。楚國的量器實物，就筆者所知，已陸續發現有如下7件，見表9-4。

表9-4　楚國量器出土情況表

編號	名稱	出土地點	出土情況	收藏單位	銘文	實測容積	1升折合毫升	資料出處
1	銅量	安徽鳳臺	表面稍有銹蝕，為標準量器	淮南市博物館	「楚□□陳郢□」	1125	225	胡悅謙〈試談安徽出土的楚國銅量〉，《中國考古學會第二次學會論文集》。
2	銅量	安徽鳳臺	殘破為口片，修復後量積數偏低	阜陽博物館	「郢大府之囗竻」	1110	222	上文，又見〈安徽鳳臺發現楚國郢大府銅量〉，《文物》1978年第5期。
3	銅量	安徽壽縣楚王墓	表面粗糙，未經修理，澆鑄合範痕跡尚存	安徽省博物館		1140	228	同上
4	銅量	安徽壽縣楚王墓		安徽省博物館		1200	240	殷滌非〈楚量小考〉，《古文字研究》第七輯。
5	小銅量	安徽壽縣楚王墓		安徽省博物館		216	216	胡悅謙〈試談安徽出土的楚國銅量〉，《中國考古學會第二次學會論文集》。
6	私官銅量	江蘇銅山小崖山		南京博物院	「楚私官，重一斤一兩十八銖」；「一斤一兩十二銖」	200	200	〈銅山小崖山西漢崖洞墓〉，《文物》1973年第4期。
7	銅量壺	江蘇盱眙	製作極其精美絕	南京博物院	「斟（容）一斚（斗）五絣（升）」	3000	200	姚遷〈江蘇盱眙南窰莊楚漢文物窖藏〉，《文物》1982年第11期。

第 1 号　淮南市博物館藏銅量

第 4 号（左）　第 5 号（右）
安徽省博物館藏楚銅量

第 6 号　楚私官銅量（高 6 釐米）

圖9-1　楚國出土的銅量

　　這些已出土的楚量，蘊含著極為豐富的內容，較好地彌補了文獻
中對先秦量制記載的不足之處。其中，最為重要的是，這些實物告訴
人們，楚國的量制中，「升」的容量為200毫升左右，與三晉、齊、
秦以至西漢時期出土量器中按銘文折合每升的實際容量大體一致，每
升均折合200毫升左右。比較如下：

表9-5　楚量與三晉、齊、秦量器容積對比表

單位：毫升

名稱		出土或收藏地點	容積	銘文	每升折合	平均	資料出處
楚量	銅量	安徽鳳臺	1125	「郢大府圌笊」	225		分別見表9-4
	銅量	安徽鳳臺	1110		222		
	銅量	安徽壽縣	1140		228		
	銅量	安徽壽縣	1200		240	218	
	小銅量	江蘇銅山	216	「楚私官……」	216		
	私官銅量	江蘇銅山	200	「一言（斗）五絊（升）」	200		
	銅量壺	江蘇盱眙	3000		200		
三晉量	少府盉	滬博物館	2325	「一斗一升」	211		轉引自揚寬《戰國史》228頁
	下官鍾	陝西咸陽	24600	「斛一斗一益少半益」	220		
	屏氏壺	滬博物館	6400	「三斗少半」	192	206	
	屏氏壺	滬博物館	6400	「三斗二升少升」	198		
	尹壺	滬博物館	8370	「四斗」	209		
齊量	陳純釜	山東膠縣	20580		205.8		國家計量局《中國古代度量衡圖集》
	子禾子釜	山東膠縣	20460		204.6	205.8	
	左關鈁	山東膠縣	2070		207		
秦量	陶制秦斗	湖北雲夢	2000		200		馬永源〈商鞅方升和戰國量制〉，《文物》1972年第6期
	下官鍾	湖北雲夢	15900	「十三斗一升」	198	198.5	
	商鞅方升	現藏京故	201	「為升」	201		
	秦始皇升	宮博物院	199.5		199.5		

　　從此表中可以明顯看出，先秦時期各諸侯國，隨著商品的交流、商品經濟的發展，其量制已逐漸趨向統一。楚國升的容量，大體一升200毫升強，與各諸侯國保持著驚人的一致，這對楚國與各諸侯國保持密切的經濟聯繫，無疑提供了一種極為便利的條件。

　　楚國的量制中，有一種計量單位為「笊」，是楚國所特有的名稱。在安徽鳳臺出土的楚銅量（現保存在安徽阜陽地區博物館）腹部銘文有「郢大府之圌笊」六字，「郢」指楚遷壽春的郢都，「大府」為國家的政府機構，「大府」之前冠一「郢」字，表明為楚國國家一級的財務機構。第5字因銹蝕模糊不清，不辨字形，設為「為」字。最後一字為器名，以殘存的筆劃辨別大體能夠辨認為「笊」字。「笊」從「竹」從「少」，為形聲字，「笊」與「筲」通。筲

第九章　農業產量的測定

為竹器，圓筒狀，正與此量器雖為銅質，仍仿竹器製作成竹筒狀相一致。據《說文》，䇠，「飯䇧也，受五升」，揚雄《方言》云：「筲（簬），南楚謂之䇠」，這又與壽縣楚王墓中出土的兩個銅量，大的（1140毫升）比小的（216毫升）大五倍相一致。由此可見，「䇞」為楚量器的一種名稱，其容積在1110毫升左右，相當於半斗、五升[1]。這種量制，與秦計算懲罰辦法時常用「半斗」為單位的習慣相一致[2]，也與齊田氏加舊量的四進制為五進制一致。出土的鄂君啟節用銅仿竹鑄行，剖而為五，《左傳　昭公二十三年》記楚司馬戌言「明其伍侯」，亦皆證楚常以五計數，與這種量制也是一致的[3]。

　　楚國的量制中，還有一種計量單位為「盆」，見於《荀子　富國》篇，全文如下：

　　今是土之生五穀也，人善治之，則畝數盆，一歲而再穫之，然後瓜桃棗李一本，數以盆鼓，然後葷菜百疏以澤量……

　　荀子其人，後為楚國的蘭陵令，晚年著書時居於楚地，所言多為楚地之事，故此處言「盆」「數以盆」（以盆為單位計算果物的數量）是為楚國的一種計量單位。《考工記　陶人》中言：「陶人為甀，實二鬴……盆實二鬴」，表明一盆相當於二鬴。一鬴的容積，前文引《考工記　㮚氏》中已經考訂為1鬴＝10斗，鬴相當於石、斛，則一盆相當於二十斗，亦即相當於二石、二斛。與這個結論相一致的是，1972年6月在江蘇省銅山縣小龜山西漢崖洞墓中出土楚私官量時，同時還出土了一件銅盆（已破），其上銘刻的容量是：「一石九

---

① 參見胡悅謙：〈試談安徽出土的楚國銅量〉，《中國考古學會第二次年會論文集》。
② 見《睡虎地秦墓竹簡　效律》：「半斗不正，少半升以上……貲（罰）各一盾。」
③ 尹滌非：〈楚量小考〉將此器的後兩字釋讀為「鬴均」（《古文字研究》第七輯），認為此器為楚國之斗，認為「楚制以六升為一斗」，「以六進乃楚人量制的一大特徵」，誤。

斗八升[①]」，僅差兩升即為二石，可能鑄造此盆時本以二石為目標，但鑄成後發現少兩升，故銘文記明。這有力地證實，盆的容量，正是兩石。

楚國的量制中，還有一種計量單位為「鼓」。《荀子 富國》在「畝數盆」之後又接著說：「然後瓜桃棗李一本，數以盆鼓」，意即以盆、鼓為單位對瓜桃棗李進行計量，說明鼓與盆一樣，都為計量單位，如同《左傳 昭公二十九年》記「遂賦晉國一鼓鐵以鑄刑鼎」，服虔注云：「鼓，量名也。」《禮記 曲禮上》亦有「獻糈操量鼓也」的記載，此處「鼓」顯然便是指一種量器。《管子 地數》篇記「武王立重泉之戍，令曰，民自有百鼓之粟者不行」，這裡的「百鼓之粟」，當也是指鼓為量器。實際上，鼓在先秦史，既為量器，又為衡器，一身而二任，不過在此我們只討論鼓作為量器的一面。一鼓的容積，前人有過記載，《禮記 曲禮上》「獻糈操量鼓」條下鄭氏注「容十二石者為鼓」；《管子 地數》篇「百鼓之粟」條下注云：「鼓，十二斛」；《廣雅 釋器》又云：「斛謂之鼓」，可見鼓是比盆容量更大的一種量器，它的容積是十二石。現在，將已知的楚國量制列表如下表：

表9-6　楚國量制表

名稱	相當石	相當升	折合毫升	資料依據
鼓	12石	1200升	240000毫升	《荀子 富國》「瓜桃棗李一本數以盆鼓」
盆	2石	200升	40000毫升	《荀子 富國》「人善治之，則畝數盆」
石、斛	1石	100升	20000毫升	《史記 伍子胥列傳》「得伍胥者，賜粟五萬石」
斗	0.1石	10升	2000毫升	《淮南子 人間》白公勝「大斗、斛以出」
筲	0.05石	5升	1000毫升	安徽鳳臺出土「郢大廥之囿筲」銅量
升	0.01石	1升	200毫升	《鶡冠子 王鈇》「升委無失」

① 南京博物院：〈銅山小龜山西漢崖洞墓〉，《文物》1973年第4期。

第三節　口糧標準

人口的口糧標準，是判斷當時農業水準的一個重要方面。由於有關楚國直接的口糧標準的記載極少，只能從先秦其他諸侯國的史料中推求。

宋國：反映先秦時的口糧標準的史料，最集中而詳盡的要數《墨子‧雜守》的下述記載：

斗食，終歲三十六石；參食，終歲二十四石；四食，終歲十八石；五食，終歲十四石四斗；六食，終歲十二石。斗食食五升，參食食參升小半，四食食二升半，五食食二升，六食食一升大半。日再食。救死之時，日二升者二十日，日三升者三十日，日四升者四十日，如是，而民免於九十日之（危）約矣。

這一段文字，總括不同等級的口糧標準，又將一年總計、每日標準、每餐標準、每月的標準都一一敘明，實為掌握先秦時期人們口糧標準的重要材料。為明晰起見，茲將《墨子‧雜守》的這段文字參照《墨子閑詁》的注解表列如下：

表9–7　《墨子‧雜守》所列口糧標準表

等級	年定量	每日定量（一日兩餐）	一餐定量	月定量
斗食	36石	一斗	五升	3石
參食	24石	六升大半	三升小半	2石
四食	18石	五升	二升半	1.5石
五食	14石4斗	四升	二升	1.2石
六食	12石	三升有奇	一升大半	1石
救死之時		四升（40天內）	二升	1.2石
		三升（30天內）	一升半	0.9石
		二升（20天內）	一升	0.6石

按墨子為宋人，宋國與楚緊相鄰，以後又大部被併入楚，墨子本人及其門徒與楚來往極密，其在《墨子》一書中記載的上述幾種標準，反映的當是宋、楚諸國普遍存在的情況。

　　由於我們今天習慣於以市斤、市兩來判斷農業產量及口糧水準，故此，有必要以粟為基礎，將《墨子　雜守》所言的口糧標準折算為今天的斤、兩。唐啟宇《中國農史稿》言「每石為135斤，即今石（100公斤）容粟（帶殼）135市斤①。據梁方仲《中國歷代戶口、田地、田賦統計》頁547所附〈關於後漢以前的量值〉表，先秦時一升合今0.2市升，則先秦之石為今石的五分之一，先秦之石容粟（帶殼）為135市斤　5＝27市斤。按《雲夢秦簡　倉律》「（粟一）石六斗大半斗，春之為糲（糲）米一石」的比例，則出米率為1石　1.666石＝60%，先秦一石所容27市斤。也就是1石＝16.2市斤糲米。按照這個標準，我們列出下表：

表9-8　《墨子‧雜守》中各級口糧標準與今日糧食定量換算表

斗食	年定量	月定量	日定量	餐定量（一日兩餐）
斗食	583市斤（36石）	48.6市斤（3石）	1.6市斤（1斗）	0.8市斤（五升）
參食	389市斤（24石）	32.4市斤（2石）	1.07市斤（六升大半）	0.53市斤（三升小半）
四食	292市斤（18石）	24.3市斤（1.5石）	0.81市斤（五升）	0.4市斤（二升半）
五食	233市斤（14石4斗）	19.4市斤（1.2石）	0.648市斤（四升）	0.32市斤（二升）
六食	194市斤（12石）	16.2市斤（1石）	0.54市斤（三升有奇）	0.27市斤（一升大半）

　　秦國：

　　居官府公食者，男子參（每餐三分之一斗），女子駟（每餐四分

①　又見張澤咸：〈略論我國封建時代的糧食生產〉，《中國史研究》1980年第3期。

之一斗）。（《雲夢秦簡　司空》）

隸臣妾垣及為它事與垣等者，食男子旦（早飯）半（斗）夕（晚飯）參（三分之一斗），女子參（三分之一斗）。（《雲夢秦簡　倉律》）

食飯囚（受饑餓懲罰的囚犯口糧），日少半升。（《雲夢秦簡　倉律》）

除上述所列之外，《雲夢秦簡　倉律》還有對一般從事勞動者按男女和所出勞動量；對其口糧分別作了不同的規定：

隸臣妾其從事公，隸臣月禾二石，隸妾一石半……其不從事，勿稟。小城旦，隸臣作者，月禾一石半石；未能作者，月禾一石。小妾、春作者，月禾一石二斗半斗；未能作者，月禾一石。嬰兒之毋（無）母者各半石；雖有母而為其母冗居公者，亦稟之，禾月半石。隸臣田者，以二月月稟二石半石，到九月盡而止其半石。春，月一石半石。

為便於比較，表列如下：

表9-9　《雲夢秦簡・倉律》對勞作者口糧標準的規定

人	工作量	月定量	二至九月各加發半石共加四石	一年累計
隸臣	從事公（為官府服役）	二石	四石	24+4=28石
隸妾	服役	一石半		18石
小城旦隸臣	築城	一石半石	四石	18+4=22石
	未築城	一石		12石
小隸妾	治米（春）	一石二斗半斗		15石
	未治米者	一石		12石
無母嬰兒		半石		6石

此外，《雲夢秦簡　倉律》中還有與《墨子　雜守》一樣的口糧

標準：「其守署（站崗）及為它事者，參食之」；「城旦舂，舂司司寇、白粲（女刑徒）操土攻（功），參食之」，屬於年24石的標準。按秦國的口糧標準，特別是《雲夢秦簡》中所記的口糧標準，與楚的實際口糧標準一定較為一致，因為竹簡出土地點為今湖北雲夢，此地在被秦改名以前，春秋以迄戰國中期，一直為楚的腹心地帶，而為秦服役的眾多人口中，又多是楚人，故此簡中所記，多為當地楚人的一般口糧標準，較之在這之前楚地未失時楚人的實際口糧，亦只會為低。當然，比起當時秦人的口糧標準，也只會更低。

齊國人口的口糧標準，在《管子》一書中常有論及。例如：

「大男（月）食四石⋯⋯大女（月）食三石，⋯⋯吾子（小孩）食二石。」（《管子　國蓄》）

「食民有率⋯⋯歲兼美惡，畝取一石，則人有三十石。」（《管子　禁藏》）

按《國蓄》的標準，大男則比《墨子　雜守》中的最高等級「斗食」還要高出33%，大女則相當於「斗食」之數，小孩則相當於「參食」之數，這是不可能的。而〈禁藏〉篇所言「人有三十石」即人均30石尚不夠食用，還要「果蓏素食當十石，糠秕六畜當十石[1]」，共湊成50石才夠食用，大大超出李悝所言的每年人均口糧18石之數，這顯然也是不正常的。幸而甘肅出土的居延漢簡明確記載在齊國有大石小石之別，啟示我們《管子》所言之「石」其實是小石：

入糜小石十二石為大石七石二斗。（簡號一四四三）
凡出谷小石十五石為大石九石。（簡號八五八）

---

① 《管子　禁藏》。

這兩條簡文都見於《居延漢簡甲編》，大、小石的比例約為5：3，小石為大石的60%。據此，再看《管子　國蓄》中所言大男、大女、吾子（小孩）的口糧標準，則分別只為每月2.4石、1.8石、1.2石，大男只比《墨子　雜守》的「參食」標準略高，大女只相當於「四食」標準，與秦隸妾相同，小孩則相當「五食」標準，低於李悝所言的人均18石即「四食」的標準，同時，〈禁藏〉篇「人有三十石」，30小石正合18大石，與李悝所言正好一致。

新中國成立後，在山東臨沂銀雀山出土的一大批竹簡中，亦有不少反映出齊國人口的口糧標準。如銀雀山竹簡《王法》提出，從每年十月（歲末）計算，第二年每家的口糧人均達不到七石九斗者，「親死不得含」（即口中含一種珠、玉、貝等物），這七石九斗大約是人均半年度過青黃不接時的口糧，一年則為人均十五石八斗，約相當《墨子　雜守》中的「四食」（年18石）與「五食」（年14石4斗）之間，是最低的限額。

銀雀山竹簡《田法》還規定：「粟九升，上為之出日大半升，以為卅日之休□……醪。卒歲大息，上予之十人而一斗肉，使相食之。酒食自因其所……先大息五日，上使民之壯者，吏將以邀（獵），以便戎事，及助大息之費。」這段是說齊軍士口糧標準。有人指出「粟九升」前有缺文，疑即日食粟九升 [1]。若此說不誤，則月食當為二石七斗，此處石當為大石。這個標準，在《墨子　雜守》所言「斗食」（月食三石）與「參食」（月食二石）之間，當然不夠。「上為之出日大半升」，是說官府給予兵士的補貼，「以為卅日之休」，指每天的補貼在三十日之休時集中使用。如此，以三百六十日計，日大半升（三分之二升）則為一年二石四斗，此外再不夠，則由圍獵解決，即「助大息（五日）之費」，按這個標準計算下來，則齊軍士一年的口

---

① 楊作龍：〈銀雀山竹簡〈田法〉芻議〉，《洛陽師專學報》1987年第1期。

糧為（2.7 12月）+（0.666升 360天）+圍獵補五日之費，則為34.8石加圍獵所得，約相當《墨子 雜守》中「斗食」（年36石）的標準了。

魏國《漢書 食貨志》系統記載了魏國李悝的經濟言論，其中一段涉及到魏國的人均口糧標準：

今一夫治田百畝。歲收畝一石半，除什一之稅五石，食五人，終歲為粟（口糧）九十石。

以這種標準計算，魏國的年人均口糧為90石 5人＝18石。這個標準，相當於《墨子 雜守》中所記的「四食」（年18石，月1.5石），而「四食」，正是《墨子》所言的各等級口糧的平均水準，故李悝所言的人均口糧標準，較為準確。

下面，將宋、秦、齊、魏四國通行的口糧標準比較如下：

表9-10　宋、秦、齊、魏口糧標準比較表

等級	宋		秦	齊	魏
	標準		折合今市斤	標準	標準
年定量 斗食 參食 四食 五食 六食	36石 24石 18石 14.4石 12石	583斤 389斤 292斤 233斤 194斤 97.2斤	28石（隸臣「月禾二石」，2至9月加發4石） 24石（男子參） 22石（小城旦、隸臣月一石半）（女子駒） 15石（舂者月一石二斗半升） 12石（未作未舂者月一石）（食囚日少半斗） 6石	29.8石（大男月食四小石） 21.6石（大女月食三小石） 18石（人年有三十小石） 14.4石（小孩）	18石 （人均留口糧）
月定量 斗食 參食 四食 五食 六食	3石 2石 1.5石 1.2石 1石	48.6斤 32.4斤 24.3斤 19.4斤 16.2斤 8.1斤	2石（隸臣「月禾二石」）（男子參） 1.5石（隸妾月禾一石半石女子駒小城旦隸臣） 1.25石（舂者月一石二斗半升） 1石（未作、未舂者月一石）（食囚日少半斗） 0.5石（無母嬰兒月半石）	2.4石（「大男食四小石」） 1.8石（「大女食三小石」） 1.5石（「人有三十小石」） 1.2石（「吾子食二小石」）	1.5石 （人均留糧）

续表					
等級	宋	秦		齊	魏
	標準	折合今市斤		標準	標準
日定量 斗食 參食 四食 五食 六食	一斗 六升大半 五升 四升 三升有奇 一升大半	16斤 1.07斤 0.81斤 0.648斤 0.54斤 0.27斤	（男子參）（隸臣「月禾二石」） （小城旦、隸臣曰一石半） （女子駒） （隸妾月一石半） （未作、未舂者，「食囚日少半斗」） （無母嬰兒）	八升（大男） 六升（大女） 五升（人均） 四升（小孩）	五升（人均留糧）
餐定量日兩餐 斗食 參食 四食 五食 六食	五升 三升 小半 二升半 二升 一升大半 0.8升	0.8升 0.8斤 0.53斤 0.4斤 0.32斤 0.27斤 0.13斤	（隸臣） （男子參）（小城旦、隸臣） （女子駒）（隸妾）舂者 （隸妾月一石半） （未作、未舂者，「食囚日少半斗」） （無母嬰兒）	四升（大男） 三升（大女） 二升半（人均） 二升（小孩）	二升半（人均留糧）
出處	《墨子 雜守》	《睡虎地秦墓竹簡》		《管子》、《銀雀山竹簡》	《漢書 食貨志》

從表9−10所列，我們基本可以對先秦時期人們口糧消耗情況大體做到心中有數。本節前文在述及《墨子 雜守》和《雲夢秦簡》中的口糧標準時已經指出，墨子為宋人，宋以後大部分為楚所併，且墨子本人及其門徒與楚來往甚密；雲夢秦簡的出土地點正是楚國的腹心地帶，是秦人占領時間不長的楚地，故這兩處記載中反映的糧食消耗情況在很大程度上是楚人的實際消耗水準，再加上齊、魏的口糧標準通過換算，亦大體與《墨子 雜守》、《雲夢秦簡》所列的一致，反映出這種標準在先秦時期帶有很大的普遍性，故楚人的口糧消耗，一定不會超出表9−10所列的範圍。具體來說，楚人當年每月的糧食定量，按今天習慣的市斤來折算，大約是男壯勞力，兵士每月48市斤以上，小孩每月16市斤以上。這個標準，即使在今天，也是大致可行。何況先秦時期食物來源豐富，如果不夠，每年還可以「果蓏素食當十石，

糠秕六畜當十石」。在本書第七章介紹楚國豐富的物產時，可以知道這些物產對糧食的消耗能起到補充作用，故上述楚國人口的消耗標準，是大體可信的。

推求到楚國的糧食水準，我們便可以對當時楚國的糧食生產水準所達到的程度大體知曉。因為下一節所述楚國的糧食儲備，極為充足，這就是說，楚國人民通過在農田上的辛勤耕作，一年所產的糧食，除滿足自身的口糧消耗外，還有很多剩餘供儲存，經得起災荒和戰爭的嚴峻考驗。發達的農業，促成楚國國力日益強盛，也就是必然的了。

第四節　糧食儲存

糧食儲存是衡量一個國家農業生產水準的重要標誌。在先秦時期，各國的統治者都高度重視糧食儲存，把這項工作視為關係到國家生死存亡的大事。儲存糧食的目的極為明確：備災、備戰。基於此，當時對糧食擁有的數量，是以全國人口一年所消耗的口糧總額稱之為「一年」作為計算單位來進行計算的。各種文獻中所反映出的先秦時期通行的儲糧標準均較為一致：

國無九年之蓄曰不足，無六年之蓄曰急，無三年之蓄曰國非其國也。（《禮記　王制》）

歲藏三分，十年則必有三年之餘。（《管子　乘馬數》）

一人稟食，十人得餘，十人稟食，百人得餘；百人稟食，千人得

---

① 《管子　禁藏》。

餘。（《管子　國蓄》）

使萬室之都必有萬鍾之藏，藏繦千萬，使千室之都必有千鍾之藏，藏繦百萬。（《管子　國蓄》）

夫天地之大計，三年耕而餘一年之食，率九年而有三年之蓄，十八年而有六年之積，二十七年而有九年之儲，雖澇旱災之殃，民莫困窮流亡也。故國無九年之蓄，謂之不足，無六年之積，謂之憫急，無三年之蓄，謂之窮乏。（《淮南子　主術》）

從上述記載中，可以看到，先秦時期對糧食儲存的一般要求是：工作三年，必須有一年的餘糧囤起來。這種要求對農業生產來說，當然是有一定難度的，如果農業生產一年收穫時，得到的糧食僅能維持全部人口全年的食用之需，會被視為不可思議，從這裡可見先秦時期的糧食水準，就當時的消耗量而言，是不低的。《國語　越語》記載勾踐發憤圖強，「十年不收於國，民居有三年之食」，如此努力，也只達到通行的儲糧標準，可見先秦時要求的儲存量頗高。《戰國策　楚策一》記蘇秦說楚威王「地方五千里……粟支十年」，按上述通行標準，才算剛合乎要求，如按三年才能積一年糧的通行速度，則需三十年的積累。事實上，「粟支十年」是十分難得的，因為有的諸侯國連一年也未能支。

《春秋　莊公二十八年》記載魯國「大無麥、禾（黍、稷等），臧孫辰告糴於齊」，即魯國受災僅一年，由於沒有糧食儲備，不得不向鄰國齊國買糧。這當然違反了當時一般通行的儲糧要求，故此，《春秋》記下這件事時只使用了一個「糴」字，《公羊傳》認為這是孔子譏諷魯國沒有糧食儲備之事：

告糴者何？請糴也。何以不稱使？以為臧孫辰之私行也。曷為以臧孫辰之私行？君子之為國也，必有三年之委。一年不熟，告

糴，譏也。

《穀梁傳》評論此事時也說：

國無三年之蓄曰國非其國也。一年不升，告糴諸侯。告，請也，
糴，糴也，不正。故舉臧孫辰，以為私行也。國無九年之蓄曰不足，
無六年之蓄曰急，無三年之蓄曰國非其國也。諸侯無粟，諸侯相歸
粟，正也。臧孫辰告糴於齊，告，然後與之，言內之無外交也。古者
稅什一，豐年補敗，不外求而上下皆足也。雖累凶年，民弗病也。一
年不艾而百姓饑，君子非之。

魯國遭災一年便買糧度荒，遭到如此強烈的非議，可見糧食儲
存，確實關係重大。根本原因，是當時魯國的農業生產水準不高，這
當然是毫無疑問的。

與魯國形成鮮明對比，楚國的糧食儲存一向頗為雄厚，足以應付
各種災荒和累年的戰爭，這是楚國農業生產水準達到較高水準的重要
體現。

早在春秋中期，楚莊王剛剛即位之時，楚國面臨一場內亂，楚國
主要軍隊正在東線與群舒激烈交戰之時，郢都內的貴族趁楚莊王幼弱
發難，挾持莊王外逃。這場大內亂，好不容易平息，楚國卻又遇到了
特大災害，同時外患也趁機接踵而至，《左傳　文公十六年》記這時
楚國到了生死存亡的緊急關頭：

楚大饑，戎伐其西南，至於阜山[1]，師於大林。又伐其東南，至

---

[1]　阜山：今湖北房縣南一百五十里。

於陽丘，以侵訾枝 [①]，庸人帥群蠻以叛楚，麇人率百濮聚於選 [②]，將伐楚。於是申息之北門不啟，楚人謀徙於阪高 [③]。

這種嚴峻的局面，直接起因於「楚大饑」產生的連鎖反應，正如蒍賈所分析的：「夫麇與百濮，謂我饑不能師，故伐我也。」這種情況，如果發生在魯國，即使沒有外患，恐怕也得四處告糴買糧，然而在有著豐富糧食儲備的楚國，卻能夠成功地戰勝這場災難，最有力的法寶是「振廩同食」，杜預注：「廩，倉也。同食，上下無異饌也」，也就是打開了糧倉，不分官兵都可以飽餐，這樣，不僅軍隊未「饑不能師」，反而愈戰愈猛，最後，在秦軍、巴軍的配合下，一舉滅掉了西北方的勁敵庸國，一場滅國之禍，終於化險為夷。在當時，如果楚國倉裡無糧，無法「振廩」，那麼，楚國軍隊能否出師應戰，便大有疑問，當然更不可能設想能夠一鼓作氣滅掉庸國了。可以說，在這場保衛戰中，楚國充足的糧食儲備，起到了決定性的作用。這件事告訴我們，楚國在遇到「大饑」的情況下，不僅能夠保證正常的消耗，而且還能夠維持較大規模的戰爭，按照《管子　參患》關於戰爭期間耗用糧食的標準：「一期之師，十年之蓄積殫」，楚國糧倉在楚莊王三年時同時承擔起「大饑」和大規模保衛戰的巨額支出，其儲存量當然是十分驚人的。

楚國儲存糧食的倉庫，屬國家一級的，文獻記載有「高府」之處。《淮南子　泰族》記「（吳）闔閭伐楚，五戰入郢，燒高府之粟」，可知「高府」是楚郢都內的一個大型糧倉。這個大型糧倉，在春秋末期白公勝之亂時，一度成為事件的中心地點，原因是白公勝作亂時將「高府」作為囚禁楚惠王的地方：

---

① 訾枝：楚國的都邑，在今湖北枝江。
② 選：在今湖北枝江境內。
③ 阪高：今湖北當陽東北二十里之長阪，也有人認為泛指險要的山地。

白公勝與石乞襲殺楚令尹子西、司馬子綦於朝。石乞曰：「不殺王，不可。」乃劫王如高府。①

　　白公勝劫惠王，置之高府。②

　　白公勝將楚惠王藏至高府，高府自然成了惠王保護者們攻擊的主要目標，故白公勝的心腹石乞再三勸白公勝燒掉高府中的糧食，連同惠王一併燒死。白公勝不同意。《左傳　哀公十六年》記載了他們的對話：

　　石乞曰：「焚庫（高府）弒王，不然不濟。」白公曰：「不可，弒王不祥，焚庫無聚，將何以守矣？」乞曰：「有楚國而治其民，以敬事神，可以得祥，且有聚矣，何患？」（白公勝）弗從。

　　這段記載，反映出對高府燒還是不燒，二人意見不一，白公勝擔心燒了高府，就沒有糧食，「焚庫無聚」，無法守下去，表明郢都內的糧食都集中在高府，而石乞的看法是，只要殺了惠王，取得了政權，並得到承認，仍將「有聚」，意即可以從郢都高府之外的糧倉調糧食來，故爾沒有什麼可顧慮的。從石乞的話中，可以想見，在楚國，除了郢都內的高府為集中存糧之所外，其他地方的糧倉甚多，故即使燒掉了高府，也沒有關係。

　　在戰國楚宣王時期，文獻記載楚國境內還曾發生過一起糧倉縱火案，楚令尹昭奚恤③是個斷案能手，很快對案情作了判斷：

　　昭奚恤之用荊也，有燒倉廥窌者，而不知其人，昭奚恤令吏執販

---

① 《史記　伍子胥列傳》
② 《史記　楚世家》，又見《七國考　楚宮室　高府》條。
③ 陳奇猷：《韓非子集釋》594頁，注文：「尹桐陽曰：昭姓，奚恤名，楚宣王時為令尹。」

茅者而問之，果燒（者）也。[1]

這個記載，未說明縱火地點，據文意分析，大約是在楚都之外的某一個小型糧倉。此外，《越絕書》卷二還記載：「吳兩倉，春申君所造。西倉名曰均輸，東倉週一里八步，後燒」，這也是楚都城之外的糧倉。由此可見，楚國的糧倉分布於多處，大小不等。

近年來，通過考古工作者的辛勤勞動，終於使楚國的大型糧倉遺址得到了發現，地點在江西新淦縣內，戰國時在楚的轄境內。有關方面對這個糧倉作了詳細的報導[2]：

鄱陽湖——贛江流域成了南方吳、楚等國重要的糧食產區。1975年新淦縣界埠袁家村贛江邊上發現兩座大型戰國糧倉就是有力證據。糧倉平面呈長方形，長61.5公尺，寬11公尺，坐東朝西。從大量的瓦片和柱洞判斷，這是一座土木結構的房子，屋頂鋪瓦。倉內地面開了四條平行的縱溝，寬深約0.5公尺，長61公尺，各溝相距1.4公尺左右。在各溝之間又開了很多小橫溝，寬、深0.2公尺，長1.4公尺，橫溝距一公尺左右。糧倉地面縱橫開溝的目的，顯然是為了加強室內地下空氣的流通，防止米穀受潮發黴，符合科學原理。這是兩千四百年前勞動人民在保管收藏方面的一項重要創造發明。倉內到處堆積有被燒成炭末的米粒，其堆積厚度為0.3～1.2公尺，其中有一部分保持較完整的形狀，經原江西共大總校鑒定為粳米。

對於這個重大發現，有人指出，這是「我國已發現的古代最大糧倉[3]」，足證楚國的糧食儲備，在當時是首屈一指的。

---

① 《韓非子·內儲說下》。
② 彭適凡：〈江西先秦農業考古概述〉，《農業考古》1985年第2期。
③ 見彭邦炯、謝齊：《戰國史話》第21頁，中國青年出版社1982年版。

除江西新淦縣楚糧倉外，在紀南城陳家臺的考古發掘中，亦發現有小型糧倉。在「臺子西部發掘的範圍內，在第三層堆積中，共發現五處被火燒過的稻米（炭化米）遺跡，其中四處在臺基之上，靠整個臺基的西北角；一處在臺基南部的水溝填土中……根據炭化米周圍的其他現象分析，臺基西半部分，可能是當時作坊存放糧食的地方，後因火燒毀[1]」。此外在20世紀60年代初，天津市文化局文物組收集到一楚鼎，高23.4公釐，口徑20.2公釐，蓋邊緣刻銘文兩行，共七字，陳邦懷釋前四字為「壽春倉莧」，認為倉是壽春積穀倉，莧是倉官之名。此鼎口沿亦有銘刻，僅餘兩字，據銘文，疑為壽縣李三孤堆楚王墓流散遺物[2]。如果這個考釋不誤，則又證實楚在戰國晚期遷都壽春之後，同樣依舊制在城內設置糧倉。楚國統治者對於糧食儲存之重視，可見一斑。楚國的農業水準之高，在應付日常消耗之外，尚有大量盈餘以供儲存，亦可概見。

第五節　農作物產量推測

楚國農作物的產量，較明確的記載，只有《荀子　富國》篇的這樣一段話：

今是土之生五穀也，人善治之，則畝數盆……

這就是說，楚國的畝產量，如果耕作得好，「善治之」的話，可以達到「數盆」之多。一盆究竟有多少？在本章第二節「量制」中

---

① 　湖北省博物館：《楚都紀南城考古資料彙編》第68~69頁。
② 　〈天津市新收集的商周青銅器〉，《文物》1964年第9期。

第九章　農業產量的測定

已作過研究，結論是盆為楚量制，容量為二石（斛），相當今40000毫升，本章第三節「口糧標準」中，又以粟（去殼）為基準，將先秦是「石」折算為今天的市斤，其中「二石」相當於「參食」月定量標準，折合粟（糯米）32.4市斤，再按《雲夢秦簡　倉律》「（粟一）石六斗大半斗，舂之為糲（糯）米一石」的比例推算為粟（帶殼），則32.4市斤　1.66＝54市斤/楚畝，也就是說，楚畝產如果最低為「一盆」的話，則是畝產粟約54市斤。按此處《荀子》言畝來言畛，此畝當係百步為畝的小畝，本章第一節「楚畝──畛」中，已求得楚小畝（以通行的0.23公尺戰國銅尺為據）相當於今市畝的0.2856，則最低的畝產一盆約54市斤粟，折算成今市畝的畝產量為54市斤　0.2856＝189市斤/市畝，依此類推，如果楚畝畝產「數盆」意味著二盆、三盆、四盆……乃至九盆（粟），折合成今市畝粟產量如下表，同時也按每石可容稻穀30市斤的比例 [1]，折算出今市畝的稻穀產量：

表9–11　《荀子·富國》中「畝數盆」粟、稻穀產量相當今日畝產折算表

產量	相當楚量	容粟（糯米）市斤	折合帶殼粟市斤	楚小畝相當今畝	折合今市畝產粟（帶殼）市斤/市畝	容帶殼稻穀市斤	折合今市畝產稻穀（帶殼）市斤/市畝
一盆	2石	32.4	54		189 市斤／市畝	60	120 市斤／市畝
二盆	4石	64.8	108		376.6 市斤／市畝	120	240 市斤／市畝
三盆	6石	97.2	162		564.9 市斤／市畝	180	630 市斤／市畝
四盆	8石	129.6	216		753.2 市斤／市畝	240	840 市斤／市畝
五盆	10石	162	270	0.2856	941.5 市斤／市畝	300	1050 市斤／市畝
六盆	12石	194.4	324		1129.8 市斤／市畝	360	1260 市斤／市畝
七盆	14石	226.8	378		1318 市斤／市畝	420	1470 市斤／市畝
八盆	16石	259.2	432		1506.4 市斤／市畝	480	1680 市斤／市畝
九盆	18石	291.6	486		1694.7 市斤／市畝	540	1890 市斤／市畝

---

[1]　參見張澤咸等：〈略論我國封建時代的糧食生產〉，《中國史研究》1983年第3期。

按表9-11所列，「數盆」最高數九盆，相當於今日畝產粟1694市斤，畝產稻1890市斤，這是絕對不可能的。即使是「三盆」（630市斤/市畝），也難以達到。根據各種情況分析，我們認為，楚國的糧食畝產量，在經營得好、土地肥沃的情況下，一般只會在二盆（420斤）左右，對此，我們可以從楚國的下種量按一定比例求出畝產量來進一步證實。

　　由於史籍難稽，楚國農耕者對下種量的掌握需通過其他史料進行推定。下種，首先便遇到按畝或畛的面積該下多少數量種了的問題，少了不夠，出苗稀疏，多了浪費，出苗太密，掌握好這個比例，顯然很不容易，需要在長期的實踐中加以摸索。《呂氏春秋 辨土》篇提出了這個問題[①]，卻沒有規定具體的比例。目前，較能說明楚人在掌握下種數量方面有豐富經驗的史料，要算雲夢睡虎地出土的秦簡了。這批秦簡出土於楚腹心地帶，反映的是戰國晚年到秦始皇時期，當地被秦人占領的時間並不長，且「楚俗不改」，故其中所述農業之事，很大程度是當地楚人農耕經驗的結晶。《睡虎地秦墓竹簡 倉律》中對下種量有一段極為科學的敘述：

　　種：稻、麻畝用二斗大半斗，禾、麥畝一斗，黍、荅畝大半斗，叔（菽）畝半斗。利田疇，其有不盡此數者，可殹（也）。其有本者，稱議種之。

　　這段重要記載，用今天的話來理解是：「種子，稻、麻每畝用二又三分之二斗；穀子、麥子每畝一斗；黍子、小豆每畝三分之二斗；大豆每畝半斗。如是良田，用不到這樣數量，也是可以的，如田中已有作物，可酌情播種。」這段記載對下種量規定得如此明白具體，確

―――――――――

① 《呂氏春秋 辨土》：「慎其種，勿使數，亦無使疏於其施土，無使不足，亦無使有餘。」

實難得。

這個下種量是否科學，不妨按此比例折算成今畝的下種量，則可知曉。

在第一節中，我們對楚國的畝積予以了測定，根據這些資料，則楚畝「一畛」按楚尺0.225公尺計算等於今0.6855市畝，以通行的0.23公尺的戰國銅尺計算，則相當於今0.6855市畝，按楚畝一畛與秦畝均為240步，故楚畝實際與秦畝完全相同。在本章第二節「量制」中，又考得楚、秦量制亦大體相同，這樣，可以按今天的市斤、市畝測算楚國當年的下種量。若以稻為例，「畝用二斗大半斗」，則楚（秦）畝一畝用二又三分之二斗，即2.666斗，仍按每斗可容米3市斤的標準，則2.666斗 3市斤＝7.998市斤，按表9-2楚「畛」（亦秦畝）相當於今0.6855市畝，則7.998市斤 0.6855≈11.667市斤，也就是說，當年楚人稻種的下種量，相當於今天每市畝下種11.667市斤。按克木人計算稻穀收穫量的好壞習慣於以稻種的倍數來衡量，「上等地產量為籽種的二十倍，下等地產量為籽種的十倍，一般土地產量為籽種的十五倍[1]」，照這個標準來看，則楚國的稻產量上等地相當於今每市畝332斤，下等地每市畝僅116斤，一般土地產量250市斤左右。這個數字，少於《荀子 富國》所言二盆420市斤，但荀子所言是「善治之」即經營得特別好的情況下的產量，應該高一些，由此，我們可以大致認定，楚國糧食作物產量，在土地肥沃的地方，如果經營得好，畝產量將可達到「二盆」，約相當於今市畝產稻穀420市斤左右的水準。這個產量，可證之以離楚滅亡時代不久楚舊地江陵鳳凰山167號西漢墓出土的「據推算畝產可達500多斤[2]」的稻穗，此稻穗既下葬，當是特意挑選的特別肥碩者，加之漢代生產力較楚有較大的進

---

[1] 顏思久：〈克木人的村社和氏族制遺址初探〉，《雲南社會科學》1983年第1期。

[2] 林奇：〈楚墓中出土的植物、果實小議〉，提交沙市1987年兩湖（湖北、湖南）楚史討論會論文（列印稿）。

步，故楚產量只會比此稻穗所反映的畝產量為小，故定在二盆（420市斤/市畝）是適宜的。此外，推測荀子所言的一般產量為一盆（210市斤/市畝），這個產量仍比一些少數民族的農產量為高。如生活在新疆西南的塔吉克族人1913年青稞、豌豆等作物平均畝產僅109.7市斤[1]，生活在怒江地區的傈僳族人新中國成立前包穀平均畝產僅150市斤，水稻最低畝產僅80市斤[2]，生活在海南島的黎族人，1954年前後水稻最低產量僅50市斤左右[3]。不過，在不施肥、不除草的情況下，傈僳族水稻的最高產量亦可達到200市斤[4]，黎族水稻上等田地可達到200市斤左右[5]，則與楚「一盆」的畝產量大致相當。這些，都充分證實了我們上述對楚國畝產量的推測。

① 《塔吉克族簡史》，新疆人民出版社1982年版第21頁。
② 《傈僳族簡史》，雲南人民出版社1983年版第90頁。
③ 《黎族簡史》，廣東人民出版社1982年版第153頁。
④ 《傈僳族簡史》，雲南人民出版社1983年版第90頁。
⑤ 《黎族簡史》，廣東人民出版社1982年版第153頁。

第十章　楚國的農業勞動者——野人

　　在先秦史研究中，人們一般都肯定國野制度的存在，並對國野制下出現的各種社會現象進行探索。其中，又以對「國人」的研究為熱點，而對居於最廣大地域的「野地」、擁有人口的絕大多數、政治經濟地位同樣重要的「野人」，則注意得很不夠。見於典籍和注家中有關「野人」的零星記載，有關野地的社會情況均甚為模糊。「野人」給予人們的印象，只是一些無知的群氓①，根本不配居於人類社會發展史的殿堂。筆者認為這是整個先秦史研究中的薄弱環節。有感於此，本文試圖從剖析楚國野地的社會情況入手，求得對先秦社會各階層有一個深入的了解，並希圖通過這種探索，對認識整個先秦社會性質開闢一個新的途徑。

---

① 如《儀禮　喪服》記：「禽獸知母而不知父。野人曰，父母何算焉。」唐賈公彥疏謂此是說野人「不知分別為父母尊卑也」。又如《禮記　哀公問》記：「子曰：敬而不同禮謂之野」，唐孔穎達疏：「野謂鄙野，雖有恭敬而不合理，是謂鄙野之人無所知也。」故此，先秦「野人」又榮膺各種侮辱性的代稱——「甿」、「氓」、「萌」、「賓萌」等，如《周禮　地官　遂人》：「以下劑致甿，以田裡安甿」，注云：「變民言甿異外內也，甿，猶懵懵無知貌也」，《一切經音義》云：「萌，古文氓」，《漢書　劉向傳》顏注云：「萌與甿同，無知之兒」，等等。

第一節　「野人」芻議

「野人」得名之始，顧名思義，指居於野地之人。

先秦時期，在野地居住、生息的野人是一個十分活躍的社會階層。《史記　秦本紀》記載了一個十分著名的事例：

（秦）與晉惠公夷吾合戰於韓地。……晉擊（秦）穆公，穆公傷，於是歧下食善馬者三百人馳冒晉軍。晉軍解圍，遂脫穆公而反生得晉君。初，穆公亡善馬，歧下野人，共得而食之者三百餘人。吏逐得欲法之，穆公曰：「君子不以畜產害人，吾聞食善馬肉不飲酒傷人。」乃皆賜酒而赦之。三百人者聞秦擊晉皆求從，從而見穆公窘，亦皆推鋒爭死，以報食馬之德。①

這裡說的是秦國野人活動的情況，證明其有知恩圖報的美德。對秦之野人，《呂氏春秋　高義》曾引《墨子》云：「秦之野人以小利之故，弟兄相獄，親戚相忍」，這是說秦國野人還有重利而自相殘殺的另一面，可見不能以一個模式看待野人。檢點史籍，直接記載先秦時期野人的活動遍布於各個諸侯國。諸如，在齊國，《晏子春秋　外篇第八》，「有工女託於晏子之家焉者，曰，『婢妾，東廓之野人也，願得入身，比數於下陳焉』」。又，《孟子　萬章上》記咸丘蒙請教孔子對某段話應如何理解，孔子答非所問，孟子代答云：「否，此非君子之言，齊東野人之語也。」這是說的齊國的野人。衛

---

① 此事《史記　晉世家》、《淮南子　氾論》、《左傳　僖公十五年》、《國語　晉語》和《呂氏春秋　愛士》諸篇均有類似記載。林劍鳴《秦史稿》第七十五頁認為，這一段資料十分重要，首先可以看出秦國「野人」的一般狀況。秦國的野人竟能將國君的善馬殺來吃掉，而且參加這一行動的竟有三百人之多，據考古工作者調查，今陝西鳳翔縣東之義烏堡，即春秋時的野人塢，是秦穆公時野人食善馬肉的地方。

國的野人亦十分著名，《國語　晉語四》記「（晉）文公在狄十二年……乃行，過五鹿，乞食於野人。野人舉塊以與之，公子怒，將鞭之。子犯曰『天賜也。民以土服，又何求焉！……其有此土乎！……』再拜稽首，受而載之」。這裡，野人「舉塊」被視作可以取得土地的象徵了，逃難的貴族重耳向看不起他的野人作揖，其場面也十分滑稽。《左傳　定公十四年》記「衛侯為夫人南子召宋朝，會於洮。大子蒯聵獻盂於齊，過宋野，野人歌之曰，『既定爾婁豬（母豬），盍歸吾艾豭（子豬）』，大子羞之」，唱的內容譯成今文是「已經滿足了你們的母豬（南子），何不歸還我們那漂亮的子豬（宋朝）」，這裡，宋國的野人又是典型的諷刺家的形象了。還有，《孔子家語　困厄》記「孔子厄於陳、蔡，從者七日不食……告糴於野人，得米一石焉」，陳、蔡的野人給米孔子比衛國的野人只給土塊於逃難的公子重耳要好得多。

　　上面所舉數例，足證先秦時野人是普遍存在著的，他們不是渾渾噩噩，而是有自己的喜怒哀樂與愛憎，情感十分豐富，頗耐人尋味。

　　楚國的野人與各諸侯國一樣，也在史籍中留下了自己的印記。《史記　楚世家》記暴虐的楚靈王被顛覆失位後，孤身逃到深山，「靈王於是獨彷徨山中，野人莫敢入王。」說明楚國有野人居於深山老林人跡罕至之地。對於靈王的暴虐，這些野人早已深惡痛絕，毫不憐惜，此時的楚靈王，求為野人也不可得了。

　　楚國野人的蹤跡，不少見於孔子遊楚的記載中。《韓詩外傳》卷一記：「孔子南遊適楚，至於阿谷之隧，有處子佩璜而浣者。孔子曰，『彼婦人其可與言矣乎』……對曰：『吾野鄙之人也，僻陋而無心，五音不知，安能調琴？』」孔子遊楚的過程中，對楚野人的生活亦有所了解：「丘也嘗使於楚矣，適見豚子（小豬）食（乳）於其死母者，少焉眴若皆棄之而走①」，表明楚野地有居民畜養豬等家畜

_____

① 《莊子　德充符》。

者。還有一則孔子與野人交往的記載：「孔子行道而息，馬逸，食人之稼，野人取其馬，子貢請往說之，畢辭，野人不聽。有鄙人始事孔子者，曰，『請往說之。』因謂野人曰：『子不耕於東海，吾不耕於西海者，吾馬何得不食子之禾？』其野人大悅，……解馬而與之。」[1]這些野人，與《史記　楚世家》「鄙語曰，牽牛徑人田，田主取其牛。徑者則不直矣，取之牛不亦甚乎」這段記載相比，也十分相似。看來，楚野地存在不少這種不大講「理」的野人。

除此例為孔子作說客的「鄙人」之外，文獻中還有其他楚「鄙人」活動的記載，如《史記　秦本紀》記：「百里傒亡秦走宛，楚鄙人執之。（秦）穆公聞百里傒賢，欲重贖之，恐楚人不與，乃使人謂楚曰：『吾媵臣百里傒在焉，請以五羖羊皮贖之。』楚人遂許與之。」《荀子　非相》亦有「楚之孫叔敖，期思之鄙人也」的記載。上列史料，都是對楚野地的居民直接冠以「野人」、「鄙人」的名稱，足證楚野人存在不誣。

還有一些史料，反映的是楚國「丈人」（老者）的活動。《說苑　至公》記，「楚文王伐鄧，使王子革王子靈共捃菜，二子出採，見老丈人載畚，乞焉，不與，搏而奪之」；《韓詩外傳》卷七第十二章記「孫叔敖遇狐丘丈人[2]，狐丘丈人曰：『僕聞之有三利必有三患，子知之乎？』」《列子　黃帝》記：「仲尼適楚，出於林中，見痀僂者承蜩，猶掇之也……孔子顧謂弟子曰『用志不分，乃疑於神，其痀僂丈人之謂乎？』」[3]《莊子　天地》：「子貢南遊於楚，反於

---

① 參見《呂氏春秋　必己》，高亨釋鄙人之言係「設子耕於東海，吾耕於西海，則吾與子無相遇之機會，吾馬自不能食子之禾矣。今子不耕於東海，吾不耕於西海，則吾與子有相遇之機會，吾馬何得不食子之禾哉？」這完全是楚人說話的語氣。陳奇猷《呂氏春秋校釋》頁八四二肯定高說，並指出：「此蓋用《左傳　僖公四年》（楚屈完回答齊桓公）『君處北海，寡人處南海，惟是風馬牛不相及也』之文而變其說耳。」

② 此文還見於《列子　說符》、《淮南子　道應》，均著「狐丘」地名。唯《說苑　敬慎》亦載此文，但只作「老父」。

③ 此文亦見於《莊子　達生》。

晉，過漢陰，見一丈人方將為圃畦，鑿隧而入井，抱甕而出灌，搰搰然用力甚多而見功寡」；《呂氏春秋　異寶》「（伍子胥）如吳，過於荊，至江上，欲涉，見一丈人，刺小船方將漁，從而請焉。丈人度之，絕江，問其名族，則不宥告[①]」。這幾例所記的楚國這些上了年紀的人，分別「載畚」、「承蜩」、「抱甕」、「刺小船」，都是直接進行生產活動，每例都從側面告訴我們，這些長者居住之處均在「國」之外的野地，均可視作野人。

　　楚國有眾多明顯不同於「國人」的勞動者，分別從事農耕、打魚、養蠶、砍柴、採玉、淘金、賣漿等職業，應引起我們的重視。如《說苑　正諫》：「楚莊王築層臺，延石千重，延壤百里……有諸禦己者，違楚百里而耕……委其耕而入見莊王」；《越絕書》卷六記伍子胥「笞平王墓，久而不去，意欲報楚。楚乃購之千金，眾人莫能止之。有野人謂子胥曰……子胥乃知是漁者也，引兵而還」；《說苑　貴德》：「孔子之楚，有漁者獻魚甚強。孔子不受，獻魚者曰：『天暑遠市，賣之不售，思欲棄之，不若獻之君子』」；《史記　伍子胥列傳》：「楚平王以其邊邑鍾離與吳邊邑卑梁氏俱蠶，兩女子爭桑相攻，乃大怒，至於兩國舉兵相伐」；《史記　循吏列傳》：「孫叔敖……秋冬則勸民山采，春夏以水，各得其所便，民皆樂其生」；《韓非子　和氏》：「楚人和氏得玉璞楚山中，奉而獻之厲王」；《韓非子　內儲說上》：「荊南之地，麗水之中生金，人多竊採金」；《莊子　則陽》：「孔子之楚，舍於蟻丘之漿（賣漿人家）」。上述眾多從事各類職業的人物，都從不同的側面說明，楚國的野人——這些最廣大的勞動群眾是怎樣一代又一代生息、繁衍在這塊土地上，為人們探尋楚國乃至先秦時的農業勞動者的情況提供了絕好的線索。

---

① 《史記　伍子胥列傳》記為：「（伍子胥）至江，江上有一漁父乘船，知伍胥之急，乃渡伍胥。」

筆者以前曾寫就一篇〈春秋時期楚國的平民階層〉的文章①，認為楚國社會存在一種既無貴族身分而又不是奴隸的「民」，屬於楚國的平民階層，是楚國的農業勞動者。文中只是較為籠統地指出「楚國的平民階層分布於『國』、『野』的廣大區域」，即認為「國人」、「野人」都屬於平民階層，不過，在「楚國平民階層內部，因血緣關係和居住地域的不同，各自的身分、社會地位亦有一定程度的不同，一般地說，居於『國』中的平民其社會地位稍高，居於『野』中的平民其社會地位較低」。全文基本上不分「國人」、「野人」，概而論之。鑒於楚國的農業勞動者主要來自於野地，促使我們重點對楚國「野地」的勞動者進行深入的研究。

第二節　楚野地界說及類分

　　楚國的農業，涉及先秦的「國」、「野」之制，這是先秦歷史中維繫貴族統治的一條重要制度，是剖析先秦社會的一把鑰匙。這裡，有必要分析先秦時各諸侯國所實行的國野制度。

　　先秦的「國」、「野」之分，通常是指國都及其四郊之地與郊外之地的區分。「所謂『國』者，諸侯國都城圈以內之謂」②，圈外即是「野」了。這種「國」的範圍，以郊為界③，有幾種說法，一種是籠統地說「距國百里為郊」，如《說文》。段玉裁《四與顧千里書論學製備忘之記》云：「此郊之本義也，謂必全百里而後為郊也。」或

---

① 刊於《歷史研究》1983年第6期。
② 童書業：《春秋左傳研究》第366頁。
③ 楊寬：〈試論西周春秋間的鄉遂制度和社會結構〉指出，在這「國」和「野」兩大區域中，「郊」是個分界線，「郊」以內是「國中及四郊」，「郊」以外即是「野」。「郊」的得名，就是由於它是「國」和「野」的交接之處。文見《古史新探》，1965年版第136頁。

者如鄭玄云：「地距王城二百里以外至三百里曰野。」①另一種說法則分層次，如《爾雅 釋地》：「邑外謂之郊」，郝懿行具體加疏云：「此邑即國都矣。《說文》距國百里為郊，此距王畿千里而言。設百里之國，則十里為郊矣。郊有遠近，以國為差，……周制天子畿內千里，遠郊百里，以此差之，遠郊上公五十里，侯四十里，伯三十里，子二十里，男十里也，近郊各半之。」如果按《周禮》所揭示的鄉遂制度來看，野地還應摒除郊內「六鄉」之廣大地域。《周禮 地官》記「小司徒」的職掌為「掌建邦之教法，以稽國中及四郊都鄙之夫家九比之數……頒比法於六鄉」，春秋時代以齊國實行這種鄉遂制度最為顯著，《國語 齊語》記齊桓公時管仲施行「參（三）其國而伍（五）其鄙」的政策，把「國」分為二十一鄉，其中工商之鄉六個，士鄉（《管子 小匡》篇作「士農之鄉」）十五個。這些鄉都相當於《周禮》的「六鄉」，其地域不可謂不廣，野人所居之地當不在其列。據記載，齊國之外，宋、魯、鄭都實行這種鄉遂制度②，野人均係居於「鄉」外之人。

楚國亦實行國野之制，國都與野之間，亦有「郊」為界，如《左傳 昭公十三年》先記楚內亂，進攻郢都的部隊「及郊」，後記楚靈王聞群公子之死，自投於車下，右尹子革曰：「請待於郊，以聽國人。」楚國的官職中，有「郊尹」一職，見於《左傳 昭公十三年》「楚子奪成然邑而使為郊尹」，杜注：「郊尹，治郊竟大夫。」楚國的郊尹似相當於《周禮》中的「鄉大夫③」、鄭國的「郊人④」、宋國的「鄉正⑤」。按照《周禮 比長》所記，國都以「郊」為界，與

---

① 參見《十三經注疏》下冊第2086頁。
② 參見揚寬：《古史新探》所收〈試論西周春秋間的鄉遂制度和社會結構〉中的第二節「春秋時代各國的鄉遂制度」。
③ 《周禮 地官》：「鄉大夫之職，各掌其鄉之政教禁令。」
④ 《左傳 昭公十八年》，「火作……（鄭）郊人助祝史除於國北」。
⑤ 《左傳 襄公九年》記宋國「命四鄉正敬享」。

第十章 楚國的農業勞動者——野人

野地的界限十分森嚴：「徙於國中及郊，則從而授之，若徙於他，則為之旌節而行之，若無授無節，則唯圜土內之。」①「國人」從國越郊遷居至野須「為旌節以行之」，否則要遭拘捕，那麼，「野人」從野越郊入「國」居住，當然更加難乎其難②。楚之「郊尹」，除管理郊內之事外，還似以把住「郊」界，防止「國」、「野」不分為重要職責。在此，我們謹依上述記載，在楚國以「郊」為界，將「郊」外的野地作為我們研究的對象。

先秦史籍中，一般只將「國」之外的土地籠統稱之為野地，但這野地的具體情況如何？野地有無不同的類型？各種不同類型野地的作用、地位怎樣？都不得而知。因此，我們難以滿足上述對野地的空泛認定和描述，而要看楚國的野地具體指哪些地域。

分析有關楚史資料，楚國的野地，具體似由下面三個方面的土地組成：楚貴族占有的土地、楚縣領有的土地、其餘的空地。現分述之。

第一，楚野地包括貴族占有的土地。

先秦各諸侯國內，其貴族一般都有采地和封邑。《尚書　大傳》：「古者諸侯始受封，則有采地；百里諸侯以三十里；七十里諸侯以二十五里；五十里諸侯以十五里。其後子孫雖有罪黜，其采地不黜，使其子孫賢者守之，世世以祠其始受封之人。」《禮記　禮運》記「故天地有田以處其子孫，諸侯有國以處其子孫，大夫有采以處其子孫，是謂制度」。《儀禮　喪服傳》並云：「君，謂有地者也」，鄭注：「天子諸侯及卿大夫有地者皆曰君。」這些記載都說明，在一個諸侯國的國土內，不少土地是被貴族占據的。

---

① 鄭注：「圜土者，獄城也。」

② 《呂氏春秋　慎小》記衛國野人不能居國例：衛莊公立，欲逐石圃，登臺以望，見戎州（高注：戎州，戎之邑也）而問之曰：「是何為者也？」侍者曰：「戎州也。」莊公曰：「我姬姓也，戎人安敢居國？」使奪之宅，殘其州。

這些貴族占據的土地，多處於國都「郊」外，廣大的野地之中。《周禮　遂大夫》記載對野地的管理，其中有「令為邑者」，鄭注：「容公邑及卿大夫、王子弟之采邑，政令戒禁遂大夫亦施焉。」《周禮　地官　載師》記載師掌「任土之法」，謂「以家邑之田任稍地，以小都之田任縣地，以大都之田任畺地」，說的是以距王城二百里至三百里之間的稍地和三百里至四百里之間的縣地、四百里至五百里之間的畺地分別作為大夫采邑（「家邑」）、卿采邑（「小都」）、國君同母弟及王之庶子所食邑（「大都」）的有效占有範圍①。從這條記載中我們也可知道，貴族的采地、封邑又可以等級而言「大都」、「小都」、「家邑」等不同的名稱。這些被稱為「都」的貴族采邑，與國都相比，又有「上都」、「下都」之別，顧炎武《日知錄》卷二十二謂「上都，國都之都；下都，都鄙之都」，這裡的「都鄙」即指卿大夫的采邑或封邑②。

以上所述，尚只是歸納春秋戰國時各諸侯國貴族占有土地的一般情況概而言之，我們顯然不能停留於這種浮光之論。史料證明，在楚國，貴族們確實占有一定數量的土地，而這些土地均在離國都較遠之處，廣泛分布於廣大的野地之中，就春秋時期楚貴族佔有的土地而論，《通志　氏族略》「以邑為氏」條，記楚鬬氏，即因被封在鬬地而因以為氏，蓮章食邑於蓮，故為蓮氏，莫敖屈瑕食邑於屈，因以為氏，伯州犂奔楚後「邑於鍾離」，鬬成然「食采於蔓」，故又名蔓成然，沈諸梁食采於葉，楚文王庶子食采軒邱，楚公子食采鄧陵，楚莊王之後食邑諸梁，吳王闔閭弟夫概王奔楚被封於棠谿，楚大夫工尹麇之後受封於南郡麇亭，楚公子食采於南陽俞豆亭等等。戰國時，楚

①　林尹：《周禮今注今譯》，書目出版社1985年版第133頁。
②　楊寬：《古史新探》第136頁明確指出：「卿大夫的采邑稱為『都鄙』。就『野』的廣義而言，指郊外的所有地區，包括『六遂』和（貴族的）『都鄙』等。」。

第十章　楚國的農業勞動者——野人

國封君占地更多，更廣①。這些楚王所封的貴族領地，星分於楚國各地，占地當有一定面積。我們以申地為例，便可知貴族占地之眾。

申地，楚文王滅掉申國之後，其地屬楚，地望在今河南南陽一帶。申地屬楚後，楚文王便以部分土地封給申國的舊臣申侯②，這是申地最初的采邑；文王之後的楚成王時，亦有申侯，《史記　楚世家》：「（楚成王）三十九年魯僖公來請兵以伐齊，楚使申侯將兵伐齊取穀，置齊桓公子雍焉」，楚穆王時，有文之無畏，杜注：「文之無畏即申舟」，清人梁履繩《左通補釋》云：「文蓋以謚為氏者，申，其食邑」，這說明在楚莊王時的令尹子重要求以申、呂為賞田之前，申地原就有食邑；楚莊王時，又有「申侯之邑」，見於《楚史檮杌》「（楚）莊王既服鄭伯，敗晉師，⋯⋯歸，過申侯之邑③」；楚莊王時還有名臣申叔時，《通志　氏族略　以邑為氏》：「楚大夫申叔時，食采於申」，可見莊王時申地有兩個采邑。除此之外，史載伍氏之先又名申氏，表明其在申地也有采邑。《國語　吳語》記伍子胥名「申胥」，對此，一種解釋是：「申胥，楚大夫伍奢之子子胥也，名員，魯昭二十年奢誅於楚，員奔吳，吳與之申地，故曰申胥」④，此乃誤解。據《說苑　奉使》，「荊平王為無道，加諸申氏，殺子胥父與其兄，子胥被髮乞食於吳」，《國語發正》云：「申是楚地，伍氏之先蓋嘗食采於申，故一氏申也。」又申包胥，《戰國策　楚策一》作棼冒勃蘇，王應麟《困學紀聞》指出其係蚡冒之後，亦食邑於申⑤。

以上史實表明，僅南陽申地這塊不大的地域內，前後便有七個

---

① 參見何浩：〈戰國時期楚封君初探〉，《歷史研究》1984年第5期。
② 《左傳　僖公十七年》：「申侯，申出也，有寵於楚文王。」
③ 對《楚史檮杌》的史料價值，向有爭議。據陶宗儀《輟耕錄》，係元人吾邱衍所作。《四庫提要》指出「衍特捃摭舊事，偶補二書之闕，原非作偽」，有一定參考價值。
④ 上海古籍出版社1978年版《國語》第592頁。
⑤ 參見楊伯峻：《春秋左傳注》第1548頁。

楚貴族在此擁有土地。由申地看整個楚國，證實在楚國的廣大野地之中，不少地域為楚貴族所占據。這些貴族在自己的領域之內，擁有軍隊，自徵賦稅，有完整的自我服務體系，是我們研究楚國野地時不可忽略的。

第二，楚野地包括楚縣轄有的土地。

楚國的野地，除貴族占去一部分外，還有相當部分為楚縣占有。楚國得以雄踞南方，爭霸中原，一個重要的原因是他沒有採取西周的那種分封的辦法，而是採取設縣的辦法來管理國土，建立起直接隸屬於中央的地方政權。

楚縣制有四個特點。一是早。清人洪亮吉《更生齋文集》甲集卷二《春秋時以大邑為縣始於楚》，指出，楚國設縣最早，秦、晉繼之。《左傳 昭公十八年》載：「初，楚武王克權，使鬬緡尹之。以叛，圍而殺之。遷權於那處，使閻敖尹之」，這是楚王親派縣尹而置縣的最早記載，也是我國現存史籍中有關置縣的最早記載。歷來認為秦國的縣制最先進，但楚縣比之秦縣的設置至少要早半個世紀。因此，設置早，是楚縣制的第一個特點。二是地位重要。楚所置縣，一般都起著邊防重鎮的作用，「縣師」可以單獨與敵軍周旋，禦敵於國門之外，《左傳 宣公十一年》記楚莊王滅陳為縣，得意地對申叔時宣稱「諸侯、縣公皆慶寡人」，可見縣公的地位更等比諸侯。三是多。楚設縣之多，早在楚莊王時，就有「九縣」之說[1]。對九縣的解釋，一向歧義甚多，晉杜預《左傳 宣公十二年》注，唐陸德明《經典釋文》、孔穎達《春秋左傳注疏》等誤九為實數，實際上，到此時，楚滅國、設縣早已超過九個，汪中《述學釋三九》指出「九縣猶言諸縣爾」，顧頡剛〈春秋時代的縣〉[2]也指出九縣是泛言其多。

---

① 參見《左傳 宣公十二年》。
② 載《禹貢》第七卷，六至七期，1937年。

第十章 楚國的農業勞動者——野人

楚莊王之後，歷代楚王不斷拓地為縣，楚縣也就更多了。殷崇浩〈春秋楚縣略論〉[①]指出，清人顧棟高《春秋大事表　楚疆域表》列舉「楚在春秋吞併諸國凡四十有二」，認為，「顧所考以上被楚所滅的諸國，除開離居而無城邑的群舒（舒蓼、舒庸、舒鳩），其他皆有可能置縣」。這樣，楚所置縣其數量就相當可觀了。四是楚縣具有一定的獨立性，擁有軍隊，有就地徵收賦稅等特權。楚所置縣，一般都自有軍隊，如申縣、息縣有「申、息之師」，此見於《左傳　僖公二十五年》「楚鬥克、屈御寇以申、息之師戍商密」。陳、蔡等縣也有軍隊，見於《左傳　昭公十三年》：「楚公子比、公子黑肱、公子棄疾、蔓成然、蔡朝吳帥陳、蔡、不羹、許、葉之師，因四族之徒，以入楚。」正由於縣擁有軍隊，就有一個兵員軍隊給養來源的問題，據《左傳　成公七年》申公巫臣語：「此申、呂所以邑也，是以為賦」，可知縣師的給養只會通過該縣自理軍賦解決。

楚縣的上述四個特點，說明縣地是楚國野地的一個重要組成部分，我們研究楚國野地時，必須對楚縣給予足夠的重視。

第三，楚野地包括貴族領地和縣轄地之外的一切空地。

這是先秦史上一個容易被忽略的地方。故稍詳述之。在楚國，貴族的領地和縣轄地雖然有較大的面積，但不能囊括楚國的全部野地。史實表明，楚野地除去貴族封地和設縣之地外，還有極為廣闊的地域。這是一個很大的生存空間，然而又常常處於被人遺忘的地位。這些地域大多具有較特殊的地理、地質特點，一般來說，它的土地不甚肥沃，故不為貴族所爭，它並不處於邊防要地，故沒有設縣、常駐軍隊的必要。正因如此，天高皇帝遠，楚統治者對這些地方的政治統治和經濟剝削較為薄弱。

《商君書　算地》曾對當時一國之內不同土地的比例進行測算，

---

① 　載《江漢論壇》1980年第4期。

大體是「山林居什一，藪澤居什一，谿谷流水居什一」；《商君書徠民》篇云：「都邑蹊道居什二，惡田居什二，良田居什四」①，總的來說便是山林占十分之一，池澤占十分之一，河澗流水占十分之一，城市村莊道路占十分之一，壞田占十分之二，好田占十分之四。此中山林、池澤、河澗流水諸地出產較少，一般不為貴族所注目，楚令尹孫叔敖之子要求以貧瘠的寢丘之地為食邑，被傳為美談，楚令尹子重要求以申、呂為賞田，與申縣的申公巫臣發生了爭執，雙方積怨甚深，成為以後楚吳之爭的潛在因素。這兩例從不同的角度說明，較為富庶的土地，一般都為楚貴族和楚縣所占有，那些較為貧瘠的、不能生產糧食的土地諸如山林、沼澤等，在當時生產力較低、人力較少的情況下，當然只好任其荒置了。

楚國這種類型的空地甚多，見於史籍，較著名的是《左傳　襄公二十五年》的一段話：

楚蒍掩為司馬，子木使庀賦，數甲兵，甲午，蒍掩書土田，度山林，鳩藪澤，辨京陵，表淳鹵，數疆潦，規偃豬，町原防，牧隰皋，井衍沃，量入修賦，賦車籍馬，賦車兵、徒卒、甲楯之數。既成，以授子木，禮也。

這段珍貴的記載，所述的正是楚國的改革家蒍掩在國家遭到困難時，將增加收入的目光放到山林和資源較為匱乏的池沼地（藪澤）、各種丘陵高地（京陵）、鹽鹼地（淳鹵）這一類過去認為沒有多大利用價值而荒廢的空地上來，重新進行統計，納入國家的管理之中。改革的措施是組織人力辦小型水庫（規偃豬）、將堤防間不規整的隙地

① 　據俞樾考證，此句「都邑谿道」下有闕文。《商君書　徠民》篇云：「都邑谿道居什一，惡田居什二，良田居什四」，可補此闕。

第十章　楚國的農業勞動者──野人

劃分為小塊耕地（町原防）、在水草茂盛之地組織放牧（牧隰皋）、對少數較平整尚有一定肥力的土地劃為一個個井字形的便於計算面積的小方塊田（井衍沃），再根據收穫量來確定各自的賦稅額和上繳兵器之數，編制全年的徵收計畫。

這些山林、藪澤、京陵、淳鹵、疆潦之地之所以被認為是空地，而不是貴族封地或楚縣之地，其根據有三：

其一，土質有別。貴族封地和楚縣地一般均係較肥沃的土地，而為掩所統計的藪澤、京陵、淳鹵、疆潦之地，大多為不宜農作的貧瘠之地（除少數衍沃之地外）。貧瘠到何種程度？參考《管子 乘馬》篇對「地之不可食者」（不生長五穀之地）實行「地均以實數」，即按照出產把山林湖澤等折合成相應比例的耕地面積便可大體知曉：

地之不可食者，山之無木者，百而當一。涸澤，百而當一。楚棘雜處，民不得入焉，百而當一。藪，鎌繩得入焉，九而當一。蔓山，其木可以為材，可以為軸，斤斧得入焉，九而當一。汎（高）山，其木可以為棺，可以為車，斤斧得入焉，十而當一。流水（江河），網罟得入焉，五而當一。林，其木可以為棺，可以為車，斤斧得入焉，五而當一。澤，網罟得入焉，五而當一。命之曰地均以實數。

由上可知，為掩統計的這些土地，其收穫量遠遠低於可耕地，貴族們當然不感興趣了。當時貴族占地的通例，是越肥沃越好，唯一的例外是孫叔敖。《呂氏春秋 孟冬紀》「孫叔敖有功於國，疾將死，戒其子曰：『王數欲封我，我辭不受。我死，必封汝，荊楚閒有寢丘者，其為地不利，而前有妬谷，後有戾丘，其名惡，可長有也。』其子從之，楚功臣封二世而收，唯寢丘不奪也」。這個例子恰從反面證實楚貴族一般均占據較肥沃的土地，可以排除在為掩所統計的土地之外。

其二，納稅量有別。山林之地，過去（蒍掩治賦前）向不徵收賦稅，而貴族的封地上繳給國家的賦稅量則向有定額，如《周禮　夏官　司勳職》云：「掌賞地之政令，凡頒賞地，三之一食」，鄭玄注：「玄謂賞地之稅，參分計稅，王食其一也，二，全入於臣。」孫詒讓云：「此賞地三分，受者食其一，其不食者二分，入於王。」賈公彥疏：「賞田與采邑為一物。」唐杜佑《通典　食貨》說得有所不同：「采地食者皆四之一，其制三等，百里之國凡四都，一都之田稅入於王，五十里之國凡四縣，一縣之田稅入於王，二十五里之國凡四甸，一甸之田稅入於王。」上述記載，不論是上繳三分之二說、三分之一說、四分之一說，總之，貴族占有封地後並非完全不向國家承擔一定的經濟義務則是肯定的。至於楚縣，較之貴族封地，承擔的經濟義務更多，《左傳　成公七年》記申公巫臣反對將申、呂作為子重的賞田，理由是：「此申、呂所以為邑也，是以為賦，以禦北方，若取之，是無申、呂也」，足證楚縣上繳的賦稅相當可觀，大大超過貴族的封地。而楚國的山林等空地，至蒍掩治賦前，向來不徵賦稅，如《史記　循吏列傳》記「孫叔敖……三月為楚相，施導教民，上下和合，世俗盛美，政緩禁止，吏無奸邪，盜賊不起。秋冬則勸民山采，春夏以水，各得其所便，民皆樂其生」，可見楚莊王時期山林是不完稅的。這裡我們還可以借用《孔子家語　正論》所記有名的「苛政猛於虎」的例子，那個為被虎吃掉的親人而在泰山腳下哭泣的婦人，被問及為何來到這猛虎出沒的深山居住，回答是深山「無苛政」，於是孔子慨歎：「苛政猛於虎」，這與孫叔敖「勸民山采」相印證，可見深山裡的居民是可以逃避賦稅或免稅的。在春秋時期，山林屬公共之地，各國公社農民都存在有權使用的傳統，國家對山林的管理，僅限於規定公社農民每年在一定時間內可以無償地去利用這些自然資源，談不上徵稅。如《禮記　王制》云：「林麓川澤，以時入而不禁」；《周禮　地官　山虞》更明確規定：「令萬民時斬材，有期日」；同

第十章　楚國的農業勞動者——野人

時國家的「邦工入山林而掄材，不禁」。《荀子　王制》也云：「山林澤梁，以時禁發而不稅。」按楚國素有專管山澤之官，明董說《七國考》記，「《楚書》云，藍尹、陵尹，分掌山澤，位在朝廷」，杜預在「度山林」句下注云，此乃「度山林之材，以共（供）國用」。這都證實，山林之地的所有權、占有權均屬國家，係國家直接管理，僅按時開放，並未徵稅，貴族亦無法染指，而楚縣賦稅重於貴族封邑，縣公對縣地又係直接治理，當然也不宜把素不徵稅的山林劃為縣轄地，這是山林之地有別於貴族封邑、楚縣的重要之處。

其三，國家控制的程度有別。對貴族封邑，楚王的控制向來極嚴，筆者在〈春秋時楚國貴族對土地的佔有及所受的限制〉一文中[①]，論證楚君對貴族占有土地的限制大體有四個方面：一是限制土地世襲程度；二是限制封土地域；三是減少賞田對象；四是限制占田數量。這樣做的結果，使得貴族的政治權力逐漸與土地占有權相脫節，國君只以爵祿換取臣下的效忠，故楚未出魯之三桓、晉之六卿那種世卿貴族與國君相對抗、大量消耗國力的局面。對於楚縣，楚王控制同樣極嚴。「楚郡縣係君主直接統治[②]」，所有被派往各縣的縣尹，都在楚王的直接控制之下，楚王可以對他們隨時任免或遷調，如《左傳　僖公二十五年》「秦師囚申公子儀」，子儀返楚後，《左傳》記之則不再稱申公，故子儀未恢復或兼任縣尹原職。又《左傳　襄公二十六年》記穿封戌為「方城外之縣尹」，後來《左傳　昭公八年》又記「（楚靈王）使穿封戌為陳公」，但五年之後，《左傳　昭公十三年》載晉叔向語「（楚）棄疾君陳、蔡」，杜預注曰：「時穿封戌既死，棄疾並領陳事」，證實楚縣尹由楚王親自任命，並不世襲。此外，縣的武裝力量，亦由楚王直接調遣。相形之下，楚國對

① 文載《中國社會經濟史研究》1984年第2期。
② 顧頡剛：〈春秋時代的縣〉，《禹貢》第六卷六至七期，1937年。

山林藪澤等空地的控制要薄弱得多。楚國山林藪澤的代表是有名的「雲」、「夢」之地，《左傳 宣公四年》云：「初，鬥伯比淫於邳子之女，生子文焉。邳夫人使棄諸夢中。虎乳之，邳子田，見之，懼而歸。夫人以告，遂使收之。」譚其驤曾指出先秦時的「雲夢」之地就是指一片廣大的、包括各種地貌（當然也包括湖澤）、到處孳育繁衍著野生動物植物的未經開發的地區。這裡，除了有時作為獵場之外[1]，平時都是荒蕪著的。此虎乳之「夢」即是蔿掩後來「書土田」的對象，《楚辭 招魂》有「與王趨夢兮」的文句，王逸注云：「夢，澤中也。楚名澤中為夢中」，又云：「夢，草中也」，南宋洪興祖補注云：「楚謂草澤曰夢」，可以證此。這些地方，平時人跡罕至，統治者鞭長莫及，同時草深林密，便於隱沒出入、退守進攻，故反抗統治者之「盜」一般多選擇於這種草澤地帶進行活動，如《左傳 定公四年》記「楚子（昭王）涉睢濟江，入於雲中。王寢，盜攻之，以戈擊王，中肩，王奔郢」。不惟楚國如此，《左傳 昭公二十年》載「鄭國多盜，取人於萑苻之澤」，《韓非子 七術》亦言「鄭少年相率為盜，處於萑澤」，都足以說明這種地方長期是政治統治的真空地帶，與貴族封地和縣地判然有別，亦是楚野地的重要組成部分。

第三節　楚野人述源

楚國的野人，一是來源於自身的繁衍。楚自立國荊山，篳路藍縷，楚人先民歷盡艱辛，開創百代之基業，鬻熊佐周王有功，熊繹更得周封，熊渠封三子為王，至楚武王、楚文王，為一代雄主，國勢日

---

[1] 參見《左傳 昭公三年》「鄭伯如楚……王以田（獵）江南之夢」。

張，在這漫長的歲月裡，楚族的族人基本沒受到外力大的摧殘，因此，楚人自身「種的蕃衍」得以順利進行，人口必當逐年增加，並逐漸由聚於一處發展到多處居住。呂思勉《先秦史》云：「國有限，野無限，國中人口漸聚，不得不移居於野」，道出了其中的必然性。這些逐漸分散移居於野地的人，多為楚族庶出之人，《左傳　昭公三十二年》：「三后之姓，於今為庶」，杜注云：「三后，虞、夏、商。姓在此謂子孫。」《大傳》曰：「六世親屬竭矣」，六世之外，相遇如路人。這些人，由於生計所迫或其他各種原因，散處於各地，既有仍在通都大邑操持手工業或其他行業以營生，亦有遠離國都在野地以農耕為業，自食其力。這些人，由於係自然法則的安排來到野地，故一般安於農作，他們是楚國統治者實行「保民」政策[1]的主要對象。《左傳　昭公十四年》記載楚平王「使然丹簡上國之兵於宗丘，且撫其民」，「使屈罷簡東國之兵於召陵，亦如之，好於邊疆，息民五年」。宗丘與召陵，都係楚國野地，楚平王所「撫」的這些「民」，其中必有楚族人，對於這些楚人，楚國的國策是儘量鼓勵生育，撫育年幼的孤兒（「長孤幼」），奉養有病的老人（「養老疾」），收容單身漢（「收介特」）[2]，實行「敘舊」，獎賞功勳，和睦親族（「祿勳合親」）政策，這些來自楚族的野人，占楚國人口的相當部分，其對楚王的忠君意識最強，是楚國野人中的主幹。

楚國的野人，二是來自於中原各國自願遷來的流民。楚國地廣人稀，「荊所有餘者地也，所不足者民也[3]」，「荊之地廣而都狹[4]」，為加強國力，楚國的有識之士從來就主張招徠鄰國的流民，

---

① 參見拙作〈春秋時期楚國的平民階層〉第一部分：「楚國平民階層的存在」，《歷史研究》1983年第6期。
② 均見《左傳　昭公十四年》。
③ 《呂氏春秋　貴卒》。
④ 《說苑　政理》。

以增加本國的人口。《國語　楚語上》記武舉與楚靈王的對話，要楚靈王警惕不要出現「邇者（境內之人）騷離而遠者（鄰國之人）距違」的局面。整個春秋戰國時期，各諸侯國的勞動者無不信奉「普天之下，莫非王土」的信條，故對所在之國的去留與否，均取實用主義，「若夫野人，則供租稅，服徭役。上以仁政撫我，則姑與之相安，而不然者，則逝將去汝，適彼樂土而已[1]」。正是因為各國野人有易於流動的特性，故文獻中常將他們稱之為「浮萌」。《韓非子　和氏》記有「官行法，則浮萌趨於耕農」。這些「浮萌」到一個新地方定居下來，又有新的名稱，如《周禮　旅師》載：「凡新甿之治皆聽之」，就是將新遷來的農業生產者叫做「新甿」，《呂氏春秋　高義》篇載墨子說：「翟度身而衣，量腹而食，比於賓萌，未敢求仕」，「賓萌」即是「新甿」[2]。這些流動人口，到得一地，使該國的統治者直接增加了賦、稅、役的來源，並且還獲得了「惠政」的好名聲，故各國統治者無不以盡力招徠鄰國流民為國策。戰國時期，商鞅入秦，所獻之策，有「徠民」專篇，對其舉之義，闡述甚詳。楚國由於地廣人稀，對招徠流民更為重視，並取得不少成績，對流民具有一定吸引力。《說苑　尊賢》記：「魏擊遇田無擇，相與語，無擇曰：『士貧賤，行不合，言不用，則躡履而適秦楚耳』。」前引《左傳　昭公十四年》楚平王撫「宗丘」、「東國」之民時，還有「禮新述舊」之舉，「禮新」即為禮遇新來之人，「述舊」即是對楚族人或累代居於楚國的異族人表示尊重，從中可見，「新」、「舊」相處，結為鄰里，是楚國野地的一大特色。這些自願遷入楚境的流民由於人數較少，零星而至，分散而居，故一般不會形成很大的勢力，他們在楚受到尊重，並將中原地區先進的技術帶到楚國，一般能和楚族人和

---

① 　呂思勉：《先秦史》，第292頁。
② 　參見楊寬：《古史新探》，第137頁。

211

楚野地其他居民和睦相處。

　　楚國的野人，三是來自於楚境周圍蠻、夷、戎、狄、越等土著民族歸附的人口。從中原各國招徠流民，數量畢竟太小，不能解決楚國的勞動力嚴重不足的問題，楚統治者很自然將目光放在周圍的蠻夷身上。楚曾被視為蠻族，亦常以蠻夷自詡 ①，從感情上與蠻族是相通的。楚立國之初，無疑處在蠻夷的汪洋大海之中，南有蠻，東有夷，西有戎，北有狄 ②，早在熊渠之世，「甚得江漢間民和」，所封三子為王，「皆在江上楚蠻之地 ③」。以後蚡冒啟濮，楚武王「始開濮地而有之 ④」。楚莊王滅庸，而群蠻「自後服屬於楚 ⑤」，楚共王「撫征南海 ⑥」，楚惠王十三「楚沈諸梁伐東夷，三夷男女及楚師盟於敖 ⑦」。及至戰國中期，「吳起相悼王，南並蠻越，遂有洞庭蒼梧 ⑧」，其間，蠻族之人成為楚民者，不可勝數。最著名的例子是楚平王三年，「聞蠻氏之亂，……使然丹誘戎蠻子嘉，殺之，遂取蠻氏，既而複立其子焉 ⑨」，過了三十五年之後，楚昭王二十五年，又採取「（詐稱）致邑、立宗焉，以誘其遺民，而盡俘以歸 ⑩」，這更是赤裸裸地以擄掠蠻氏人口為務了。此外，楚國與各國征戰，一些被楚所滅之國以前所控制的蠻夷人口，如江漢平原的南蠻，或江淮平

----

① 《史記　楚世家》：「（楚武王）三十五年，楚伐隨，隨曰：『我無罪』。楚曰：『我蠻夷也，今諸侯皆為叛相侵，或相殺；我有敝甲，欲以觀中國之政，請王室尊吾號』。隨人為之周，請尊王，王室不聽，還報楚。」
② 據《禮記　王制》：「中國、戎夷，五方之民，……東方曰夷……南方曰蠻……西方曰戎……北方曰狄。」
③ 《史記　楚世家》。
④ 《史記　楚世家》。
⑤ 顧棟高《春秋大事表　四裔》。
⑥ 《國語　楚語上》。
⑦ 《左傳　哀公十九年》。
⑧ 《後漢書　南蠻傳》。
⑨ 《左傳　昭公十六年》。
⑩ 《左傳　哀公四年》。

原的東夷，隨著被滅之國的覆亡而大量地轉為農民，例如楚滅魯之後，不等到「秦滅六國，其淮泗夷皆散為民戶」，「而絕大部分的東夷，早已成了楚國的百姓[1]」。《左傳　哀公四年》，楚「司馬起豐、析與狄戎，以臨上雒」，威脅晉國交出蠻子，其中的狄戎，如楚的豐邑、析邑一樣，受楚指揮，顯然早與楚人融為一體。《說苑　善說》篇記載一位能夠唱出「越人歌」的船夫同楚王母弟鄂君子皙在舟中盡歡的故事，表明原為揚越族的這些異族野人在成為楚民之後與楚族人的融洽關係。這些蠻夷之族，由於以前一般停留在部落社會的階段裡，平素「散漫無君長」、「各以夷落自聚」[2]，其歸附於楚，很大程度出於自願，故成為楚民之後，接受楚國較先進的生產技術和文化，一般能安於新地，與當地楚人同化，成為地道的楚人。他們占楚國野人的相當部分，是楚國農業勞動力的主要來源。

　　楚國的野人，四是來源於並滅中原諸小國以武力掠奪的人口。楚國是一個尚武的國家，歷代楚王均以武力征伐為務，不斷開疆拓土。中原諸國文化發達，生產先進，為楚所垂涎，但這些國家的人民其思想感情與蠻夷不同，除少量流民外，非以武力臨之，不足以為楚用，故楚連年興兵，直至「漢陽諸姬，楚實盡之[3]」。終春秋之世，楚滅國之多，首屈一指。《史記　十二諸侯年表》記約六十國，顧棟高《春秋大事表》卷四「楚疆域表」統計「楚在春秋吞併諸國凡四十有二」，梁啟超《飲冰室合集》專集第十二冊《春秋載記》所附「周代列國併吞表」開列楚滅國名有四十九個，可見其數之多，楚疆幾乎囊括了南半個中國。由於當時中原人民世守其居，楚占領其國，當然也就獲得了當地的人口。這些被滅國的遺民與蠻夷不同，他們有自己的宗廟社稷，猶如當初周滅商之後商的遺民一樣，在被征服之初，不

① 　顧鐵符：《楚國民族述略》，湖北人民出版社1984年版，第70頁。
② 　《左傳　文公十六年》孔穎達疏引《釋例》。
③ 　《左傳　僖公二十八年》。

第十章　楚國的農業勞動者——野人

甘心國滅祀絕，心懷故國，時有叛心，如楚靈王十二年（西元前529年）蔡人便為反叛的主力軍，對此，楚國統治者當然不能放心，曾採取過築城、設縣等一系列措施加以防範，有時不得已對個別被滅之國存其宗廟社稷、復其國 ①。但對大多數被滅國來說，不能不接受楚國的統治，其遺民不得不按照楚國的需要被遷來遷去，從事各種經濟開發，隨著時間的推移，他們緩慢地與楚人同化，其隸屬於楚人的性質逐步消失，成為楚國野人的重要部分，而與楚國休戚與共了。

楚國的野人，五是來源於本國貴族。國人因各種非正常原因出走、流落，移居於野地者。這部分野人，最容易被學者忽略，被排斥於野人之外，故需特別注意。這類人淪為野人的原因很複雜，大致有四種類型：第一種是在權力鬥爭中失勢，其子孫在「國」中不能立足而淪為野人。如《國語　晉語五》記「臼季使，舍於冀野。冀缺薅，其妻饁之，敬，相待如賓，從而問之，冀芮之子也」，冀缺的父親晉貴族冀芮謀弑晉君，一度焚宮，後失敗被殺，冀缺只好逃到晉邑冀地的郊外成為野人。在楚國，情況同樣如此，如孫叔敖的父親蒍賈被令尹子越所殺，當時完全有可能累及其子孫與家族，故孫叔敖被迫出走，流落至期思等地，《孟子　告子下》記「孫叔敖舉於海（淮）」，漢趙歧注：「隱處於海（淮）濱」，這樣，孫叔敖成為楚野人中的一員了。在楚國，貴族之間常互相傾軋，「兼室」之事屢有發生，如《左傳　成公七年》記載「子重（公子嬰齊）取子閻之室，使沈尹與王子罷分子蕩之室，子反取黑要與清尹之室」，《左傳　襄公三十年》記載「楚公子圍殺大司馬蒍掩而取其室」，等等。兼室的結果，通常是被兼者的族人無立足之地，紛紛逃難於其他諸侯國或奔往楚之偏僻野地隱居，成為野人的新成員。此外，楚王對其官

---

① 如《左傳　昭公十三年》記「平王即位，既封陳、蔡，而皆復之，禮也，隱大子之子廬歸於蔡，禮也，悼大子之子吳歸於陳，禮也」。

吏執法極嚴，上對令尹「一有罪則必誅不赦①」，下對百官，要求自必更嚴，這樣，楚官吏中因「有罪」遭亂而舉族淪為野人者，當不在少數。第二種原因是因楚國並未實行世卿世祿制②，導致一些貴族子弟貧困無食，淪為野人。《淮南子 人間》記「楚國之俗，功臣二世而爵祿」，《韓非子 喻老》「楚邦之法，祿臣再世而收地」，這類記載還見於《呂氏春秋 孟冬紀》、《藝文類聚》卷五十一諸處，這樣下去的結果，不少貴族子弟若無真才實學，便不能繼續為官，在其父或祖父死後，便失去采邑，只能自食其力，來到野地自謀生路。如孫叔敖雖官至令尹，死後其子仍一度「山居耕田」、「無立錐之地，貧困負薪以自飲食」③，其他楚貴族子弟的境遇更可推知，其中當有不少人是免不了成為野人的。第三種是某些貴族、國人為自顯高節，恥於利祿，而隱身至野地居住，成為野人。其中，較為著名的代表人物是蒙穀和屠羊說二人。《戰國策 楚一 威王問於莫敖子華》記「（楚）昭王反郢，五官失法，百姓昏亂，蒙穀獻（雞次之）典，五官得法，而百姓大治，此蒙穀之功，多與存國相若，封之執圭，田六百畛。蒙穀怒曰：『穀非人臣、社稷之臣，苟社稷血食，餘敢悉無君乎？』遂自棄於磨山之中，至今無冒」。楚昭王還獎賞隨同逃難的國人屠羊說，然而屠羊說辭賞，「遂不受命，入於澗中④」。這裡，因逃賞而「自棄於磨山」的蒙穀，遠離都市後，當然只能自食其力，與其子孫同成為野人的成員了。屠羊說後來還是被人找著，仍然「辭三公之位」，只同意「返乎屠羊之肆」，若當時未能找到他，數年後屠羊說同樣會成為地道的野人。與這些忠於楚王室的人不同，第四種是某些貴族、國人對當時楚國的政見持不同看法，自命清高，不願與

---

① 顧棟高：《春秋大事表 春秋列國卿大夫世系表敘》。
② 詳見余天熾〈重提世卿世祿制〉，《華南師範學院學報》1982年第3期。
③ 《史記 滑稽列傳》。
④ 《韓詩外傳》卷八，第三章。

第十章 楚國的農業勞動者──野人

統治者合作，而隱居於楚野地。《莊子　則陽》記「孔子之楚，舍於蟻丘之漿（賣漿水之家），其鄰有夫妻臣妾登極者，子路曰，是稷稷何為者邪？仲尼曰，是聖人僕也。是自埋於民，自藏於畔，其聲銷，其志無窮，其口雖言，其心未嘗言，方且與世違，而心不屑與之俱，是陸沉者也」。楚隱居者中，最著名的有老萊子[①]、鬼谷子[②]、鶡冠子[③]、公閱休[④]諸人，這些人知識文化程度較高，說明他們以前的身分地位並不低。他們能夠較深刻地感受到當時的各種社會矛盾，憎恨統治者壓迫、剝削人民的一面，他們既不願意自己的知識為楚王所用，又無力改變當時的局面，只好採取避世的態度，來到荒僻的野地自耕自食，甘心過著典型的野人困苦生活，使他們能夠靜心著述、講學，極其貧困的生活，使他們明了民間的疾苦，對人民首先是對身邊的野人寄予深切的同情。這種人人數不多，名氣卻不小，素為楚國朝野所重。孔子入楚，並未深入楚內地，就接連遇到長沮（站著使用長柄鋤薅草者）、桀溺（擔尿水者）[⑤]、楚狂接輿等，都屬於這種類型。這部分人居於野地，自食其力，故將他們列入「野人」行列，但這部分野人頗有點特殊，他們是楚國野人隊伍中的精華，他們以睿智

① 老萊子，據劉向《古烈女傳》卷二「老萊子妻」：「萊子逃世，耕於蒙山之陽，葭牆蓬室，木牀著席，衣縕食菽，墾山播種」，自稱「僕山野人。」《讀史方輿紀要》卷七十七「湖廣三　荊門州　東山」條附有蒙山，則老萊子係隱居於今湖北荊門的山地之中。

② 鬼谷子，以隱居於鬼谷之地而著名。《史記　蘇秦列傳》、《史記　張儀列傳》均載其人。鄭樵《通志　藝文略》謂其為楚人，史無異說。鬼谷之地，據《輿地紀勝》、《當陽地名志》，在今湖北當陽縣西北的清溪山鬼谷洞。

③ 鶡冠子，《漢書　藝文志》云：「楚人，居深山，以鶡為冠」，又《太平御覽》卷五一〇引袁淑《真隱傳》說：「鶡冠子，或曰楚人，隱居幽山，衣蔽履穿，以鶡為冠，莫測其名，因服成號，著書言道家事。」

④ 公閱休，據《莊子　則陽》：「則陽遊於楚，夷節言之於王，王未之見，夷節歸。彭（則）陽見王果曰：『夫子何不譚我於王？』王果曰：『我不若公閱休。』彭（則）陽曰：『公閱休奚為者邪？』曰『冬則擉鱉於江，夏則休乎山樊。有過而問者，曰，此予宅也』……」夷節，據《說文》為楚臣，王果，《釋文》引司馬彪說為楚賢人，從王果盛讚公閱休來看，公閱休無疑在楚野地隱居。

⑤ 《論語　微子》。

的學識、卓越的洞察力，對古往今來的各種事物發表自己獨到的見解，楚國空曠的野地上，閃爍著他們理性的光芒。人稱「在野之賢，萃於楚國①」，可見這些被稱為「隱士」的人，亦是楚國野人隊伍的重要組成部分。

---

① 王應麟：《困學紀聞》卷二十一「雜識」引《郡國志》曰。

第十一章　　楚國農業勞動者的社會組織形式

第一節　　楚族宗法性公社

楚國的野人，在廣袤的田野上勞作、生息，必然會以一定的形式進行組合，並隨著時代的向前發展而逐步發生各種變化。正如馬克思所指出：

在東方專制制度下以及那裡從法律上看似乎並不存在財產的情況下，這種部落的或公社的財產事實上是作為基礎而存在的，這種財產大部分是在一個小公社範圍內通過手工業和農業相結合而創造出來的，因此，這種公社完全能夠獨立存在，而且在自身中包含著再生產和擴大生產的一切條件。[①]

馬克思的論斷，對我們探討楚國野人的社會組織是一個很好的啟示。楚國的歷史，從最初的「篳路藍縷，以啟山林」，經歷了家庭公社、農村公社的不同階段，直到戰國末期為秦所滅，這種公社組織廣泛分布於楚國「郊」外廣闊的土地上，構成整個社會的基礎。

從宏觀的角度看，楚國野地存在眾多的公社組織，這與先秦各諸

---

① 《馬克思恩格斯全集》第46卷，上冊，人民出版社1979年版，第473頁。

侯國沒有什麼不同，因此，對楚國野地的公社組織進行研究具有普遍的意義。但從微觀的角度看，楚國野地的公社組織按其社會地位的區別又可以分成兩種，一種是與各諸侯國較為一致的楚族宗法性公社；另一種是只在先秦軍事大國內才存在的異族隸屬性公社，在此，先分析第一種。

楚族宗法性公社，其成員係來自楚族本身繁衍而增生的人口，是楚國統治者的同族之人。上文「楚國野人述源」中列舉的第一種來源時已經述及。在這種公社裡，血統關係在維繫團結上起著重要的作用，公社內有一整套完整的宗法制度。這種組織內的野地居民與「郊」內從事農作的「國人」處於同等的地位，只是居住地在「郊」外罷了。我們且以熊氏為例，說明在楚國，由於人口的繁衍，勢必有不少宗室公族的後裔，移居野地，成為「野人」，組成新的宗法性公社。

楚王自鬻熊之子熊麗之後，絕大多數均稱熊。《世本》云：「鬻熊為文王師，成王封其曾孫熊繹於楚，子孫以熊為氏。」有的學者認為，熊字為楚王的專稱 [1]，極其高貴。但是，細撆史籍，則可看見，這種高貴的楚姓，隨著時間的推移，逐漸降為普通的姓氏。其演變的軌跡，可大致分為三個階段。

第一階段，楚王親子可以稱熊。如熊麗之後，經過熊狂、熊繹、熊艾、熊䵣、熊楊，五代傳至熊渠後，《史記　楚世家》記載：「熊渠卒，子熊摯紅立」，實際上是第三子熊紅直接繼承熊渠之位。熊摯是熊渠二子 [2]，熊渠長子為熊毋康，均未繼位，仍稱熊，足見作為楚王親子亦可稱熊。

第二階段，非楚王親子亦可稱熊，與熊毋康僅隔數代，楚武王

① 岑仲勉：《西周文史論叢　楚為東方民族辨》，商務印書館1958年版。

② 清人梁玉繩所撰《人表考》卷六「楚熊渠」條指出，「熊摯、熊紅乃渠之二子，摯以疾廢（見《左傳　僖公二十六年》），紅嗣渠而立。《史記》誤合摯、紅為一。」據此，熊渠長子熊毋康、二子熊摯均未嗣位，仍得以稱熊。

熊通之時，《左傳　桓公六年》記，楚欲伐隨，楚臣中有名「熊率且比」者，杜預僅注「楚大夫」，《通志　氏族略五》云：「熊率氏，芈姓」，其地位距楚王已遠矣。以後，楚武王熊通五傳至楚莊王熊侶時，《左傳　宣公十二年》記有「楚熊負羈囚知罃」，同年又載「蕭人囚熊相宜僚」，並「殺之」。熊相宜僚的後代熊相祺[①]受楚平王之命城巢，見於《左傳　昭公二十五年》，是均為大夫之輩。

　　第三階段，由大夫再降為平民，居於野地者成為野人。《左傳　哀公十六年》記春秋末楚白公勝造反，與石乞拉市南熊宜僚入伙，謂「市南有熊宜僚者，若得之，可以當五百人矣」，但遭到拒絕。《通志　氏族略》指出市南熊宜僚為「鬻熊之後」，《莊子　徐無鬼》「釋文」直指其為「楚之賢人，亦是勇士沈默（沒）者也，居於市南，因號曰市南子焉[②]」，貴族身分早已無存。實際上，這位居於市南的勇士熊宜僚儘管是鬻熊之後，其時已完全淪為野人了[③]。前引《莊子　則陽》記「孔子之楚，舍於蟻丘之漿（賣漿水人家）」。（疏文云此係「孔子適楚而為聘使，路旁舍息於賣漿水之家，其家住在丘下，故以丘為名也），「其鄰有夫妻臣妾登極（爬上屋頂）者」（疏文云此係「孔丘應聘，門徒甚多，車馬威儀，驚異常俗，故漿家鄰舍男女群聚，共登賣漿，環視仲尼」）。孔子對子路說這些人「是聖人僕也。是自埋於民，自藏於畔」，「是陸沉者也，是其市南宜僚邪？」說明這位市南熊宜僚居住在蟻丘，與賣漿水家為鄰，修田農之業，已是地道的野人了。據《元和姓纂》：「楚有熊宜僚，居市南，後裔以所居為氏。」不難看出，居於蟻丘之傍的這些圍觀孔丘的眾人，亦是熊氏的族人，他們定居一地，形成宗法性公社，繁衍生息。

①　清梁履繩《左通補釋》於宣公十二年「蕭人囚熊相宜僚」條下注明「熊祺即其後」。
②　郭慶藩：《莊子集釋》，中華書局1961年版，第851頁。
③　楚白公之亂，事在楚惠王十年（西元前479年），孔子亦卒於此年。孔子南遊楚，並且見到市南宜僚於野地，故知在白公亂之前，市南宜僚已淪為野人。

將他們稱之為楚族宗法性公社是恰如其分的。

　　我們再以若敖氏為例，看楚族由於自身人口的增殖，一些公族宗室的後裔移居於野地，組成新的宗法性公社的可能性。

　　若敖氏是楚族中的一支強宗巨族，出了不少著名人物。綜合各類有關若敖氏後世分衍的記載，累計竟有二十支之多。參看表11-1。

表11-1　楚若敖氏支系表（春秋時期）

	名稱	記載	資料來源	人物
一	1若敖氏	「楚君熊儀字也」	《萬姓統譜》	熊儀
二	2鬥伯比	「若敖氏娶鄖氏女，生伯比，別為鄖氏」	《春秋人譜》	鬥伯比—鬥穀於菟—鬥般—箴尹克黃—宮廄尹棄疾—鬥韋龜—鬥成然—鬥辛、鬥懷、鬥巢
	3鬥穀氏	「鬥穀於菟之後」	《姓氏考略》	
	4鬥乳氏	「鬥穀於菟之後」	《姓氏考略》	
	5鬥文氏	「楚若敖生鬥子文，因氏焉」	《元和姓纂》	
	6令氏	「楚令尹子文之後」	《風俗通》	
	7箴氏	「楚大夫箴尹克黃之後也，主箴規之官，子孫以官為氏」	《通志　氏族略》	
	8箴尹氏	「楚大夫箴尹克黃之後」	《通志　氏族略》	
	9宮廄氏	「楚令尹子文曾孫棄疾為宮廄尹因以為氏」	《姓考》	
	10廄尹氏	「楚大夫棄疾之後」	《姓考》	
	11蔓氏	「楚有鬥成然，食采於蔓，曰蔓成然，其後以邑為氏」	《通志　氏族略》	
三	12鬥強氏	「若敖生鬥強，因氏焉」	《世本》	鬥強—鬥班
	13鬥班氏	「若敖生鬥強生班，因氏焉」	《世本》	
四	14鬥氏	「若敖生四子，（曰廉）、曰緡、曰祈（曰伯比）」	《左傳　桓公八年》、《左通補釋》	鬥丹、鬥祁、鬥緡、鬥御疆、鬥梧、鬥章、鬥宜申、鬥勃
五	15鬥廉氏	「若敖生四子，曰廉」	《左通補釋》	鬥廉—鬥班—鬥克
		「若敖生射師廉」	《國語　楚語》章注	
	16季融氏	「楚鬥廉生季融，子孫氏焉」	《世本》	
六	17成氏	「與鬥氏同出若敖」	《春秋大事表》卷十二	成得臣—成大心—成嘉—成熊
	18大心氏	「楚有大心，令尹得臣之子，其孫以王父字為氏」	《英賢傳》	
	19大孫氏	「楚大孫伯之子孫」	《中國古今姓氏辭典》	
七	楚季氏	「楚若敖生楚季，因氏焉」	《通志　氏族略》	楚季
八	苗氏	「賁黃，楚鬥椒之子，楚滅鬥氏而奔晉，食邑於苗」　「楚大夫伯棼之後，子賁黃奔晉，食采於苗，因命氏焉」	《左傳　宣公十七年》杜注　《風俗通》	（鬥伯比—鬥子良—鬥椒）苗賁黃

從表中可知，楚若敖氏內部衍分的速度，極為可觀，不可能設想，若敖氏的每一個支系，若敖氏逐年增殖的全部人口，歷春秋之世及至戰國之時，仍然居於都城或「國」之中，其中必有相當部分移居於「郊」外，在血緣紐帶作用下，以宗法性公社的形式，存在於楚野地之中。

楚族宗法性公社在楚野地的分布較廣。在楚西部的「宗丘[①]」一帶，楚王曾派使去「敘舊、祿勳，合親」，說明其地存在一定數量的楚族宗法性公社。在楚北部，則有孔子遊楚時遇到熊宜僚族人的「蟻丘」之地，有著熊氏宗法性公社。此外，在申、息之地，楚族宗法性公社亦有廣泛分布。《左傳　僖公二十八年》記晉楚城濮之戰，楚軍大敗，楚成王對令尹子玉說：「大夫若入，其若申、息之老何？」論者多謂此「申、息之老」是被滅的申國、息國遺民，其實不然，當是移居於申、息之地的楚族宗法性公社的族長一類的人物。申、息二地滅於楚，分別在楚文王二年（西元前688年）、楚文王十年（西元前680年），此後，便有楚本族之人源源開進這新征服的土地，聚族而居。由於他們都出自羋姓，故爾在國家組建軍隊時，以「王族」之姓而被借重，成為令尹子玉所掌握軍隊的主力。史載城濮之戰前，楚成王與令尹子玉意見不一致，子玉堅持作戰，成王「怒，少與之師，唯西廣、東宮與若敖之六卒實從之」，這些兵力由楚王的近衛軍、太子的宮甲和子玉同宗共姓的若敖氏楚民組成，據杜注，這些兵力還是「楚子還申，遣此兵以就前圍宋之眾」，即特地從申地派遣過來的，加上子玉原有的圍宋之軍，楚軍兵力當然不弱。「若敖之六卒」，即是從各個若敖氏支系分布在申、息之地的宗法性公社中抽人組成。江永《群經補義》指出，此處卒為車法，一卒三十乘，六卒一百八十

---

① 見《左傳　昭公十四年》。杜注：「宗丘，楚地」，《欽定春秋傳說匯纂》謂當在今湖北秭歸縣。

乘①，這些「宗人之兵」，既然是楚王派遣而來，當然不是子玉的私邑武裝，否則，無需楚王下令，子玉自己便可以族長的身分傳令前來，由此可知，「若敖之六卒」與子玉只是「同姓」而已，本身並無隸屬關係。但正是因為同姓，從宗法觀念上講，一旦作戰失利，戰死者多，領兵的貴族便有切膚之痛，難以向本宗族各宗法性公社的族長交待。故子玉大敗後，「王使謂之曰，『大夫若入，其若申、息之老何』？」子玉無顏去見居住在申、息兩地若敖氏宗法性公社的族人，只好自殺。如果成濮戰中戰死者全為申國、息國的遺民，子玉當然不存在何以見「申、息之老」的問題，也不會自殺了。值得注意的是，申、息二地，一在今河南南陽，一在今河南息縣，並不在一處，子玉兵敗不能見兩地若敖氏之父老，說明若敖氏的族人並未麇集一處或某一邑聚，而是散居於申、息兩地的廣大地域。此外，《左傳　宣公四年》載，令尹鬬椒討厭司馬蒍賈，「乃以若敖氏之族圄伯嬴（蒍賈字）於轑陽而殺之」。即是用若敖氏的家法把蒍賈殺了。轑陽，據沈欽韓《左傳地名補注》，在今河南省鎮平縣東四十里②，亦在今河南南陽附近，當是若敖氏人口族居較為集中之處，在楚申縣的轄境之內。由若敖氏支分出來的楚野地宗法性公社，已知還有數處，如城濮之戰後，若敖氏的子西被封為商公，據江永《春秋地理考實》，商地即商密，位於今河南淅川西南；又如若敖氏支系成氏，即以成地得名，成地系「成臼」，地在今湖北鍾祥縣南③；還有若敖氏的另一支

---

① 杜預謂一卒為百人，六卒為六百人。另，《周禮　夏官　司馬》：「凡治軍，……百人為卒」，可備一說。

② 沈欽韓：《左傳地名補注》謂在南陽潦河之陽，《讀史方輿紀要》卷五十一「南陽府　鎮平縣」條下有潦河，謂在「縣東四十里」

③ 《左傳　定公五年》「（楚）王之奔隨也，將涉於成臼」，楊伯峻《春秋左傳注》指出：「成臼即臼水，亦名臼成河。臼成河源出於湖北京山縣聊屈山，古時此河西南流入沔。」據《水經　沔水注》，昭王奔隨，即於此渡河。

裔鬻氏，居於郢，地約在今湖北安陸一帶 ①。這些，都確切地證實，楚族宗法性公社在野地中存在的廣泛性。

姓，是楚族宗法性公社區別於外部其他公社組織的主要標誌，一個宗法性公社人，均只保持著一個姓，作為維繫公社內部最強有力的紐帶。正因如此，這種血緣關係占據主導地位的宗法性公社的居民必然有著濃厚的族居特色，其居民依血緣關係實行族居、族葬。

1974年到1975年，考古人員在河南淅川縣南35公里老灌河（古析水）與丹江（古丹水）匯合處不遠的毛坪一條土嶺上先後發掘了東、西兩面斜坡上相鄰的兩個小型楚墓群，為典型的平民墓地 ②。其中西部墓群8座楚墓，除21號墓外，諸墓基本東西向，成三排埋葬，較為集中、齊整；東部墓群的19座楚墓中，靠北的十一座墓除6號、9號墓外，大體都為南北向，亦大體分四排整齊埋葬，而靠南的8座墓，除13號墓外，諸墓又均為東西向，分三排整齊排列。整個毛坪楚墓群的葬法明顯呈現出一定的規律性，表明該墓地在埋葬時是有一定規劃和安排的。在一條土嶺分兩處埋葬，而且東部墓群又分為墓向迥然不同的靠北、靠南兩組，反映出各自族系有所不同，但同時三組墓又彼此相鄰，表明他們之間又有一定的血緣關係，至於每組墓群內諸墓整齊排列的現象，更表明他們之間關係相當密切，可能屬於同族、同宗。可知該處墓地當為一處公共埋葬的族墓。這批楚墓既在同一條土嶺上，而其三組墓群又互有區別，則又顯示了這處族墓可能為同一宗族的兩個或三個相近支族 ③。族葬制原是原始社會公共墓地制的遺留，是宗法制在葬制上的體現。《周禮 地官 大司徒》記「以本俗六安

① 《左傳 昭公十四年》：「使鬻辛居郢，以無忘舊勳。」郢之地望，杜注謂「在江夏雲杜縣東南」，即今湖北沔陽境，但《括地志》及《元和郡縣志》皆謂在今安陸縣境。
② 淅川毛坪楚墓群，除18/22號墓較大，隨葬有銅器外，其餘均皆有陶器墓，有的根本無一件隨葬品，隨葬的陶器品質、種類少而粗糙，這些小墓的墓口一般僅長1.95公尺，寬0.90公尺，都說明墓主的身分較低，是一處平民的墓地。
③ 黃運甫：〈略談淅川毛坪楚墓的分期及其特徵〉，《中原文物》1982年第1期。

萬民……二曰族墳墓」，鄭注：「族，猶類也，同宗者，生相近，死相迫」，又《周禮　春官　墓大夫》「掌凡邦墓之地域為之圖，令國民族葬而掌其禁令，正其位，掌其度數，使皆有私地域①」，淅川毛坪楚墓群的族葬現象，充分證實了楚族宗法性公社的存在。

「生相近，死相迫」，《周禮》對宗法性公社的這種描述對我們掌握這種公社的某些特點無疑極富啟迪。生，聚族而居，死，實行族葬，這種社會團體必然與外界較少接觸。我們且看楚族宗法性公社是否具有這種特點。

《老子》一書，曾描述先秦野地中存在這樣一種社會集團：

小國寡民，使有什伯之器而不用，使民重死而不遠徙……甘其食，美其服，安其居，樂其俗，鄰國相望，雞犬之聲相聞，民至老死，不相往來。

這種居民點的生活圖景，正是楚族宗法性公社的寫照。按照楚國的傳統，凡屬同宗共姓，都是通過祭祀等活動，達到《國語　楚語》所記的「合其州、鄉朋友婚姻，比爾兄弟親戚。於是乎弭其百苛，殄其讒慝，合其嘉好，結其親暱，億其上下，以申固其姓」。這表明，在楚族宗法性公社內部，人與人之間關係密切。牢固的血緣紐帶、宗教網路，使人們結成一個整體，「死徙無出鄉，鄉田同井，出入相友，守望相助，疾病相扶持②」。而在公社外部，除同宗共祖的公社外，與其他公社和其他居民不相往來，其成員在宗法制的束縛下，一般不能自由遠徙，這樣，長年累月保持一種自我封閉的狀態。這種自我封閉型的楚族宗法性公社的典型是《左傳　昭公十三年》所記楚

---

① 私地域，林尹《周禮今注今譯》謂「劃分與其族所葬之地域，以其地為某族獨得葬」。
② 《孟子　滕文公上》。

靈王失國後，逃到深山老林所遇的「棘闈」。當時，楚貴族申亥到處尋找靈王，「遇諸棘闈以歸」，《國語　吳語》的記載是，「（楚靈王）匍匐將入於棘闈，棘闈不納，乃入芋尹申亥氏焉」。杜注：「棘，里名，闈，門也。」劉文淇《左傳舊注疏證》引「《正義》云：孔晁曰棘，楚邑，闈，門也。案襄三十六年《傳》言吳伐楚克棘，四年《傳》言吳伐楚入棘，以棘為邑，或是也」。徐中舒說，棘闈就是周圍種著荊棘的寨子的門[①]，十分正確。這些，都表明此「棘闈」自身是封閉型的，外人難以貿然進去，其「闈」內居民一般不與外界接觸，是所謂「鄉丘老不通謀[②]」。楚國的野地，當有眾多的「棘闈」散處其間，在這些「棘圍」之間，正是一幅「鄰國（公社）相望，雞犬之聲相聞，民至老死不相往來」的圖景。對這「棘圍」之內居民的思想、習性，《莊子　天地》有一個記載從側面給予了回答：「子貢南遊於楚，反於晉，過漢陰，見一丈人方將為圃畦，鑿隧而入井，抱甕而出灌，搰搰然用力甚多而見功寡」，此丈人在聽子貢介紹先進的提水工具桔槔時還說：「吾非不知，羞而不為也。」莊子的本意是借此宣傳去「機心」而保持真樸，然而我們則又看到了存在於楚國的一個不接受外來事物的自我封閉型的宗法性公社的影子。

楚族宗法性公社，在楚國具有較高的政治地位。楚統治者十分重視利用血緣紐帶來強固自己的統治。如屈原曾為楚「三閭」大夫，王逸〈離騷序〉注：「三閭之職，掌王族三姓，曰昭、屈、景」，這個三閭大夫也就是統管三個不同姓氏的總族長。僅憑管理這三個大姓，族長屈原就有與楚王經常接觸的機會，以自己的政見影響楚王，可見這「王族三姓」在楚受到重視的程度。屈原的職責是「序其譜屬，率其賢良，以厲國士」，表明只要屬王族之姓，無論是居於「國」中

---

① 《論巴蜀文化》，四川人民出版社1982年版。
② 《管子　侈靡》。

還是野地，都會無遺漏地被「序其譜屬」，享受應得的權利。楚既設有掌管昭、屈、景三姓的官員，王室其餘諸姓必也設官管理，同樣對他們「序其譜屬」，由這些姓的成員在野地組成的楚族宗法性公社，自必同樣受到國家的重視。《國語　楚語下》載觀射父勸諫楚昭王要「使名姓之後，能知四時之生……氏族之出，而心率舊典者為之宗」。楚《祭典》也規定：「庶人有魚炙之薦」、「庶人食菜，祀以魚」[①]，便是利用經常性的祭祀活動，使楚貴族流入野地的舊姓後代享受應有的權利，從感情上得到慰藉。楚統治者一直十分重視培養他們的忠君思想，愛國觀念，「訓之以若敖、蚡冒篳路藍縷，以啟山林」，即是教育這些楚族宗法性公社成員不要忘記自己的祖先開創楚國基業的艱苦奮鬥的精神，將這種傳統加以繼承和發揚。歷代楚王追求赫赫武功，無不倚這些楚族之後為中堅，以他們為主幹來組建軍隊。《左傳　成公十六年》記原係楚臣的苗賁皇對晉君介紹楚軍的情況說：「楚之良，在其中軍王族而已」，這些「王族」便多是貴族子弟、國人以及來自楚族宗法性公社的野人。他們以對國家的激情、對楚王的忠誠、良好的紀律投入戰鬥，當然具有極強的戰鬥力，理所當然地得到楚國統治者的倚重。因此，可以說楚野地的這種楚族宗法性公社的成員，屬於楚國的平民階層，是楚國野人中的上層。

第二節　異族隸屬性公社

楚國野地的居民，隨著楚疆土的日益擴展而不斷增加，大量地被征服民族臣服於楚國的統治之下，在楚國的總人口中所占的比重越來越大，是楚國野地的主要居民。上文列舉三四種來源時已經述及。

---

① 《國語　楚語》。

按照先秦通例，一國被滅，其地即成為戰勝國的野地。《呂氏春秋　行論》記：「楚莊王使文之無畏於齊過於宋，不先假道。還反，華元言於宋昭公曰，往不假道，來不假道，是以宋為野鄙也。」《左傳　成公十八年》又記宋人害怕宋國成為楚野鄙之地，說楚是「大國無厭，鄙我猶憾」。鄭國是楚國的近鄰，時時提防被楚吞併，成為楚之野地，子展曾說楚對鄭是「親我無成，鄙我是欲[1]」，子產論及當時大國與小國的關係時，感慨地說：「夫大國之人令於小國，而皆獲其求，將何以給之⋯⋯吾且為鄙邑，則失位矣（我國要是成了大國的野地，那就失去作為一個國家的地位了）。」

　　其國被滅即成為戰勝國的野地，其民當然隨之成為戰勝國的野人了。因此，學者們一般所指的野人，大多就是指的來自於被征服民族的人口。

　　呂思勉先生云：

　　中國最古之等級，時日國人及野人，亦起於異部族之相爭者也。
　　國人者，戰勝之部族，擇險峻之地，築邑以居，野人則戰敗之族，居平夷之地，從事耕耘者也⋯⋯供租稅，服徭役。[2]

　　現在，從上文列舉的楚族宗法性公社廣泛地分布於野地的實際情況來看，「戰勝之部族」的楚族，不一定全居於「國」中，其居於野地者仍可冠以「野人」之稱，而在野地中居住的被征服的異族，無疑更屬於「野人」之列。

　　楚國的異族野人由歷代楚王銳意開疆拓土，不斷吞併諸小國而來，他們之中，不少人是留在原地，就地接受楚國的統治，還有相當

---

① 《左傳　襄公八年》。
② 呂思勉：《先秦史》第十一章「社會組織」第四節，「等級」第291頁。

多的人被遷往未經開發的荒遠之地，因此，他們在楚國的分布，比楚族宗法性公社更廣泛得多。綜合清人顧棟高《春秋大事表》卷四「楚疆域表」和卷五「爵姓存滅表」，梁啟超《飲冰室合集》第十二冊《春秋載記》所附「周代列國併吞表」及郭沫若主編《中國史稿》第一冊所附「東周列國存滅表」，現將被滅國遺民廣布於楚野地的情況按今省區的分布列表如下：

表11-2　楚滅國（族）地點分布表（今地）

湖北境		河南境			
權①	當陽縣東南	（上）鄀	淅川縣西南	胡	郾城縣
那處②	荊門縣東南	蓼（巴姓）	唐河縣南	蠻氏	臨汝縣西
	襄樊市西北	息	息縣	陳	淮陽縣
鄀③穀	穀城縣西	西申	南陽市北	西不羹	襄城縣西
鄢④	宜城縣西南	呂	南陽市西	東不羹	舞陽縣北
羅	宜城縣西	東呂	新蔡縣	項	項城縣
盧戎	南漳縣東	弦	潢川縣西北	繒	方城縣
鄖	安陸縣	黃	光州	應	襄城縣西南
貳	應山縣西南	東申	信陽市北	賴	息縣東北
軫	應山縣西	江	正陽縣東	許	許昌市
絞	鄖縣西北	鄀	淅川	霍	臨汝縣西南
州	監利縣	柏	西平縣西	養	郟縣
鄧	襄樊市東北	道	確山縣東北	宋⑤	商丘

① 郭沫若：《中國史稿》第一冊附表五「東周列國存滅表」將權列為巴國所滅，不知何據。
② 那處一名，楚武王時滅，楚後遷權於此地，設縣。
③ 鄀，何浩《春秋時楚滅國新探》認為是鄀的屬邑，不應稱之為國，不確。《荊州記》卷三、《水經注》卷三十一、太平寰宇記均記為「鄀子國」，《讀史方輿紀要》卷七十九「襄陽府」條：「城在府東北十二里，古鄀子國。」
④ 鄢，何浩《春秋時楚滅國新探》依據《左傳　昭公十三年》「王沿夏，將欲入鄢」，杜注和《水經注》均未注為「鄢國」，而將鄢排除在楚滅國之外，對此，馮永軒先生則於〈說楚都〉（文載《江漢論壇》1980年第2期）一文中引吳卓信《漢書地理志補注》說：「鄢本古國，後入楚為別都」；《讀史方輿紀要》記：「鄢城在宜城縣西南九里，古鄢子國，楚為鄢縣」，江永《春秋地理考實》：「今襄陽府宜城縣南有宜城故城，即古鄢國也。」馮先生據此論證鄢為古國名，被楚滅，並且明確指出：「鄀、鄢兩城相距不遠，楚昭、楚惠先後居此，因這兩地都曾為楚之統治或住過，故鄢、鄀並稱。」有鑑於此，筆者仍將鄢列入楚滅國之列。
⑤ 宋國係楚傾襄王十三年（西元前286年）楚與齊國、魏國共同所滅。楚分得商丘以南一帶土地。

续表					
湖北境		河南境			
夔	秭歸縣東	房	遂平縣房城	白	息縣西南
庸	竹山縣東	蔣	固始縣東蔣鄉	夏	桐柏縣東
厲	隨州市北	頓	項城縣北	儷	內鄉縣東北
唐	隨州市西北	康	禹縣西北	疇	襄城縣西南
樊	襄樊市				
西黃	宜城縣南				
隨	隨州市				
鄂	大冶縣西				
安徽境		山東境		其他	
蓼（偃姓）	霍邱至壽縣	魯	曲阜	廉	陝西白河縣東
宗	巢縣北	杞	安丘東北	夷虎	淮河上游大別山
巢	巢縣北	邦	鄒縣東北	越	浙江江蘇一帶
舒蓼	舒城縣西	莒	莒縣	群蠻	湖南沅陵、芷江
舒庸	舒城縣東	小邾	滕縣	百濮	散佈鄂湘川滇
舒鳩	舒城縣	昊	莒縣東北	揚越	鄂贛湘桂粵間
舒龍	舒城縣西	郯	郯城縣西南		
舒鮑	舒城縣西				
蕭	蕭縣西北				
舒	廬江縣西南				
六	六安市北				
英氏	金寨縣東				
桐	桐城北				
舒冀	潛山縣北				
皖	潛山縣				
蔡	上蔡				
灊	霍山縣東北				
慎	潁上縣西北				
淮夷	淮河之南				

　　由此表可知，整個春秋戰國時期楚共滅國（族）共約88個，廣泛分布於今湖北、河南、安徽、山東、浙江、江蘇、湖南、江西西部、廣西東北部、廣東西北部及陝西東南部、四川東部諸地。這些被滅國的遺民在國破之後，除少數仕於楚國的貴族外，一般都處在社會的底層，其社會地位比上述楚族宗法性公社的成員低下得多。早在商代，就有不少這種被征服的公社（邑），如「大方（邦）伐□，鄙廿

邑①」，就是奪取20個邑為商的邊鄙，這20個邑的居民，就不得不屈從於商的統治，成為商的野人。周人以少數族入主中原，居多數的商人反而被征服，這些商人以及以前被商征服的虞、夏遺民和狄姓懷姓九宗等居於野地者，就都變成周王朝的異族野人了，這與楚國的情況十分相似。很明顯，這些被滅國的遺民從國破之日起，就同楚國統治者結成新的統治與被統治、奴役與被奴役、剝削與被剝削的關係。鑒於這些遺民與上文所述存在於野地的楚族宗法性公社成員均係身分自由的平民不同，他們整族地（非單獨個人）隸屬於楚國的統治之下，亦以公社的形式聚族而居，姑且命之曰異族隸屬性公社。

筆者在爬梳楚滅國的歷程時，對楚一連串的「滅國」、「復國」、「遷國」、「致田」等對待異族的各種舉措曾大惑不解，摸不准主要目的何在。起初以為主要目的在於占有土地，後來方知不見得如此。占有土地，這對建國初期「土不過同②」的楚國而言，當然不錯。楚當初「僻在荊山」，勢必以拓展疆土為務，這時，奪得土地當然是第一位的，如「濮人散處武當、荊、巫諸山脈中③」。《國語 鄭語》「及平王之末，而秦、晉、齊、楚代興……楚蚡冒於是乎始啟濮」，到蚡冒之弟楚武王時，「始開濮地而有之④」，因此，晉杜預在《左傳 文公十五年》「凡勝國曰滅之」下注云：「勝國者，絕其社稷，有其土地也。」但是，隨著楚國疆土的急劇擴張，由「土不過同」到「今土數圻⑤」。楚統治者又面臨一個新的嚴峻問題——人口嚴重不足。戰國時的吳起曾急切地向楚王發出：「荊所餘者地也，所

---

① 《殷契粹編》第801頁。
② 《左傳 昭公二十三年》：「若敖、蚡冒至於武（王）文（王），土不過同。」杜注：「方百里為同。」
③ 顧頡剛：《史林雜識 牧誓八國》。
④ 《史記 楚世家》。
⑤ 《左傳 昭公二十三年》，沈尹戌曰：「若敖蚡冒至於武、文，土不過同，慎其四境，猶不誡郢。今土數圻，而郢是城，不亦難乎？」杜注：「方千里為圻。」

不足者民也」^①的警報，《墨子　非攻》說楚是「十倍其國之眾，而未能食其地也」。人口不足問題如此嚴重，已經到了須得「令貴人往實廣虛之地」的程度。然而，是否只有吳起才看出此問題，或者說，是否只是到了戰國時期，楚國人口不足的矛盾才特別突出呢？細揆史籍，看來並不如此。可以說，早在春秋中期，楚統治者就已開始注意到此問題，並由此對所滅之國的指導思想作了調整。

楚莊王是一個雄才大略的君主，《韓非子　有度》稱「荊莊王並國二十六，開地三千里」，好似唯知拓地為務，實則不然。《公羊傳　宣公十二年》記楚莊王「勝鄭而不有」，將軍子重對此很不理解，莊王解釋說，「古者杅不穿，皮不蠹，則不出四方，是以君子篤於禮而薄於利，要其人而不要其土」，《韓詩外傳》第十八章亦記有楚莊王「要其人而不要其土」的說法。有兩個例子，說明有時楚莊王滅國確實不以得其土地為主要目標。第一個例子是《左傳　宣公十一年》記楚莊王滅陳國之後，由於聽了申叔時的勸諫，「乃復封陳」。陳國復國，成了楚的附庸國，自當會盡附庸國應盡的義務，本來事情也就可以了結了，可《左傳》偏偏記載莊王歸國時，對已征服的陳國「鄉取一人焉以歸，謂之夏州」。這明白地顯示出，莊王眼中，滅國也好，復其國也好，都可商量，唯獨這人口，是斷不可不「取」的。申叔時可以諫莊王復陳，卻未見他再諫莊王不要「取」陳民，大概他也認為，「鄉取一人」乃天經地義之事吧。此例表明楚莊王赤裸裸地擄掠陳民。第二例的記載較為隱晦。就在楚莊王對陳「鄉取一人」的第二年，剛剛與晉爆發有名的邲之戰不久，楚軍又繞過宋國，奔襲並滅掉宋的附庸蕭國（今安徽蕭縣西北）。但楚並沒有占領蕭地，《左傳　定公十二年》記「宋公之弟辰入於蕭以叛」，表明蕭地被滅國99年仍是宋的附庸。對此，清人惠士奇《春秋說》發表評論，認為這表

---

① 《呂氏春秋　貴卒》。

明「春秋書滅，非盡有其地」，楚滅蕭即屬於「又有滅蕭而存者」之列。這裡，人們當然會發生疑問：既滅蕭而又不得其地，那又為何叫「滅」呢？如果參照滅蕭頭一年楚莊王對陳國的行為，就很容易理解了，原來滅蕭以後，同樣也是「鄉取一人焉以歸」。擄掠了不少蕭人方才班師回國，滅蕭的目的僅在掠人，故而滅國而地不入楚。這種情況，並非僅見，如地望更在蕭東北方的莒國（今山東莒縣），莒君自稱「僻陋在夷」，在蕭滅之後十四年（西元前582年），又被楚共王所滅。莒國離楚更遠，楚人「自陳伐莒①」，為的還是擄掠人口。《左傳》記楚滅莒的過程中，有一個很有趣的插曲：「莒人囚楚公子平，楚人曰：『勿殺，吾歸而俘』」，正好說明楚師入莒境之後以「俘」莒人為務。《左傳》記載楚師滅莒時，先是「如渠丘」（今山東莒縣東南），將莒人集中的渠丘攻破，有「俘」之後，再攻莒都，「莒潰」，仍不甘休，繼而，「遂入鄆」（今山東沂水東北），前後「克其三都」，蓋因每次戰事起，各小國一般都是將全部人口集中於各個城內自保，楚軍既為擄掠人口而來，當然於克莒都之後，仍不放過莒之鄆城，力圖城破而將人口盡俘以歸。至於莒地，並不在乎，直至「（楚）簡王元年，北伐滅莒②」，莒地才盡歸楚有，這時上距楚共王滅莒，已長達152年之久。

證實楚興師以掠人為目標，還有不少記載。《左傳 成公二年》記「冬，楚師侵衛，遂侵我（魯）……侵及陽橋（今山東泰安附近），孟孫請往賂之以執斲（匠人）、執鍼（女工）、織絍（織工）皆百人，公衡（魯成公之子）為質，以請盟。楚人許平」，這位魯人孟孫，極有眼光，看准了楚人是為擄掠人口而來，對症下藥，賂人三百，果然無事。繼魯孟孫之後，又有「越王勾踐使廉稽獻民於荊

---

① 《左傳 成公九年》。
② 《史記 楚世家》。

王^①」，可見越王也善投楚所好。又，《左傳　僖公二十二年》還記早在楚成王三十四年時，楚打敗宋襄公，凱旋回國，途徑鄭國接受慰勞時，楚成王得意洋洋的「示之俘、馘」。「俘」即是活著的戰俘，擄掠得來的人口^②，是楚王視為最可誇耀的戰利品。

　　《左傳　哀公四年》還清楚地記載著楚昭王二十五年時為獲得蠻氏人口而大動干戈之事。蠻氏本居於今河南汝陽縣東，楚為攻蠻氏，調動大量人力物力，先是在負函（今河南信陽境）集合蔡國遺民，在繒關（今河南方城縣）集合方城山之外的人，襲擊蠻氏的兩個都邑，繼而包圍了蠻氏，蠻氏潰散，蠻君領眾逃至晉陰地（今河南盧氏縣東北），楚軍卻仍然窮追不捨，又大張旗鼓地徵召楚豐邑、析邑二地及戎狄之民為兵，兵分兩路，氣勢洶洶地逼近晉陰地，威脅晉國交人，晉國被逼，用欺騙的手段抓住蠻君，交給楚軍，楚司馬假裝給蠻君城邑和建立宗主，來引誘蠻氏分散的百姓，實在是煞費苦心，結果，基本將蠻氏人口全部俘虜而歸。在這滅蠻氏的過程中，可以看出，楚國統治者對擄掠人口之事是何等重視。

　　被征服成為楚國的野人後處境如何？研究者有的說全是奴隸、有的說全是農奴。筆者認為，籠統地指為奴隸或農奴有對的一面，亦有欠妥之處。因為這些被征服者，各自由於具體情況不同，對楚統治者馴服的程度不同，故爾楚國統治者對他們也就區別對待，給予不同的出路，難以一概而論，大體上說，有小部分不願降楚的人被囚禁，作為人祭、釁鼓、獻俘、殺囚的對象，其身分為奴隸；絕大部分順從楚國的遺民在楚野地組成隸屬性公社，其身分不是奴隸。

---

① 《韓詩外傳》卷八第一章。此句中「民」字有人或疑為「梅」字，不確。

② 「俘」係生囚，馘係殺死之敵的左耳，兩者截然有別。金景芳《中國奴隸社會史》第166頁論及此中區別，謂：康王時代的青銅器《小盂鼎》銘文說「王□盂，以□□伐鬼方……獲□四千八百二，俘人萬三千八十一人」，「馘」與「俘」分別述之。另《左傳　宣公二年》記「俘，二百五十人，馘百人」，亦分別而記。

楊寬在〈論西周時代的奴隸制生產關係〉一文中指出：

春秋時代處理滅亡的國家或氏族的辦法有三種：西元前五七九年楚軍攻入鄭國，鄭襄公袒著衣，牽著羊，出來投降，請求說：「其俘諸江南，以實海濱，亦唯命；其翦以賜諸侯，使臣妾之，亦唯命；若惠顧前好，……使改事君，夷於九縣，君之惠也」（《左傳　宣公十二年》）。……一個辦法是把征服的居民遷到需要充實的地方，加以奴役和剝削，即所謂「以實海濱」；另一個最輕的辦法是原地不動，保持原來的居住和生產組織情況，就地加以奴役和剝削，即所謂「使改事君」。當然，「夷於九縣」的辦法在西周時還沒有。[1]

楊寬先生所指，極富啟迪，只是「夷於九縣」顯係成為楚縣制下的居民，在春秋時期的楚國已經常見。綜合被楚滅國遺民的出路，共有三條。下面謹按楊氏所指，根據三種出路政治地位的高低分別言之。

第一條較好的出路，「不泯其社稷，使改事君，夷於九縣」，可視為楚野地的異族平民。

鄭襄公在國破之日，委婉地請求得到楚國的寬恕，故意先說情願被「俘諸江南」和「翦以賜諸侯」（詳下文），隨後道出真意，要求如同楚國已有的縣那樣，在接受楚國統治的前提下，保留鄭國現有的宗族、生產、居住組織，口稱如果這樣做了，就是「（楚）君之惠也，孤之願也」，可見這是鄭所最為盼望的被滅國者除復國外所企望的最好的一條出路。

被征服者的這條出路在楚國是確實存在的。國破之時希望能「夷於九縣」即等同於楚已有的諸縣[2]，這可作兩種理解，一是使鄭國成

---

① 文載《古史新探》第81頁。

② 《史記　留侯世家》云：「今諸侯將皆陛下故等夷」，舊本《辭源》「等夷」條謂「言彼此平等」。可見等、夷係同義詞連用，夷亦等同的意思。

為楚的附庸國，另一種即是成為楚縣之一。在楚此次攻鄭之前，楚已建有數縣，大都是並滅諸小國而建成的，如楚武王時建的權縣、那處（今湖北荊門縣東南），楚文王時建的申縣（今河南南陽市北）、息縣（今河南息縣西南）均屬此類。在此之後，楚以滅國為縣之例，還可見於楚共王建的鄖縣（今湖北安陸縣）、楚靈王建的陳縣（今河南淮陽）、蔡縣（今河南上蔡縣）等。還有一些小國被滅後成為楚縣，有的僅以被俘獲的人口設縣（如沈縣等）。茲表列如下：

表11-3　楚滅國設縣表

縣名	今地	依據
權縣	湖北當陽東南	《左傳　莊公十八年》「鬬緡尹之」。
那處	湖北荊門東南	《左傳　莊公十八年》「閻敖尹之」。
申縣	河南南陽市北	見《左傳　莊公三十年》。
息縣	河南息縣西南	見《左傳　莊公十四年》、《文公三年》。
鄀縣	湖北宜城縣南	見《讀史方輿紀要》卷七十九「鄀城」條。
郢縣	湖北宜城縣	楚穆王四年，（上）郢國受秦威脅，自商密（今河南淅川）南徙宜城，「楚滅之而縣其地」，見《讀史方輿紀要》卷七十九。
鄖縣	湖北安陸縣	《史記　吳太伯世家》集解引。
呂縣	河南南陽西	見《左傳　成公七年》。
沈縣	河南固始縣	沈國係定公四年蔡國所滅，後屬楚，移沈民至此，楚有沈尹。
陳縣	河南淮陽縣	見《左傳　宣公十一年》、《昭公十一年》。
蔡縣	河南上蔡縣西	《左傳　昭公十一年》記有蔡公。
庸縣	湖北竹山縣東	見《水經注　沔水注》。
白縣	河南息縣西南	見《路史　國名紀乙》，《楚語上》有白公子張。
期思縣	河南固始縣	原蔣國地。見《水經注》卷三十，《左傳　文公十七年》。
慎縣	安徽潁上縣西北	見《春秋大事表》卷七之四。

上述設縣的被滅國遺民，從人數上講，在被滅國中占有相當的比重。這些遺民實際上成為楚縣制下的居民。從鄭襄公所言「不泯其社稷，使改事君，夷於九縣」的實際含義看，這些楚縣制下的異族居民，原有的宗族、居住組織和生產組織均原封不動，舊俗可得以不改，經濟生活亦不至於因亡國而遭受重大的打擊、發生劇烈的動盪，

第十一章　楚國農業勞動者的社會組織形式

他們依然可以原有的公社形式存在於楚國的野地之中。從形式上看，與楚族宗法性公社沒有兩樣，同系聚族而居，同在楚縣的管轄下生產，納賦、服役、從征。

楚國的這種縣制對緩解被征服民族與統治民族楚族之間的矛盾起到了十分積極的作用。大量事實表明，楚縣制下的異族遺民均未戴上奴隸制的枷鎖。如陳、蔡在楚靈王十一年（西元前530年）被楚滅為楚縣後，其遺民成了楚縣的居民，楚靈王派少弟棄疾為蔡公，「君陳、蔡，城外屬焉[①]」，治理這兩縣的遺民。史載棄疾對這些被征服民族與楚民族居民一視同仁，毫無歧視，各方面工作處理得井井有條，不到一年，便受到這些舊滅國遺民的熱烈擁戴。棄疾的好名聲甚至傳到晉國大臣耳中，《左傳 昭公十三年》記晉叔向發表評論說：「有楚國者，其棄疾乎！……苟慝不作，盜賊伏隱，私欲不違，民無怨心，先神命之，國民信之……」，稱讚棄疾「有民」並由此預言棄疾必當振興楚國。時在棄疾治理下的這些「民」，實非陳、蔡二國的舊遺民莫屬。這條記載明白顯示，這些遺民的地位，幾乎等同於楚族平民，與楚族宗法性公社居民一樣，同為楚國統治者看重。

楚縣制下的異族隸屬性公社居民，同樣有著政治上的發言權。《國語 楚語上》記楚靈王與大臣們討論滅國設縣是否會造成尾大不掉的局面，影響王權，楚臣右尹子革奉勸靈王說，這些遺民應有的權利必須尊重，因為這些「民，天之生也。知天，必知民矣，是其言可以懼哉！」《國語》緊接著記：「三年，陳、蔡及不羹人納棄疾而弒靈王。」這條記載，很耐人尋味，它把靈王的被殺說成是陳、蔡及不羹三國遺民對自己的統治者選擇的結果，楚貴族棄疾是被這些遺民所「納」後，順從「民意」而弒靈王的。由此可見，靈王的被顛覆在一定程度上是陳、蔡、不羹遺民意志的體現，是這些遺民干預楚國國政

---

① 見《左傳 昭公十三年》，杜注：「城，方城。時穿封戌既死，棄疾並領陳、蔡。」

的體現。值得注意的是，這些被滅國遺民入楚後，不是直接擁戴自己的舊國君以叛楚復國，而是擁戴一個更信任的楚貴族來影響楚國的國政，顯示出他們已逐步與楚人同化。

《左傳　哀公四年》還記有一事，表明這些異族隸屬性公社居民同楚族人一樣受到應有的尊重：

> 夏，楚人既克夷虎，乃謀北方。左司馬眅、申公壽余、葉公諸梁致蔡於負函①，致方城之外於繒關②，曰：「吳將泝江入郢，將奔命焉。」為一昔（夕）之期，襲梁及霍。單浮余圍蠻氏。

楚統治者意欲擄掠蠻氏人口，將蔡國遺民和「方城之外」的縣民③分別集合於負函和繒關二地，給予兩地一個夜晚的準備時間，令他們分別襲擊蠻氏的梁地及霍地。這又表明：一、在負函（今河南信陽）一帶的蔡遺民是在楚第二次滅蔡④後的第三年仍單獨居住在一起生活；二、這些蔡遺民擁有自己的武裝，有組織，能於一夜之間集中行動，並具有長途襲擊的能力；三、楚國統治者動員這些遺民時，尚要托言「吳國將要泝江而上進攻郢都」，以此使這些人聽令，說明楚人對他們並不是像驅使奴隸那樣簡單地下強制性的命令。

第二條出路，把征服的遺民遷到急需開發的荒遠之地從事農耕（「遷之江南」），可視為楚野地異族人中的中下等平民。

楚統治者興師滅國的主要目的，很大程度在於擄掠人口，而這些

---

① 杜注：「此蔡之故地人民，楚因以為邑，致之者，會其眾也。」
② 據江永《春秋地理考實》，繒關在今河南方城縣。
③ 《左傳　襄公二十六年》記穿封戌為「方城外之縣尹」，故知方城外之民為楚縣居民。
④ 蔡國在楚平王為其復國後定都新蔡（今河南新蔡縣），後因蔡君受令尹囊瓦之辱，導引吳師入郢，遂遭楚報復，楚昭王二十二年（西元前494年）再次滅蔡。這一次不再就地設縣，而是命遷於江（長江）汝（汝水）之間，蔡昭侯懼楚，在蔡人的一片反對聲中強迫蔡人遷到靠近吳國的州來，是為下蔡。這些在負函之地的蔡遺民，可能是不願遷於州來的蔡人，楚將其安頓在負函。

人口的價值在於能夠墾辟草萊、對付「廣虛之地」。正如有的學者指出過的,楚國經濟地理的特點,北部漢淮地區的土地大多早已開發,人口稠密,經濟文化發達,生產技術先進,但東方的浙南、閩、贛及長江以南的廣大地區,加上戰國始開發的西南黔、滇一帶,則是落後的多部族、多民族分布的地區,幾乎多沒有形成國家。這裡原始森林茂密,絕大部分土地還沒有墾辟。所以楚國每滅亡北方的一個小國,便把被滅國遺民從經濟發達的地區遷到南方、東方經濟落後地區從事開發工作。春秋中期的鄭襄公在國破之日,首先請求「俘(遷)諸江南①」或者「以實海濱②」,從地理位置上講,一個南方,一個北方,正是楚國急需墾殖之地,表明鄭襄公是個明白人,對國滅之後的去向早已心中有數。

「俘諸江南」的實例,先於鄭襄公國破之前約90年被楚滅的羅國可算是一個典型。古羅子國周時本在今湖北宜城羅川城③,在楚、隨(今湖北隨州市)之間。羅被楚滅在西元前690年楚武王伐隨之前,《左傳 桓公十三年》(楚武王四十二年)記楚伐羅,被打得大敗,宋鄧名世《古今姓氏書辯證》卷十二記此役「其後,楚復伐羅,並其國,子孫以為氏」。羅國被滅,楚師方才可能越過其地去攻打隨國。

羅國被滅後,正是遭到被「俘諸江南」的命運。遺民先是被楚南遷至今湖北枝江地④,這是楚國的腹心地帶。繼而繼續南遷,直至今湖南汨羅湘陰一帶⑤。清人顧棟高《春秋大事表》卷四有〈春秋時楚

---

① 《史記 鄭世家》作「遷諸江南」,意更明確。

② 以實海濱,可參《吳越春秋 闔閭內傳》。吳王闔閭歎云「寡人國僻遠,東濱海側」。

③ 古羅國地望,《水經注》「夷水……歷宜城西山,謂之夷溪,又東南徑羅川城,故羅國也」,《路史 國名紀丙》亦云「在襄(陽府)之宜城」。

④ 羅國被遷於枝江地,見於《通志 氏族略》:「羅氏,子爵……初封宜城,徙枝江」;《路史 後紀八》說羅「初國宜城,後徙枝江」,《水經注》直指「枝江地,故羅國」。

⑤ 《漢書 地理志》記有「長沙國羅縣」,應劭曰:「楚文王徙羅子國自枝江居此」。《楚文化考古大事記》147頁有「湖南湘陰古羅城調查」,湘陰緊挨汨羅,史學界一般認為即今之古羅城。

地不到湖南論〉，謂春秋時「蓋其時湖南與閩、廣，均為荒遠之地，如今交趾、日南相似，計惟群蠻、百濮居之，無係於中國之厲害，故楚亦有所不爭也」。其實，春秋時楚國早在楚文王時已經開始對今湖南當時視為「荒遠之地」進行開發[1]，羅國遺民於楚文王時即遷至湖南，便為明證。

因開發江南需要，被輾轉遷至湖南的被滅國遺民，不獨羅國，還有鄖、貳、軫、西申、杞、六、蓼、麋、庸、蔣、唐、頓諸國。其具體遷地及存姓情況見下表：

表11-4　楚滅國遷徙遺民表

國名	原地望	遷徙地	存姓情況	資料依據
羅	湖北宜城縣西	湖南汨羅一帶	存	上文已述
鄖[2]	湖北安陸	河南茶陵、雲陽山	存	《通志　氏族略》
貳	湖北應山縣西南	湖南漢壽縣	存	《姓考》、《萬姓統譜》
軫	湖北應山縣西	湖南岳陽市	存	《元和姓纂》
西申[3]	河南南陽市北	一支遷湖南臨醴	不明	
杞	山東安丘東北	部分遷湖南常德	存	《通志　氏族略》
六[4]	安徽六安市北	湖南醴陵、株洲之淥水	存	《萬姓統譜》
蓼	安徽霍邱壽縣一帶	先至湖北應山，後遷湖南資興縣	存	《通志　氏族略》
麋[5]	陝西白河	湖南岳陽一帶	存	《通志　氏族略》
庸	湖北竹山縣	湖南攸縣北	存	《通志　氏族略》
蔣	河南固始蔣鄉	部分遷湖南湘鄉	存	《唐書　宰相世系表》
唐	湖北隨州市西北	湖南武岡西南唐糾山	存	《通志　氏族略》
頓	河南項城縣北	湘西南沅水、資水上游	存	《風俗通義》

楚對湖南之地大量遷徙遺民的史實表明，楚對江南的開發是極

---

① 詳見《江漢論壇》1981年第1期《春秋時楚對江南的開發》。

② 參見何光岳〈子國考〉，《湘潭大學學報》1982年第2期。

③ 參見何光岳〈申國史考〉，《信陽師範學院學報》1983年第2期。

④ 參見何光岳〈群舒與偃姓諸國的來源與分布〉，《江淮論壇》1882年第6期。

⑤ 《讀史方輿紀要》卷七十七嶽州府「麋城」條記此處「相傳古（麋）子國」。

為重視的。楚對江南的開發較早,春秋時期,楚成王即位時,《史記 楚世家》即記有「天子賜胙,曰:『鎮爾南方夷越之亂,無侵中國』,於是楚地千里」,這正與成王之前的楚武王滅羅,羅遺民被輾轉遷至湖南汨羅相印證。楚成王接受周天子賜胙之後,勢必趁勢南侵,跨過洞庭湖東南的汨羅江一線更遠之地。春秋中期的楚共王又曾擴境江南,《國語 楚語》載其功績之一是「撫征南海,訓及諸夏」,表明楚對南方的經營已很有成效。春秋晚期楚平王時,曾「為舟師以伐濮[1]」,而濮此時所在地,顧棟高《春秋大事表》卷五謂或在「湖廣常德、辰州二府境」,清初王鳴盛《尚書後案》指出「湖南辰州實古濮地」。此外,史稱湘贛邊界上的江西萍鄉,其得名係楚昭王曾在此獲「萍實[2]」,故萍鄉又稱昭萍或楚萍。到戰國時期,吳起又「南平百越[3]」,「遂有洞庭、蒼梧[4]」。這些都表明楚國的勢力早已到達今湖南、江西一帶,其地為楚的荒遠之地。「夫地大而不墾者,與無地同[5]」,楚統治者當然明白這個道理,故將北方被滅國遺民大量往南遷徙,把北方的先進生產技術帶到南方來,以增強楚國的經濟力量。因此,正是南方荒野之地需要大批人力進行開發的這樣經濟原因,造成北方的楚滅國遺民大批南遷。鄭襄公所說的「俘諸江南」,當然成為楚對待滅國遺民的第一個基本國策。

這些被楚統治者遷往「廣虛之地」從事墾辟的遺民,長途跋涉,經歷各種難以想像的艱難困苦,將荒遠之地變為楚國鞏固的財賦供應地,為楚國的發展作出了重大的貢獻。他們究竟處於一種什麼樣的地位,是需要認真釐析的。這些開發荒野之地的主力軍,沒有被戴上奴

---

① 《左傳 昭公十九年》。時楚平王六年。
② 樂史《太平寰宇記》(轉引自《萍鄉縣志》)云:「楚昭王渡江獲萍實於此,今縣北有萍實里,楚王臺也,因此名縣。」
③ 參見《史記 孫子·吳起列傳》。
④ 《後漢書 南蠻傳》。
⑤ 《商君書 算地》。

隸制的枷鎖，這是其主導的方面。其原因在於：第一，遷，是保證楚國國力的一項重要措施，是楚國各階層人士都共同承擔的義務。不獨被滅國遺民，楚族人乃至貴族同樣也得根據需要遷徙於有待開發之地。如《呂氏春秋　貴卒》所記的吳起「令貴人往實廣虛之地」，這些「貴人」並非犯罪者，他們同被遷的遺民一樣，當然均非奴隸。第二，與楚縣的縣尹、縣公均為楚貴族不同，這些被遷的遺民一般都保持原有的公社形式、宗族組織形式和生產組織形式，在接受楚貴族和有關管理官員監督的前提下，具體事務由本國舊貴族或舊族人處理。《穀梁傳　僖公元年》云：「遷者，猶得其國家以往者也」，如羅、麇等國。直至今日，在湖南的不少地方，仍以他們的族名為地名。他們聚族而居，同耕同息，且「有祭酺合醵之歡」，各種風俗習慣亦可得保存，這些當然是奴隸所不可能享受的。第三，這些被遷的遺民一般都保存著自己原有的姓氏。這些姓氏的存續，表明了這些遺民原有的國屬，顯示出這些遺民原有的血緣，可以寄託他們對故國的哀思。楚統治者允許其姓氏保留下來，是對他們尊重的表現，也是這些遺民非為奴隸的重要標誌。第四，楚統治者對被遷遺民的控制僅具象徵性質，較為寬鬆。如蔡國在柏舉之戰中助吳，被楚報復，再遭滅國之禍。投降後，楚人決定對蔡遺民「使疆於江汝之間（長江之北、汝水之南）」，仍由蔡君管理。不料蔡君偽裝聽命，待楚師撤走，於第二年偷偷率領蔡人遷到州來（今安徽鳳臺），求得吳國的保護。第五，被遷的遺民，其基本生活均有保障。楚統治者在遷徙他們的時候，一般精心配給土地，為其建築居民點，使他們有居有業。如《左傳　昭公九年》，「然丹遷城父人於陳，以夷濮西田益之」。又如《左傳哀公四年》，楚克蠻氏，「裂田以與蠻子而城之」。這些事不是發生在江南之地，但充分表明楚對異族遺民配給土地的重視。在江南荒遠之地，配給土地當然更不成問題。此外，楚人還重視這些遺民的居住問題，如上引「裂田以與蠻子而城之」，給田而又「城之」，即建築

居民點，供被擄掠來的蠻氏之人起居宴息。《左傳》中有許多關於楚築「城」的記載，這些「城」，雖然其中相當部分是出於軍事目的，但亦有相當部分如城蠻氏那樣，純粹是出於經濟目的為安頓被征服民族而築的。如《左傳　昭公二十五年》記楚遠射城州屈，即為安頓茄人。《左傳　昭公三十年》記楚「城丘皇」，即為安頓訾人。正是由於具備上述條件，這些遺民才可能以新的隸屬性公社的形式，在楚野地定居、繁衍，並逐步與楚人同化。

　　但是，應當看到，這些被遷的遺民還有帶奴隸性質的一面，不過並不占主導地位。這主要表現在，他們被牢固地附著於土地，和國有土地一起在名義上同歸國家所有，楚族宗法性公社成員和楚野地的個體居民享有的遷徙自由，他們是不具備的，即使與楚縣制下的遺民相比，也才存在一定差別，地位相對低下。楚縣制下的遺民，居有定所，政治、經濟地位較為穩定，特別是楚縣的長官縣公、縣尹，一般由深受楚王信任的重臣擔任，對本縣的事務有很大的權力，為保證本縣軍隊的戰鬥力，保證徵收賦稅不受干擾，對承擔本縣主要任務的眾多遺民多採取較為堅決的保護態度，不使其他貴族染指，此中較為著名的例子是《左傳　成公七年》記的子重請以申、呂為賞田遭到申公巫臣的拒絕。而這些遺民，只能聽憑楚統治者遷來遷去，完全身不由己，生活是不穩定的，如《左傳》記楚靈王三年（魯昭公四年）「遷賴於鄢，復遷許於賴」，楚靈王八年（魯昭公九年）「遷許於夷」、「遷城父人於陳」、「遷方城外人於許」，楚平王十二年（魯昭公二十五年）「復茄人」、「遷訾人」，形成一種循環性的遷移，楚統治者對他們這樣做，當然含有明顯的監視性質。此外，他們隨時都有連同土地被楚王「賞」給某一貴族的可能，其政治地位更為低下。

　　第三條出路，「賜以賜諸侯，使臣妾之」，即被楚王賞賜給貴族，從事手工業及其他各種勞作，可視為楚野地異族人中的下等平民。

　　以往的楚史研究者較多地注重在野地的楚國采邑主或封君占有

國家土地的一面，而忽略了這些貴族大量占有國家人口亦即被滅國人口的一面。賜土必定賜人，否則等同不賜，而賜人的來源，只可能來自被征服民族。這一點，可以說是從簡單地模仿周王朝對待商遺民的做法而來的。《左傳 定公四年》記周初大封同姓，賜土又賜民。周公之子伯禽分得土地，同時又分到被征服的殷民六族：條氏、徐氏、蕭氏、索氏（繩工）、長勺氏與尾勺氏（酒器工）；康叔分到殷民七族：陶氏（制陶工）、施氏（旗工）、繁氏（馬纓工）、錡氏（銼刀工）、樊氏（籬笆工）、饑氏、終葵氏（錐工）；唐叔分得懷姓九宗（據杜注，為唐之餘民）。有的甚至直接將滅掉的小國合盤賜予，如令魯「因商奄之民」等。楚在此方面受周的影響很深，不過也因自身的具體情況而有所不同。

在楚國，楚王直接賞貴族以人口見於下列記載：

《史記 滑稽列傳》：「於是（楚）莊王謝優孟，乃召孫叔敖子，封之寢丘四百戶，以奉其祀。」

《說苑 權謀》：「（楚）共王乃封安陵纏於車下三百戶。」

《楚史檮杌 虞丘子第三》：（虞丘子辭令尹之職）「莊王從之，賜虞丘子菜（采）地三百（戶）」。

直接證實楚貴族占有人口之事，還有一例：《史記 孔子世家》：「（楚）昭王將以書社地七百里封孔子。」唐司馬貞《索隱》云：「古者二十五家為里，里則各立社，則書社者，書其社之人名於籍。蓋以七百里書社之人封孔子也。」司馬貞所指書社即人，極為精當。《周禮 秋官 司寇》云：「司民，掌登萬民之數，自生齒以上，皆書於版。辨其國中，與其都鄙，及其郊野，異其男女，歲登下其死生。」這裡「書於版」者係人而非地。正是在掌握了人口之後，才可能「由是以起軍旅、以作田役、以比追胥，以令貢賦、乃

第十一章 楚國農業勞動者的社會組織形式

均土地焉[1]」。先有人口數，才能計算土地數，這是當時特有的計算方法。楚昭王欲以書社地七百里封孔子，此處「地」是由人口數而來的，「里」則為人口單位，並非土地面積，700里，每里25戶，折算為17500戶，可算是「萬戶侯」了。這比起春秋中期孫叔敖之子只得400戶的數目大得多；但比起稍前的楚平王十三年（西元前517年）時齊君對公孫表示「自莒疆以西，請致千社[2]」（杜注：「二十五家為社，千社，二萬五千家」）則是小巫見大巫了。由此可見，春秋晚期貴族對人口占有數量比春秋中期時要多得多。至於戰國時，規模更大得驚人。春申君一個人的封地就有淮北十二縣，這十二縣擁有的人口戶數不明，參照秦國呂不韋一人同樣占有藍田十二縣、河南洛陽十萬戶、又河間十五城，則春申君占有人口數亦不下數萬戶。正是基於這種貴族大量占有人口的嚴重事實，吳起在變法時疾呼楚國當時最大的癥結是封君占用人口過多，聲言「荊所有餘者地也，所不足者民也。今君王以所不足益所有餘，臣不得而為也」。陳奇猷《呂氏春秋校釋》於此句下案云：「古者封地必隨之以民……今楚國地有餘而民不足，若以餘地為封建，是以不足之民增益於有餘之地上，於是民多為封君所有矣。」吳起可算獨具慧眼，看出癥結所在。

楚貴族占有的這些人口，絕大多數係被滅國遺民。

「書社」是國家記錄在冊的人口，然而這只是籠統的說法，若進一步分析，則可知「書社」係單指國家掌握的被滅國遺民的人口。

依靠各種索引，可知先秦及漢代文獻中反映「書社」情況的，除《左傳 昭公二十五年》、《哀公十五年》外，還有《呂氏春秋》、《管子》、《晏子春秋》、《荀子》、《商君書》、《史記》等，不下十餘條[3]。其中，「書社」二字出現較早的，多與周武王勝殷相聯

① 呂思勉：《中國制度史》，上海教育出版社1985年版，第508頁。
② 《左傳 昭公二十五年》。
③ 陳奇猷：《呂氏春秋校釋》卷二一〈貴卒〉，學林出版社1984年版，第1476頁。

繫。如：

「武王勝殷……與謀之士封為諸侯、諸大夫，賞以書社」。
（《呂氏春秋　慎大》）

武王伐紂，士卒往者，人有書社。（《管子　版法》）

武王與紂戰於牧野之中，大破九軍，卒裂土封諸侯，士卒坐陣者，里有書社。（《商君書　賞刑》）

案武王勝殷，獲得大量被征服族人口，這三條記載，明確說明，當時這些「書社」之人，無一例外是被征服民族，「書社」即是特指記錄在冊的戰俘，特指以25家為單位進行計算的被征服族人口。

及至春秋末期，越滅吳後，為籠絡墨子，亦許願以吳之遺民封墨子：

越王謂公上過曰：「子之師（墨子）苟肯至越，請以故吳之地、陰江之浦，書社三百，以封夫子。」（《呂氏春秋　高義》）

「書社」一定是指被征服族人口的原因在於，古時戰爭的目的多在於擄掠人口，故對俘虜的數量特別重視，滅國後的第一要事，就是數俘，如《左傳　襄公二十五年》記「鄭子展、子產帥車七百乘以伐陳，宵突陳城，遂入之……陳侯免，擁社，使其眾男女別而纍，以待於朝……子美（子產）入，數俘而出」。「數俘」之後，當然就要書之於冊，並按一定的單位進行編組，便於計算、比較和掌握。自周滅殷至春秋末，向來如此。到了《周禮　秋官　司寇》追述「司民掌登萬民之數，自生齒以上，皆書於版」時，則是普遍的人口登記，已經不是原來意義的「書社」了。這樣一來，也將形成每當滅國，國君定當以被滅國遺民對有功的貴族進行賞賜，幾乎成為規律了。這在楚國

體現得特別明顯，《左傳 襄公二十五年》記載：

> 楚子以滅舒鳩賞子木，（子木）辭曰：「先大夫蔿子之功也」，以與蔿掩。

從這條記載可知，楚王在此與周天子一樣，是將滅舒鳩所得人口賞給自己的大臣。至於滅舒鳩所得的土地，從楚王一貫對貴族封地的面積加以一定的限制在一定的定額之內的情況看，則不一定全賜給貴族。古書記載常過於簡略，如果將此記載理解為「楚子以滅舒鳩人口若干書社賞給子木」，則似更全面些。此外，《吳越春秋》還記有「（吳）公子蓋余、燭傭二人將兵遇圍於楚者，聞公子光殺王僚自立，乃以兵降（奔）楚，楚封之於舒」。群舒國的土地既然又被封賜給吳二公子，足見當年未被全部賞給子木或蔿掩。楚封吳二公子以舒地，亦必然隨賜其原來的人口，這些舒地的遺民在國滅之時，一般也會被書之於版，按二十五戶為一里編組，成為「書社」之民，並以「書社」為單位賚貽賜給貴族。

一般論者很容易將這種遺民認定為奴隸，但是，有三種因素使我們不能下這種結論。其一，這些遺民雖被賞賜給貴族，但如同賞賜給貴族的土地一樣，他們在法律上仍屬國家所有。《公羊傳 襄公十五年》何休注：「所謂采者，不得有其土地人民，採取其租稅耳。」可知貴族對這些遺民如同對待土地一樣，不能出賣或隨意殺害。如果此貴族一旦失去權勢和地位，其受賜的土地會被楚王收回，其受賜的人口同樣也得如數收回。史載楚貴族之間「兼室」十分激烈[1]，潛在的原因，都無非是爭奪這些國有的人口和土地而已。其二，這些遺民由

---

[1] 最突出的例子見《左傳 成公七年》所記：「及（楚）共王即位，子重、子反殺巫臣之族子閻、子蕩及清尹弗忌及襄老之子黑要，而分其室。子重取子閻之室，使沈尹與王子罷分子蕩之室，子反取黑要與清尹之室。」

於是隨土地被賞賜，故亦多從事農耕。由於生產力水準低下，貴族們監督生產的能力不會很大，不可能有眾多的管理人員進行監督，因而不得不利用原有的組織形式進行管理，這樣，這些遺民原有的公社形式、宗法體系也就可不受破壞地保存下來。其三，這些遺民既然是以「書社」為單位賞賜給貴族，本身便包含著對這些遺民舊有的公社形式、宗法體系的承認，貴族只會樂於利用這種現存的形式，讓遺民們以隸屬性公社的面貌存在於自己的封邑之中。因此，在貴族的封邑內從事農耕的遺民，其基本人身權利是有保障的，其原有的生產、生活方式是得到保留的，其固有的宗族感情是得到尊重的。他們雖然較之楚縣制下和被遷往待開發地域的遺民的地位更為低下，仍與完全意義的奴隸尚有一定距離。

在被楚國滅國所俘獲的人口中，是否存在完全意義的奴隸呢？回答是肯定的。成為奴隸的是小部分不願降楚的人，他們被囚禁，作為人祭、釁鼓、獻俘、殺囚的對象。這些不在本文論述的屬於平民階層的「野人」之列，故只在本文第七部分中附論楚國的奴隸階層時再行論及，以示與楚野地的這三種異族隸屬性公社的居民確有區別。

第三節　不分族姓的個體居民

楚國野地除了存在上文所述的楚族宗法性公社和程度不同的三種異族隸屬性公社之外，還有一種完全擺脫了「公社」的形式，打破了清一色族姓的由個體居民組成的居民點存在著。這可從兩個途徑得到證實。

第一，邏輯推理的結論。楚國野人有的是來自中原各國自願遷來的流民，有的是來自本國的貴族、國人因各種原因出走、流落、移居於野地者。這些人當然不全是楚族人，同時也不是異族中被征服的

遺民。這些人抱著各種目的來到地大物博的楚國野地，有的是不堪本國重賦，來楚尋求安居之地；有的是為避亡國之禍，來楚尋求棲身之所；有的以自己具有某一方面的特長來楚尋求稱心之職；也有的是看破紅塵，不願為本國或楚國當權者所羈而到地曠人稀的楚野地避世隱居。這些人從不同的地方抱著不同的目的來到楚野地定居，彼此之間不存在血緣關係、宗法關係，沒有統一的姓氏，各人的財產狀況、勞動技能均不相同，自然難以在一個宗法、經濟實體中生活。

同時，還應看到，遍布於野地的各種公社組織，在經濟規律的作用下，本身還會不斷分化。楚國的許行，「種粟而後食」，穿的衣、帽係「以粟易之」，日用的鍋和農具也是「以粟易之①」，表明楚國野地的商品交換已經較為發達，生息於野地的楚族宗法性公社和異族隸屬性公社自然會毫無例外地被捲入其內。這樣，其結果是——「公社的產品愈是採取商品的形式，就是說，產品中為自己消費的部分愈小，為交換目的而生產的部分愈大，在公社內部，原始的自發的分工被交換排擠得愈多，公社各個社員的財產狀況就愈加不平等，舊的土地公有制就被埋葬得愈深，公社也就愈加迅速地瓦解為小農的鄉村②」。在經濟規律的作用下，楚國各種性質的公社組織必然會以不可逆轉的趨勢逐漸被一種新的、以個體勞動為主的形式所代替。這就是楚國野地不分族姓個體居民的由來。

第二，考古成果的證實。1973年至1976年，湖北荊州博物館在江陵雨臺山秦家咀一帶前後發掘558座楚墓，時間約自春秋中期至戰國中期。「雨臺山已發掘的558座楚墓，僅十一座出木俑，兩座出車馬器。可見雨臺山558座墓的死者，身分等級都不高③」。令人尋味的是，在這些「身分等級都不高」的眾多楚墓中，表示死者生前族屬、

---

① 《孟子·滕文公上》。
② 恩格斯：《反杜林論·暴力論》，人民出版社1970年版，第159頁。
③ 郭德維：〈楚墓分類問題探討〉，《考古》1983年第3期。

國屬的頭向五花八門，極不一致。頭向是判斷是否為楚族人的重要標誌。楚人墓的頭向為向南和向東，尤以向南為甚。江陵雨臺山楚墓群中，非為南向和東向的那些墓主，就很有可能是生前從異國遷徙至楚的楚國野地居民。

表11–5　江陵雨臺山楚墓頭向表

頭向	數量	占總數百分比
0　～30	28座	5%
80　～120	69座	12.30%
140　～150	7座	1%
160　～200	369座	66%
204　～245	29座	5.20%
250　～284	22座	3.90%
300　～345	2座	0.30%
不明	32座	5.70%
南北向	24座	（4.30%）
東西向	8座	（1.40%）

1975年冬至1978年底，湖北宜昌地區文物工作隊在當陽縣趙家湖以南的趙家灣、金家山、李家坵子、鄭家坵子，以東的楊家山和曹家崗等六個墓區，發掘楚墓297座，除25座中型（甲類）墓外，其餘均為小型（乙類）墓。這些被考古工作者稱為「一般的庶民」和「一貧如洗的貧民」的小型墓墓主，不同時期的頭向呈現一個奇特的規律：「西周晚和春秋早、中、晚期的一般以南北向居多（200座），東西向較少（97座）」，但戰國初期卻與之相反，「頭向多數朝西」，研究者以為此現象「是從戰國前期開始出現的，到了戰國中期則更為普遍[1]」。這恰可證明，隨著時代的進步，不分族姓的個體居民不僅客

① 本自然段諸處引文均見高應勤、王光鎬〈當陽趙家湖楚墓的分類和分期〉，載《中國考古學會第二次年會論文集》，文物出版社1980年出版。

第十一章　楚國農業勞動者的社會組織形式

觀存在於楚野地之中，而且在野地呈逐漸增多的趨勢，在整個楚國野人中所占的比重越來越大。

先秦時期，各諸侯國內野人的居住地，有一種名之為「丘」。《韓詩外傳》卷十第一章記「齊桓公逐白鹿，至麥丘，見邦人曰，『爾何謂者也？』對曰：『臣麥丘之邦人』……與之飲，（桓公）曰：『叟盍為寡人壽（祝）也？』對曰：『野人不知為君王之壽（祝）』。」此處「麥丘」即為齊野人的一個居民點，因為「凡言丘者，皆居之義也 ①」。麥丘野人自稱「不知為君王之壽（祝）」，其質樸之態可掬，這種野人較為集中居住地「丘」，值得我們深入研究。

《莊子　則陽》篇對這種「丘」的特點有一段十分精到的論述：

少知問於大公調曰：「何謂丘里之言？」

大公調曰：「丘里者，合十姓百名而以為風俗也，合異以為同，散同以為異。」

這種「丘里」，正是由數個不分族姓的個體居民在一起形成的居民點所具有的主要特點。

這種「丘里」，既然能夠「合十姓百名而以為風俗」，便確切地表明，其中的居民已經以地域關係、鄰里關係取代了各種公社居民的那種血緣關係、宗法關係。從《莊子　則陽》可知，先秦時的野地，是存在這種「丘里」的。但是，其數量在整個社會中占有多大比重，則未可盡知。撲諸反映楚國的史料，我們可知，這種「丘里」在楚野地是大量存在的。

---

① 見符定一：《聯綿字典》446頁「邱墟」條。

表11-6　楚國「丘」字地名表

名稱	居民	記載內容	史料依據
狐丘	狐丘丈人	「孫叔敖遇狐丘丈人，狐丘丈人曰……」	《韓詩外傳》卷七
僧丘	僧丘之封人	「僧丘之封人見孫叔敖曰……」	《荀子　堯問》；《淮南子　道應》
苞丘	苞丘先生	「楚有苞丘先生」；「苞丘先生，荀卿弟子」	《廣韻》；《萬姓統譜》
曹丘	曹先生	「楚人曹丘生，辯士，以地為氏」	《史記　季布傳》
乘丘		「悼王二年，三晉來伐楚，至乘丘而還」	《史記　楚世家》
桑丘		「魏、韓、趙伐楚，至桑丘」	《資治通鑒　周安王二年》
高丘		「哀高丘之無女」	《離騷》
椒丘		「馳椒丘且焉止息」	《離騷》
蟻丘	蟻丘之漿	「孔子之楚，舍於蟻丘之漿」	《莊子　則陽》
宗丘		「使然丹簡上國之兵於宗丘」	《左傳　昭公十四年》
重丘		「秦、齊、韓、魏共攻楚，取我重丘而去」	《史記　楚世家》
稷丘		秦師救楚，「敗吳兵於稷」	《史記　伍子胥列傳》「集解」「索隱」
寢丘		「楚、越之間有寢丘者」	《呂氏春秋　異寶》；《淮南子　人間》
庚丘		「寢丘……後有庚邱」	《淮南子　人間》高誘注
虞丘	虞丘子	「楚大夫采邑，以邑為氏」	《世本》
軒丘		「楚文王庶子食采於軒丘，因氏」	《風俗通》、《通志　氏族略》
陽丘		「楚大夫食采陽丘，以為氏」	《元和姓纂》

　　以上帶「丘」字的地名中，儘管有的部分為貴族所占據（如虞丘、軒丘、陽丘等），但楚野地這種「丘」分布之廣則是基本可以肯定的。在此基礎上，我們便可進一步探討這種「丘」的居民所具有的各種特點和特徵，探討他們在楚國的政治地位。

　　個體家庭是這種「丘」的居民所具有的主要特徵。當時的異族遷徙者，除原係貴族被楚統治者正式接納予以優待者外，一般不可能

第十一章　楚國農業勞動者的社會組織形式

是整族遠徙，而多係「繈負其子而至①」，因此，這些人在新的地方一般只能建立起個體家庭。至於楚貴族或楚族人因各種原因脫離其宗法性公社到某一野地定居，更只能以個體家庭為單位。這樣，由若干個個體家庭組合成的居民點，當然便是「合十姓百名而以為風俗」了。

野地存在個體家庭的歷史，可以上溯至舜。舜一家的活動，便是個體家庭的典型。如「舜耕歷山②」，從舜之父、兄謀害舜時處理舜的財產「牛羊父母，倉廩父母③」來看，舜與其父、弟各立門戶，是以個體家庭的形式存在的。有關楚國野地的個體家庭、抽象的「家」，可見於下面零星的記載：

（孫叔敖）布政以道，考天象之度，敬授民時……家富人喜（《繹史》卷五十七《孫叔敖碑》）。

（白起拔郢時）掠於郊野，……楚人自戰其地，咸顧其家，各有散心（《戰國策》卷三十三）。

初，吳之邊邑卑梁與楚邊邑鍾離小童爭桑，兩家交怒相攻（《史記　楚世家》）。

有關楚國野地的具體個體家庭，參見下表：

---

① 《論語　子路》。
② 參見《墨子　尚賢》中、下，此外如《孟子　公孫丑上》、《孟子　萬章上》、《莊子　天地》、《荀子　成相》、《韓非子　難以》、《管子　版法》、《戰國策　齊策四》、《呂氏春秋　孝行覽　慎人》、《史記　五帝本紀》、《淮南子　原道》等史籍均有類似的記載。
③ 《孟子　萬章上》。

表11-7　楚野地個體家庭表

人物	內容	家庭成員	史料依據
楚狂接輿	「楚狂接輿躬耕以食，其妻之市未返」	夫、妻	《韓詩外傳》卷二第二十一章
老萊子	「萊子逃世，耕於蒙山之陽……其妻戴畚萊挾薪樵」	夫、妻	劉向《古列女傳》卷二〈老萊子妻〉
北郭先生	「遂不應聘，與婦去之（野地）」	父、妻	《韓詩外傳》卷九第二十三章
直躬者	「葉公語孔子曰：『吾黨有直躬者，其父攘羊，而子證之』。」	父、子	《論語　子路》
賣漿者鄰人	「孔子之楚，舍於蟻丘之漿，其鄰有夫妻臣妾登極者。」	夫、妻	《莊子　則陽》
申鳴	「楚有士曰申鳴，治園以養父母。」	夫、妻、子	《韓詩外傳》卷十第二十四章
漁丈人	「（伍子胥）如吳，過於荊，至江上，欲涉，見一丈人……丈人度之」；「漁父者之子曰：『臣念前人與君相逢於途』。」	父、子	《呂氏春秋　異寶》、《吳越春秋　闔閭內傳》
瀨水女	「嫗曰：『吾有女子，守居三十年不嫁，往年擊綿於此……自投於瀨水』。」	母、女	《吳越春秋　闔閭內傳》

　　上述記載有力地證實了在楚國野地存在著不少的個體家庭，這些個體家庭的存在，是對前述楚族宗法性公社和異族隸屬性公社的否定。恩格斯說得好：「個體家庭已成為一種力量，並且以威脅的姿態與氏族對抗了。」①這些個體家庭的出現，是適應生產力發展需要的，他們「獨立地當作一個一個孤立的勞動者，率領他們的家人，不斷生產自己的生活資料——來說，顯然是土地所有權的最正常的形式。……這是個人獨立發展的基礎，對農業的發展來說，它也是一個必要的通過點②」，因此，他在楚國的野地上有著旺盛的生命力。

　　從宗法的角度看楚野地的這些個體居民所具有的特點，歸納起來大致有「三無」——無統一的姓、無社、無祭。

---

① 恩格斯：《家庭、私有制和國家的起源》。
② 馬克思：《資本論》第三卷。人民出版社1956年版總第943頁。

第十一章　楚國農業勞動者的社會組織形式

其一，無統一的姓，或曰雜姓。即是《莊子　則陽》所指出的「合十姓百名而以為風俗」。從楚地的狐丘丈人、僧丘之封人、苞丘先生、曹丘生諸人來看，其本為何姓，抑為楚族人，還是異族人，都不能確知，惟知是「某丘」之地人氏。此外，清人錢曾說：「鬼谷子無鄉里族姓名字。」①《呂氏春秋　異寶》記伍子胥「如吳，過於荊，至江上，欲涉，見一丈人，刺小船方將漁，從而請焉，丈人渡之，絕江，問其名族，則不肯告」。這種只知居住地而不知為何姓、何族的現象，標誌著楚野地社會的一部分成員之間，猶如楊寬所指出的那樣，逐步以「地域關係、鄰居關係代替了血統關係②」，人們之間，只能強調互相幫助，而不必言什麼「名姓之後」、「氏族之出」③，這當然是歷史進步的表現。

其二，無社。前文已述，在楚野地生息的楚族宗法性公社成員和異族隸屬性公社成員，儘管各自的社會地位不同，但都帶有宗法性的特點，表現在這兩種類型的野人都極其重視「社」。先秦時的野地，不少地方都是有「社」的，《淮南子　精神》篇說：「今天窮鄙之社也，叩盆拊瓴，相和而歌，自以為樂矣。」對這種野地之社，《周禮　大司徒》還具體規定：「制其畿疆而溝封之，設其社稷之壇，而樹之田主，各以其野之所宜木，遂以名其社與其野。」楚國的野地，「社」亦十分普遍，屈原《天問》：「何環閭穿社，以及丘陵，是淫是蕩，爰出子文？」可見，楚野地「社」與「閭」並存，這大約就是楚野地的楚族宗法性公社的「社」了。而「（楚）昭王將以書社地七百里封孔子」的「書社」，即為被征服的異族人的「社」，表明整族人被征服後，「社」的原有形式仍然保留下來。然而，不分族姓的個體居民，既然以家庭為主要單位，則基本無社。《管子　侈靡》篇

①　錢曾：《讀書敏求記》。
②　楊寬：《古史新探》第142頁。
③　《國語　楚語上》觀射父語。

曾經披露：

　　　千聚無社，謂之陋。

　　這至少說明，先秦時有的地方就不存在「社」，這正是指的由若干個個體居民混居在一起組成的居民點所特有的現象。在楚國野地，一方面普遍有「社」，另一方面又有沈尹戌主張「正其疆場」、「明其伍侯」（杜注：使民有部伍，相為侯望）[1]，沈尹戌注重的對象顯然是不分族姓、不存在「社」的居民，故「明其伍侯」可視為對楚野地這種不分族姓個體居民的管理。

　　其三，無祭。既然這種不分族姓的個體居民無「社」，自然理應無祭。這當然只是邏輯推理得出的結論，還需進一步證實。然而，在《禮記　喪服》中，正好有先秦野人不事祭祀的記載：

　　　禽獸知母而不知父。野人曰，父母何筭[2]焉。都邑之士，則知尊禰矣。大夫及學士則知尊祖矣。

　　唐賈公彥疏：「《周禮》云，野自六尺之類者，不知分別父母尊卑也。」這裡形成強烈的對比，一方面，「都邑之士[3]」知道祭祀其父（「尊禰[4]」），大夫及讀書人則知道祭祀父之父等先祖；另一方面，野人連自己父、母一輩都不清楚，最起碼的對父母的祭祀當然也不會進行。因此，在楚野地，這種野人沒有參加一般楚族宗法性公社

①　《左傳　昭公二十三年》。
②　據符定一：《聯綿字典》「筭」字條，筭於算通。
③　賈公彥疏：「都邑之士者對天子、諸侯曰國、采地，大夫曰都邑。春秋左氏諸侯下大夫采地亦云邑、曰築、都曰城。」見《十三經注疏》，中華書局1980年影印本第1106頁。
④　禰，據舊版《辭源》，「父廟曰禰。生稱父，死稱考，入廟稱禰。」

成員按照楚國的祭典所進行的那種「家於是乎嘗祀」、「擇其令辰，奉其犧牲」①一類的祭祀活動，置身於楚國「自公以下至於庶人，其誰敢不齊肅恭敬致力於神」這一圈子之外，也沒有楚野地隸屬性公社成員在「書社」之內有節制的祭祀自己的祖先之舉，其精力、財力均全部用在謀生上，而不必為祭祀破財②、費神。《莊子　達生》和《列子上　黃帝二》均記孔子在楚野地林中遇見一痀僂丈人（駝背老人），自稱「雖天地之大，萬物之多，而唯蜩翼之知」，可間接說明他們專心致志的程度。

楚野地部分族姓的個體居民是楚野人中的中等或上等平民。以上我們從宗法的角度所分析的楚野地不分族姓個體居民「三無」的特點，還不包括他們的全部。若深入分析，這種居民因處於楚統治較為薄弱之地，在政治上又不想受到政府的束縛，從而有較多的自由，大致可以用「三個自由」來概括，故而政治地位較高。

第一，來去自由。到楚國野地謀生，純從自願，而他們在楚生活一段時間後，因各種原因又想離楚而適他國，或赴楚境內另一地方定居，均較為容易。試舉三例：

　　楚狂接輿躬耕以食，其妻之市未返，楚（惠）王使使者齎金百鎰造門……接輿笑而不應，使者遂不得辭而去。妻從市而來，曰……「君使不從，非忠也。從之，是遺義也，不如去之。」乃夫負釜甑，妻戴紝器，變易姓字，莫知其所之。③

　　萊子逃世，耕於蒙山之陽……楚（惠）王駕至老萊之門，……王去，其妻戴畚萊挾薪樵而來……遂行不顧，至江南而止。④

---

①　《國語　楚語下》觀射父語。
②　《國語　楚語下》記觀射父告訴楚王，祭祀「敬不可久，民力不堪」，可知祭祀是相當耗財的。
③　《韓詩外傳》卷二第二十一章。
④　劉向：《古列女傳》卷二〈老萊子妻〉。

有為神農之言者許行，自楚之滕，踵門而告文公曰：「遠方之人，聞君行仁政，願受一廛而為氓」。文公與之處，其徒數十人，皆衣褐，捆屨、織席以為食。[①]

上述三例，是楚個體野人中較有學識、受到尊重的一個層次，如果其代表性尚有一定局限的話，其他層次的個體野人之自由離楚，可見於曾救過伍子胥的漁父之子：

（伍子胥破楚後），遂引軍擊鄭。鄭定公前殺太子建而困迫子胥，自此鄭定公大懼，乃令國中曰：「有能還吳軍者，吾與分國而治。」漁父之子應募……（與子胥）語曰：「（我是）漁父者子，吾國君懼怖，令於國……臣念前人與君相逢於途，今從君乞鄭之國。」[②]

按伍子胥當年逃難時，存在追捕危險的地帶只限於楚境之內，故救他的漁父當為楚野地居民。而數年後伍子胥破楚討鄭，漁父之子卻在鄭地出現，並稱鄭君為「吾國君」，為鄭國的生存請子胥退兵。漁父父子，一為楚人、一為鄭人，當然是漁父本人或其子離楚赴鄭定居所致。正是由於這種野人享有較多的遷徙自由，故有時造成某一地區的人口急劇減少，成為社會問題，引起統治者的不安。《周禮　大司馬》記先秦時存在有「野荒民散」的現象，唐賈公彥疏：「古者量地以制邑，度地以居民。地邑民居，必參相得，無曠土，無遊民。今言野荒民散，由君政惡，民並適彼樂國，故民散而野荒。」這種現象，在楚國亦有體現：

————————

① 《孟子　滕文公上》。
② 《吳越春秋　闔閭內傳》。

259

（伍舉回答楚靈王說）「夫君國者，將民之與處，民實瘠矣，君安得肥？且夫私欲弘侈，則德義鮮少；德義不行，則邇者騷離而遠者距違。……若斂民利以成其私欲，使民萌焉忘其安樂，而有遠心，其為惡也甚矣。」[①]

楚靈王後，還有孔子對楚國的評論：

夫荊之地廣而都狹，民有離志焉，故曰（治理楚國）在於附近而來遠。[②]

大概孔夫子遊楚時已見到不少楚野地個體居民離楚他去，故鄭重地向楚統治者發出告誡。這些，都可以證實，楚野地中的這一部分人，如果對統治者不滿意，完全可以毫無顧忌地徙於他地。

第二，職業自由。來楚野地居住的這些個體野人，多係以農為主，兼營他業。如楚狂接輿，本人「躬耕以食」，而其妻則「戴絍器」（織布帛之機[③]），可知此家庭以織布帛為副業；老萊子「耕於蒙山之陽」，但同時又「織畚」，即編織簸箕[④]；許行離楚到滕國，其徒數十人隨行，「捆屨、織席以為食」，可見他們在楚國居住時是兼以編草鞋或麻鞋[⑤]為業；同操鞋業者，還有北郭先生，「以織屨為食，食粥毚履，無怵惕之憂[⑥]」；此外，「荊南之地，麗水之中生金，人多竊採金[⑦]」，這是兼營採金業；「楚人和氏得玉璞楚山

---

① 《國語 楚語上》。韋昭注：「騷，愁也。離，叛也。邇，境內。遠，鄰國。」

② 《說苑》卷七〈政理〉。

③ 舊本《辭源》「絍」字條：「機縷也，織繒帛為絍。」

④ 《現代漢語辭典》「畚」字條：「〔方言〕簸箕。」商務印書館1981年版。

⑤ 參見楊伯峻《孟子譯注》，中華書局1981年版131頁。

⑥ 《韓詩外傳》，《繹史》卷五七引。

⑦ 《韓非子 內儲說上》。

中^①」，則是兼營採玉業。這些，尚是楚野人兼營他業的例子。有的記載則表明，楚國有的野人索性棄農耕而作他業：

（齊）桓公……使人之楚買生鹿，楚生鹿當一而八萬，楚民即釋其耕農而田鹿。^②

看來，這些野地居民一切以是否獲利為轉移，他們擇業謀生已達相當自由的程度了。

第三，思想自由。生活在楚野地的不分族姓個體居民，由於其在宗法上無姓、無社、無祭，在人身上又有著遷徙自由、職業自由，各方面所受束縛較少，故而思想特別活躍。從某種意義上說，我國先秦史上出現的「諸家並出」、「百家爭鳴」的壯麗局面，很大程度是這種野地個體居民作出的貢獻。就楚國而言，其野地個體居民思想自由，至少表現在三個方面。

一是無「國家」及宗族觀念。由於他們多從各諸侯國離鄉背井來到楚國，這本身就表明對其故國並不視之為國家。同樣，在楚國如果不理想，亦隨時可生「離志」，自主地作出自己的抉擇。與楚族宗法性公社和異族隸屬性公社成員均有較濃厚的宗族觀念不同，這些個體居民對本宗、本族的觀念早已淡漠，在他們的頭腦中，除了周天子尚具有天下共主的權威外，其餘的「國家」、「宗族」等等概不足論。《左傳　宣公十二年》記楚莊王稱霸一時，一度陳兵周疆，周天子派王孫滿回答莊王「問鼎」時說了一句名言：「在德不在鼎」，言外之意就是說，我周天子在人們心目中的天下共主的地位，你楚國用武力是取代不了的。楚莊王自思確實如此，只好引兵而退。由此可見，大

---

① 《韓非子　和氏》。
② 《管子　輕重戊》。

一統的思想在當時仍居統治地位。正因如此，春秋時大國爭霸，爭為盟主，都打著擁護周天子的旗號，即是承認這種大一統思想的結果。到戰國時，「士」階層之人大量出現，以遊說各國諸侯為務，以同時佩各國相印為榮，各「國」的觀念更加淡薄。整個先秦時期，大量的楚材晉用、楚材吳用、楚材越用等，均是在這種「大一統」思想的支配下發生的。這種「大一統」思想與只知某一諸侯、某一宗族利益的思想顯然是不相容的，由於這種思想昭示了中華民族一定要統一這一歷史發展的總趨勢，故直到今天還值得肯定。

二是無「忠君」觀念。這一點是由無「國家」觀念伴生而來的。在楚國野地的這些不分族姓的個體居民，其中相當一部分，對楚王取大不敬態度。前述楚狂接輿面對楚王「使使者齎金百鎰造門」，「笑而不應」，其妻的態度是「君使不從，非忠也。從之，是遺義也，不如去之①」；北郭先生亦謝絕楚王的聘請，其婦人對楚王的態度是「今如結駟列騎，所安不過容膝，食方丈於前，所甘不過一肉。以容膝之安，一肉之味，而殉楚國之憂，其可乎②」？哪裡有一點「忠君」的影子？楚惠王曾親自登門聘請老萊子，「駕至老萊之門」，但老萊子仍然拒絕，「遂行不顧，至江南而止」，並說「鳥獸之解毛可績而衣之，據其遺粒足以食也③」，寧肯過這樣的窮困生活也不願為楚王服務。還有曾救過伍子胥的漁父和瀨水女子諸人，明知楚王正在捉拿子胥，仍敢於掩護，當然無忠君可言。齊國的麥丘野人與齊桓公對飲，當面說「野人不知為君王之壽（祝）」，是其無知呢？還是內心認為自己本來就是與國君處於平等的地位？很可能是後者。這種個體野人沒有忠君思想的原因，大體是在於他們在楚野地生活，本來就只依靠自己的雙手，自食其力，從來沒有期待楚王賜予雨露和陽光，

---

① 《韓詩外傳》卷二第二十一章。
② 《韓詩外傳》，《繹史》卷五七引。
③ 劉向：《古列女傳》卷二〈老萊子妻〉。

或者期待宗族之人給予保護；其中不少有識之士更是對當時的戰爭、賦稅等與楚王持不同政見，躲到偏僻的野地進行消極抵抗，自然更談不上忠君了。

三是具有初步的「民主」思想。《孟子　盡心》有云：「民為貴，社稷次之，君為輕，是故得乎丘民而為天子」，此語之「丘民」，正係我們所指的這些不分族姓的個體野人。孟子的思想，當然具有理想主義的色彩，但我們聯繫這種「丘民」在楚國野地所處的實際地位，又怎麼能說孟子所論是無稽之談呢？在這些不分族姓的個體居民中，有各種各樣的人物，他們於自由遷徙、自由交往中，見多識廣，透徹地了解民間疾苦，逐步以天下為己任，產生「民貴君輕」的思想，並敢於指斥統治者的過失。《說苑　正諫》記載，「楚莊王築層臺，延石千重，延壤百里，士有反三月之糧者，大臣諫者七十二人皆死矣；有諸御己者，違楚百里而耕……委其耕而入見莊王」。諸御己其人「違楚百里而耕」，可算是楚野地居民，其具有敢於糾正楚莊王過失的膽略，不能不肯定他的頭腦裡具有一定的民主思想。《孟子　滕文公上》記許行從楚國來到滕國，生活了一段時間後發表對滕文公的評論：「滕君則誠賢君也，雖然，未聞道也。賢者與民並耕而食，饔飧而治。今也滕有倉廩府庫，則是厲民而以自養也，惡得賢？」許行要求國君與民並耕而食，不得「厲民而以自養」，應當說，這在楚野地的個體居民中，是有著代表性的。《孟子》所言，實源於此。

第十二章　楚國農業勞動者屬於平民階層

第一節　農業勞動者非為奴隸

楚國野地社會，實在是一個大千世界，我們觀察、分析它，猶如觀看、欣賞一幅巨型的彩色畫卷，絕不是單一的顏色，同一的臉面，而是千姿百態，絢麗多彩。楚國野地的居民，這些為區別於「國人」而被稱為「野人」的人，既有屬於楚族宗法性公社的成員，又有屬於異族隸屬性公社的成員，還有屬於不分族姓的個體居民。這些不同的野人之間，絕不是彼此割裂，此疆彼界，而是隨著時間的推移，你中有我，我中有你，水乳交融，一派生機。這是一個需要人們重新認識、探討的重要階層——完整的平民階層。

對楚文化的研究，我國考古學界經歷了以20世紀20年代中期興起的古器物學研究為代表的第一階段；又經歷了50年代至70年代以建立東周楚墓的年代學和大體認識東周楚文化的考古學特徵為內容的第二階段；80年代以來對楚文化的繼續探索，又進入到重點進行楚墓分類研究的第三階段，按照馬克思主義歷史唯物論的觀點，對不同層次的社會階層進行認真的分析。目前，考古工作者通過分析，將大量的小型楚墓歸為乙類，並根據葬具等各種特徵，大體將墓主分為乙A、乙B和丙類三種。考古學者的出發點是：人們進入階級社會後，會分成不同的階級、階層以及等級。在古代和中世紀，不同的等級往往使用

著不同的葬制，其墓壙、葬具和隨葬品，出現級別之差。如果分析葬制，歸納出墓葬的類差，就可以進而研究當時人們的等級制度、社會關係。由於現在對部分小型楚墓已經進行了一定的分類，從而可以揭示出這些小型楚墓所包含的等級差別以及這些等級從春秋到戰國時發生的歷史變化，把研究的內容上升到探索社會關係的高度上來。

依據已有的考古成果，可以將本文所述在楚野地生活的楚族宗法性公社、異族隸屬性公社和不分族姓個體居民這三種不同類型野人之間的區別，各自的特點，均非為奴隸階層的具體原因與考古學上楚小型墓分類的結論相對照，列出一個楚野人內部結構表來。

表12-1　楚野人內部結構表

本文論點		考古分類意見[1]		
名稱	社會地位	名稱	葬制特徵	社會地位
楚族宗法性公社	楚野人中的上層平民	乙A類墓	「多係一棺一槨墓，隨葬多陶器，無銅器。」	「楚人下層貴族中的沒落階層」；「春秋時比較富裕的使用日用陶器的庸人」。
不分族姓的個體居民	楚野人中的中層或上層平民	乙B類墓	「無槨單棺墓隨葬品較少。」	「墓主人身分屬於『庶民』一級，是財富更少的庸人」。
楚縣制下的異族隸屬性公社	楚野人中的中層平民	丙類墓	「墓坑小而窄，無任何隨葬品。」	「墓主人顯然是一貧如洗的更低階層」
被「遷」於未開發地區的異族隸屬性公社	楚野人中的中層或下層平民	丙類墓	「墓坑小而窄，無任何隨葬品。」	墓主人是「更為貧困的庶人」。
被賜予貴族的異族隸屬性公社	楚野人中的下層平民	丙類墓	「部分可見竹蓆包裹屍體的腐朽痕跡。」	「更為貧困的庶人」。「其地位可能最低」。

從此表所列可知，本文的論點與考古界對已發掘出的一些小型楚墓的分類意見大體是吻合的。這些小型墓的墓主人當然都不是奴

---

[1]　此表中的「考古分類意見」係參考高應勤、王光鎬〈當陽趙家湖楚墓的分類與分期〉（《中國考古學會第二次年會論文集》）與俞偉超〈楚文化考古大事記〉「前言」中的結論。

隸，因為發掘資料表明，在楚國還有一種比丙類墓的墓主地位更低下的人，這就是屢見於一些大、中型楚墓中的陪葬墓和殉葬墓。乙A類墓、乙B類墓和丙類墓，都是獨立存在的小型楚墓，故屬於平民階層，而陪葬墓和殉葬墓則是依附於某一個主墓而存在的，當然只可能屬於奴隸階層。

第二節　楚國的奴隸階層

楚國存在奴隸階層，這已被大量的文獻和考古資料所證實。

奴隸階層與平民階層最大的區別，在於其個人的生命是否有保障。史達林在他的《辯證唯物主義和歷史唯物主義》中，闡述「歷史上有五種基本生產關係」時說：

在奴隸制度下，生產關係基礎是奴隸主占有生產資料和占有生產工作者，這些生產工作者便是奴隸主所能當作牲畜來買賣屠殺的奴隸。

在封建制度下，生產關係的基礎是封建主占有生產資料和不完全占有生產工作者，這生產工作者便是封建主雖已不能屠殺、但仍可以買賣的農奴。[1]

這裡，完全與不完全「占有生產工作者」，換句話說，究竟是可以屠殺的奴隸，還是不能屠殺的農奴，就是奴隸階層與平民階層的根本區別所在。正是從這一根本區別出發，我們將廣布於楚國野地的各種「野人」──楚族宗法性公社成員、不分族姓的個體居民、異族隸

[1]　《聯共（布）黨史》第四章，1953年莫斯科版，第156頁。

屬性公社成員全部歸於平民階層，因為他們在楚國，生命均是有保障的，並且還有程度不同的人身自由和其他自由。

楚國的墓葬中，有人殉現象存在，這些被殉葬的人，其生命是沒有保障的，是典型的奴隸。現將有關楚國人殉的情況清單如下：

表12-2　考古所見的楚國奴隸階層

墓名	時代	殉葬人數	殉葬者性別	依附於主墓的位置	殉葬墓葬具	殉葬結論	資料依據
河南淅川下寺楚墓	春秋中晚期	16人	十至二十歲女性青少年	主墓2號南北有3座大型陪葬墓，16座殉葬墓更在此陪葬墓的西、北兩邊	墓內只一棺，個別墓有一二件玉器，其餘無隨葬品	「為主墓墓主而隨葬，作為侍從或侍婢」	〈河南淅川下寺楚墓〉，《文物》1980年第10期
湖北江陵紀南城水門	春秋晚至戰國	1人	男性	水門木構建築北端正對三、四排木樁	麻鞋三雙，木篦、木梳各一	「可能是一個奠基坑」	〈楚都紀南城的考古與發掘〉，《考古學報》1982年3期
河南固始侯古堆一號墓	春秋戰國之際	17人	20至40歲9女5男，其餘不明	放在主墓內外槨之間和外槨四周	有數量不等的陶器、玉器、銅帶勾，削刀	「顯然是殉葬。可能都是墓主人的親近奴婢」	〈河南固始侯古堆一號墓發掘簡報〉，《文物》1981年第1期
長沙瀏城橋一號墓	戰國早期	1人	不明	橫放在主墓（兩槨一棺）西邊廂通南邊廂處	小棺，內空無一物	「殉葬棺」	〈長沙瀏城橋一號墓〉，《考古學報》1972年第1期
河南固始白獅子地一號墓	戰國早期	13人	5具為40左右男性，其餘不明	橫放在主墓槨外和內外槨之間，西邊廂通南邊廂處有6具，首尾銜接，8具在槨外，每邊各並列工具，對稱放置	小棺，內空無一物	「奴隸陪葬棺。仔細觀察才能辨認出咖啡色的奴隸骨質痕跡」	歐潭生〈固始白獅子地一號楚墓的年代及其他〉，河南《楚文化研究論文集》
湖南臨澧九里楚墓	戰國早中期	4人	不明	均在主墓（中、大型墓）附近	未見棺痕跡，無任何隨葬物	「推測是與附近的大、中型墓同時入葬，極可能是殉葬墓」	〈臨澧九里楚墓發掘報告〉，《湖南考古輯刊》第3期
湖北鄂城百子畈五號墓	戰國中晚期	2人	足端以一具，從隨葬品看可能是男性	槨內主棺右側靠後一具，足端靠左一具	足端一具內有陶杯二件，銅帶鉤一件，有棺	「殉葬人」	〈鄂城楚墓〉，《考古學報》1983年第2期

此表所列殉葬人數共達54人，時代從春秋晚期到戰國中晚期，地點分布於湖北、河南、湖南三省，表明殉葬之風直到戰國晚期依然存在於楚國。

楚國的奴隸階層，以其來源而論，大致可分為兩部分。兩大部分各有其不同的特點。

第一部分是因罪（或債）為奴者，此部分人數較多。

楚國是一個執法較嚴的國家。《莊子　則陽》記「楚王之為人也，形尊而嚴；其於罪也，無赦如虎」。《左傳　襄公二十六年》記「楚多淫刑」，《左傳　昭公十四年》記楚平王即位之始便「赦罪戾」，可見在楚國因罪為奴者當不在少數。另外，《左傳　成公二年》記楚共王免除一些人的債務（「已責」），可見不少人亦可能因債務為奴。這些因罪或債務為奴的人在楚國究竟是何種遭遇，下面這條記載十分典型：

> 鍾子期夜聞擊磬者聲而悲。曰，何哉，子何擊磬若此之悲也？對曰，臣之父殺人而不得（生），臣之母得（生）而為公家隸（為酒）。臣得生而為公家擊磬。臣不睹臣之母三年於此矣。昨日為舍市而睹之，意欲贖之，無財，身又公家之有也，是以悲也。[1]

此段記載，較為集中而全面地反映了楚國因罪或債務成為奴隸的一些特點：

其一，在楚國，犯罪後其家人即可為奴。擊磬人因其父殺人，儘管其父已被處死，自己及母親仍然分別「為公家擊磬」、「為公家隸（為酒）」，成為奴隸，表明楚國存在極為殘酷的株連之法，由此

---

[1] 劉向：《新序　雜事第四》。又見《呂氏春秋　精通》。兩書記載微有不同。注家均認為「《新序》意較長」，故引《新序》。此段引文括弧內的字均為《呂氏春秋　精通》原有，以補《新序》，意更明晰。

第十二章　楚國農業勞動者屬於平民階層

產生不少的奴隸。此種現象非楚國獨有，如在秦國，同樣也把罪犯的妻子、兒女一起沒收為奴隸。衛鞅在秦變法，公開宣佈「事末利及怠而貧者舉以為收孥」，同時還迫使奴隸所生的子女繼續為奴，有所謂「奴產子①」。

其二，一旦成為奴隸後，毫無任何人身自由可言。「臣不睹臣之母，三年於此矣，昨日為舍市而睹之」，此擊磬者為奴三年後才偶然在市場上得見其母一面，當然談不上有其他行動自由。《左傳　昭公七年》還記楚國早在楚文王時便依據周文王專門對付奴隸逃亡的「有亡（逃）荒（大）閱（搜索）之法」制定了「僕區（今言窩藏）之法②」，楚貴族無宇倚仗此法甚至敢於理直氣壯地闖入楚王行宮章華臺捉拿逃走的奴隸，可見楚國的奴隸人身束縛之嚴。

其三，奴隸是有身價的。「意欲贖之，而無財，身又公家之有也」。以錢贖奴隸之事，在楚國還可見於百里奚在楚以五張羊皮的贖金被秦贖走③和范蠡以千金贖犯有殺人罪的中男沒有成功④，這兩個例子，可見非為鮮見。楚國之外，還有齊國宴嬰以馬贖越石父⑤，衛嗣君先以一百金，後以一邑向魏贖胥靡⑥，可見奴隸有身價，且可被贖，是為各國通例。

其四，奴隸是區分男女分別計算、使用的。這可能是男奴隸與女奴隸各自的使用價值不一樣，各自身價不同所致。擊磬者與其母同

---

① 參見楊寬：《戰國史》，上海人民出版社1980年版。

② 服虔云：「僕，隱也。區，匿也。」杜注「僕區，刑書名。楊伯峻《春秋左傳注》1284頁於此處注明：「今言窩藏。」

③ 參見《說苑　臣術》篇：「秦穆公使賈人載鹽，征諸賈人，賈人買百里奚以五羖羊之皮，使將車之秦」；《說苑　善說》篇：「百里奚自賣五羊之皮」；《莊子　庚桑楚》：「秦穆公以五羊之皮籠百里奚。」

④ 《史記　越王勾踐世家》記「朱公（范蠡）中男殺人，囚於楚。朱公曰：『殺人而死，職也。然吾聞千金之子不死於市。』告其少子往視之。乃裝黃金千溢，置褐器中，載以一牛車」。後因范蠡長男爭行，營救快成功時又吝惜千金，遂至中男仍被殺。

⑤ 《呂氏春秋　觀世》篇。

⑥ 參見《戰國策　宋衛　衛嗣君時胥靡逃之魏》。

時為奴，卻不在一起，長達三年未能見面，表明奴隸因男女而別為處置，女的為某一貴族作酒，男的為另一貴族擊磬，分別使用。《墨子　天志》下篇曾言古時奴隸「丈夫以為僕、圉、胥靡，婦人以為舂酋」，指的也正是這種男女奴隸分別使用的情況。鄭襄公在國破之時哀求楚王寬大，故意先設想最壞的情況：「其翦以賜諸侯，使臣妾之，亦唯命」，這「臣」「妾」二字即是分指男女，所謂「男為人臣，女為人妾[1]」，連用則指男女奴隸，再如《尚書　費誓》記「臣妾逋逃」，《易　遯》九三「畜臣妾」，《呂氏春秋　察微》：「魯國之法，魯人為人臣妾於諸侯，有能贖之者，取其金於府」，都表明「臣妾」分指男女奴隸無疑。楚國對罪奴是「使臣妾之」的，對戰爭中投降的人則沒有這樣，《左傳　哀公元年》記楚為報柏舉之戰蔡人助吳之仇，圍住蔡都，猛攻九天九夜才攻下，蔡人又按通例「男女以辨」，以作好當奴隸的準備出降，男人和女人分開以待楚軍，此舉後來獲得楚人同情，楚人只是讓其「使疆於江、汝之間（長江以北、汝水以南）」便回師了，不但沒有使其男女分開，甚至聽任蔡人保持原有的宗法體系和公社結構，聽任蔡君繼續擁有指揮權，結果大部分蔡人跟隨蔡君投入吳國的懷抱。這一例子確鑿證明，楚國對待罪奴遠比戰俘更為嚴厲。

其五，楚有拍賣奴隸的市場。擊磬者欲贖之須得「舍市」，《說文》：「市居曰舍」，即係牽到市場上拍賣，聯繫《孟子》曾云：「百里奚舉於市」，亦謂從楚國的市場上買來的，可見楚國是存在奴隸市場的。擊磬人在被自己的主人拍賣之時，恰逢其母也被拍賣，母子倆這才見上了難得的一面，這表明，奴隸市場的買賣十分興隆，這種「市」上所販賣的奴隸，有的還可能是從楚國之外的地方買來的，

---

① 《左傳　僖公十七年》。

因為「齊俗賤奴虜①」，並「富擅越隸②」，表明齊國多從南方越族那兒掠買奴隸。《屍子　廣篇》說「夫吳越之國，以臣妾為殉，中國聞而非之③」，楚國靠近吳越，比較容易就近得到廉價的奴隸，帶到奴隸市場轉手販賣。

其六，楚國的奴隸一般不從事農業生產，而從事家內勞作。擊磬者與其母同時為奴，長達三年，兩人均未從事農耕，而是一個擊磬，另一個釀酒。磬和酒都是貴族享受之物，從已發現的楚貴族墓葬中出土的酒器和編鐘、磬等數量之多來看④，楚國統治者占有的這種為自己享受服務的奴隸當不在少數。《呂氏春秋　分職》篇曾記「今有召客者酒酣、歌舞、鼓瑟、吹竽，明日不拜樂己者而拜主人，主人使之也」，表明這種家內奴隸的存在較為普遍。

應當強調的是，從文獻記載看，楚國貴族用樂多僭越周禮，其使用家內奴隸較其他諸侯國當更多。《左傳　莊公十八年》記：「楚令尹子元欲蠱文夫人（息媯），為館於其宮側而振《萬》焉。」又《左傳　成公十二年》記晉楚第一次息兵之後，「晉郤至如楚聘，且涖盟。楚子享之，子反相，為地室而縣（懸）焉，郤至將登，金奏作於下，驚而走出」。據孫詒讓《周禮　春官　鐘師》「正義」：「金奏」，金指鐘鎛（似鐘），奏九種夏樂，先擊鐘鎛，後擊鼓磬，謂之金奏。此處楚國所作的金奏，為九種夏樂中的一種，本是天子享元侯樂曲，故晉郤至聽到後便驚而走出。再從考古成果看，張劍〈略論河南淅川下寺春秋楚墓的葬制特點〉⑤指出，河南淅川下寺春秋楚墓中的第四組主墓M10，規模不及第一組M8，墓主人等級當屬下大

---

① 《史記　貨殖列傳》。
② 《戰國策　秦策三》。
③ 孫星衍輯本卷上。
④ 參見《楚文化考古大事記》所錄。
⑤ 河南考古學會《楚文化研究論文集》，中州書畫社1983年出版。

夫級，但按樂器使用制度（天子四套、諸侯三套、上大夫兩套、士一套）和用簋制度規定，此墓用樂器三套、銅簋兩件，則超越了上大夫一級，是僭越現象的體現。由此可見，楚國一般貴族使用家內奴隸的數量，相當可觀。

第二部分是由戰俘而成為奴隸者，此部分人數較少。

正如《墨子　天志》下篇所云，在古代戰爭中，戰俘的結局一般只有兩種：「民之格者則勁拔之，不格者則繫操而歸。」古時戰俘的命運，一般以順從與否被區別對待。前文我們在楚野地居民的公社組織之二——「異族隸屬性公社」部分中，曾較多論及的是第一種順從的戰俘「不格者系累而歸」的情況。這是因為楚統治者發動對外戰爭、進行滅國的主要目的在於擄掠人口，故為數眾多的戰敗者一旦集體表示投降，便能得到寬恕，楚統治者從便於管理、有利生產出發，很自然地將他們交予楚縣管轄，或前往待開發之地，或賜予貴族，並讓這些遺民仍保留原有的宗族體系和公社組織形式，這些，都決定了原為戰俘、後為楚族異族隸屬性公社的成員不是奴隸。很顯然，並不是所有戰俘都能得到這種待遇，戰俘能夠成為隸屬性公社成員的，必須具備一個前提條件：順從戰勝者的意志，投降於楚國者。而對那些一直抵抗到底、至死也不屈服者，則只會是如《墨子》所言「民之格者則勁拔之」其被生俘後，一定由國家囚禁，嚴加看管。

這種由戰俘成為奴隸者與因罪（債）成為奴隸者也有很大的不同。因他們係國家通過對外戰爭獲得，自然歸國家所有，因其不願意投降，對楚具有一定的危險性，故不會被送到奴隸市場進行買賣，也將不會流入貴族之家和民間，而始終由國家囚禁和看管，因此，這種由戰俘而成為奴隸者具有不可贖性，這是他們有別於因罪（債）為奴隸者的重要之處。史料表明，楚國對這種不願投降的戰俘，除了出於某種目的主動釋放者外，一般不允許贖出，如晉國名將知罃被楚俘虜，始終不降，未見晉國向楚以金錢或其他物資贖知罃，這可能與楚

273

有不贖出戰俘政策有關。以後，《左傳　成公三年》記「晉人歸楚公子穀臣與連尹襄老之屍於楚，以求知罃，……楚人許之」，表明楚人只同意與他國對等交換戰俘。與此相應，對於楚人成為他國戰俘者，亦未見楚主動以金錢或其他物資求贖，如楚國的鍾儀成為晉國的俘虜，一直戴著「南冠[①]」，至死不降晉，未聞楚有贖人之舉。又如楚公子平被莒人俘獲，「楚人曰：『勿殺，吾歸而俘』[②]」。亦只提出與莒人對等交換戰俘。這一點，與秦國相似[③]，而與宋、魯等國允許贖人的作法不同[④]。

這種由戰俘成為奴隸的人在楚國的命運，比因罪（債）成為奴隸者更為悲慘，生命更無保障。鉤稽有關史料，他們在楚，一般逃不脫下列命運：

其一，人祭。馬克思在《摩爾根（古代社會）一書摘要》中指出，「關於俘虜的處理經過了和野蠻期的三個階段相適應的三個連貫的階段」，其中「第二個時期——作為貢獻神靈的犧牲」，這與楚國的情況是一致的。楚國以俘虜作為供奉神靈的犧牲，最著名的例子是《春秋　昭公十一年》記載的「楚師滅蔡，執蔡世子有以歸，用之」，此事《左傳》記為「冬十一月，楚子滅蔡，用隱大子於岡山」。「用」，即殺之以祭，以人作為供奉神靈的犧牲。蔡世子有即隱太子，他被殘酷地用為人祭，是因為他在父親蔡靈侯於四月遭楚殺害後，仍毫不畏懼地率領全體蔡人頑強抵抗，一直堅守至十一月。楚國先是派棄疾圍蔡，楚靈王又以全師繼之，方才滅蔡，俘獲蔡世子

---

① 《左傳　成公九年》。
② 《左傳　成公九年》。
③ 秦國一般不接受贖出戰俘，如《左傳　襄公二十六年》記「鄭人取貨於印氏以請之（贖出印堇父）……秦人不予」，又《說苑　權謀》記「楚公子午使於秦，秦囚之」，後來在晉國的威脅下，「秦恐，遂歸公子午，使之晉」。
④ 宋國的名將華元被俘，「宋人以兵車百乘文馬百駟以贖華元於鄭」（《左傳　宣公二年》）。「魯國之法，魯人為人臣妾於諸侯，有能贖之者，取其金於府」（《呂氏春秋　察微》）。

有，自然對他恨之入骨，毫不寬恕。楚以戰俘為人祭之事還可見於
《左傳　昭公四年》所記「秋七月，楚子以諸侯伐吳⋯⋯八月甲申，
克之，執齊慶封而盡滅其族。將戮慶封，椒舉曰：『⋯⋯焉用之？』
王弗聽，負之斧鉞」，齊慶封也是進行了頑強的抵抗而被用作人祭
的。楚國的人祭，從考古方面也可以得到證實，在對楚紀南城南垣水
門遺址木構建築的北端，「正對三、四排木樁，探方10的④A層發現
有人骨架一具，麻鞋三雙，木箅、木梳各一，繩紋長頸罐一件，附近
還發現有馬頭一具以及其他獸骨。而人骨架的所在為一坑形，坑寬約
3.2公尺，距河底深1.2公尺，因而可能是一個奠基坑[①]」。由此可知
楚人國人祭風氣之盛。

　　其二，釁鼓。這亦是人祭的一種特殊作法。古代戰爭開始，軍隊
出征之際，常常要先祭祀神廟，並殺牲以血塗在戰鼓上，即所謂「君
以軍行，祓社釁鼓[②]」，以祈禱戰爭取得勝利。楚國常常以俘囚祭
鼓，顯示出更為野蠻的特性。《左傳　昭公五年》記：

　　楚子以諸侯及東夷伐吳，⋯⋯吳子使其弟蹶由犒師，楚人執之，
將以釁鼓，王使問焉，曰：「女卜來吉乎？」對曰：「吉。⋯⋯今
君⋯⋯虐執使臣，將以釁鼓，則吳知所備矣，⋯⋯使臣獲釁軍鼓，而
敝邑知備，以禦不虞，其為吉，孰大焉⋯⋯」。

　　這段記載，表明楚國在戰爭過程之中便不時以戰俘為祭。與此記
載相類似，《說苑　奉使》篇還記：

　　秦楚轂兵，秦王使人使楚，楚王使人戲之曰：⋯⋯王方殺子以釁

---

① 　湖北省博物館〈楚都紀南城的勘察與發掘（上）〉，《考古學報》1992年第3期。
② 　《左傳　定公四年》。

鐘⋯⋯使者曰，秦楚戲兵，吾王使我先窺，我死而不還，則吾王知警戒，整齊兵以備楚，是吾所以吉也。且死者而無知也，又何釁於鐘？死者而有知也，吾豈錯秦相楚哉，我將使楚之鐘鼓無聲，鐘鼓無聲則將無以整齊其士卒而理君軍。

　　這又證明，楚常在戰爭之中殺俘囚以血祭鼓或鐘，原是基於塗過人血的鼓或鐘在戰場上可以發出更有威懾力的聲響，對鼓舞士氣有極大的作用這一心理。由此推之，楚每戰必以俘囚釁鼓。聯繫到《左傳　成公三年》所記晉楚交換戰俘，晉知罃被釋前尚感謝楚「執事不以釁鼓」，可見釁鼓是常事。以楚對外戰事之繁，僅釁鼓一項，所殺戮的戰俘必定甚多。

　　其三，殺囚。楚國對於成為奴隸的戰俘，隨便殺戮，有時不一定是出於人祭或釁鼓的需要，同樣隨意殺之，毫不足惜。《左傳　昭公十三年》記楚平王初篡位時，不知楚靈王已死，在面臨謠傳靈王將回郢都的情況下，為穩定局勢，「殺囚，衣之王服而流諸漢。乃取而葬之，以靖國人」。這被殺之囚，便是由戰俘成為奴隸而被囚禁者。成為奴隸的戰俘一般由國家囚禁起來，故亦可稱之為囚。《左傳　成公九年》記楚鍾儀被囚於晉之「軍府」，距其初被俘時，已長達兩年，人稱「楚囚」。而晉將知罃被楚俘虜，長達九年[1]，其間，鄭國商人曾計畫用裝衣物的袋子幫知罃逃出楚國，「既謀之，未行[2]」，可見楚人對知罃的看管很嚴，表明楚國也有類似晉國的「軍府」這類專門囚禁成為奴隸之戰俘的地方，隨時需要，隨時牽出「殺囚」。楚殺囚

---

[1]　晉知罃被俘於魯宣公十二年（西元前597年）晉楚邲之戰時，《左傳》是年記「楚熊負羈囚知罃」，其被釋於魯成公三年（西元前588年），《左傳》是年記「晉人歸楚公子谷臣與連尹襄老之屍於楚，以求知罃，⋯⋯楚人許之」，前後歷時九年。

[2]　《左傳　成公三年》：「晉荀罃（即知罃）之在楚也，鄭賈人有將寘諸褚中以出。既謀之，未行，而楚人歸之。」

之事還可見於《左傳　昭公十一年》：「三月丙申（十五日），楚子伏甲而饗蔡侯於申，醉而執之」，同時自然俘獲了不少蔡侯的隨從人員，囚禁了一個月，到「夏四月丁巳（初七日），殺之，刑其士七十人」。這一次楚殺囚的規模不小，可能與蔡侯及其士被俘後毫不屈服有關，但也表明楚國統治者是毫不吝惜成為奴隸的戰俘的生命。

其四，獻俘。楚國在連年對外征戰中，在獲得大量戰俘的同時，還經常接受他國送來的戰俘[1]，楚人在戰爭中成為他國的俘虜，亦常被「獻」於第三國[2]，這些，實質上是一種不經過奴隸市場的轉讓奴隸的行為，同樣是對成為奴隸的戰俘人格的否定。這種被「獻」的奴隸，無論到何處，其政治地位沒有絲毫的提高，與被用於人祭、釁鼓者沒有絲毫的不同。楚國的獻俘之舉，有以下兩例：

冬，楚人使宜申來獻捷。（《春秋　僖公二十一年》）
（鄭）印堇父與皇頡戍城麇，楚人囚之，以獻於秦。鄭人取貨於印氏以請之，……秦人不予（贖）。（《左傳　襄公二十六年》）

這兩例，表明由戰俘而成為奴隸者，其人身屬國家所有，被用來進行國與國的交易，完全不能掌握自己的命運，處於極為悲慘的境地。

綜合以上兩種不同類型的奴隸各自的特點，我們又可以發現，兩者間雖有不少的細微差別，但共同之處還是主要的，即他們同屬於奴隸階層，最基本的生命安全和行動自由均沒有保障，沒有絲毫的私有財產可言，處於社會的最底層。

---

① 《左傳　成公三年》：「（鄭）皇戌如楚獻捷。」
② 如《左傳　僖公二十八年》記晉楚城濮之戰後，晉國戰勝，「獻楚俘於王（周天子）。駟介百乘徒兵千」。

第三節　楚國農業勞動者屬於平民階層

　　楚國的奴隸階層基本上與農業生產無關，而楚國的農業勞動者的地位明顯高於奴隸階層，應屬於楚國的平民階層。

　　「平民階層」這一政治概念，有廣義和狹義兩種。馬克思和恩格斯在《共產黨宣言》指出：「自由民和奴隸、貴族和平民、領主和農奴、行會師傅和幫工，一句話，壓迫者和被壓迫者，始終處於互相對立的地位，⋯⋯在過去的各個歷史時代，我們幾乎到處都可以看到社會完全劃為各個不同的等級，看到由各種社會地位構成的多級的階梯。在古羅馬，有貴族、騎士、幫工、農奴，而且幾乎在每一個階級內部又有各種獨特的等第。」① 在這裡，革命導師使用的是狹義的「平民」概念，是作為「一個階級內部」的「獨特的等第」而言的。此處的「平民」，有別於奴隸，有別於貴族，在古羅馬，還有別於騎士，均是置於一個小的範疇裡進行比較，就某一個典型的社會形態（如奴隸社會）而作出結論的，因此，革命導師沒有也沒有必要將「平民」直接與農奴、行會師傅、幫工等進行比較。然而，我們在研究楚國在整個春秋戰國時期社會各階層的情況時，面臨的不止是某一個典型的社會形態，而是一種社會形態向另一種社會形態過渡，或者說，是兩種不同的社會形態並存的局面，在這種情況下，自由民和奴隸、貴族和平民、領主和農奴，還有騎士、陪臣等，都可能並存於世，呈現出一種極為複雜的格局。這種情況迫使我們不得不採取一種簡便、易於明晰的社會分析方法，無論頭緒多麼紛繁，都緊緊抓住「兩頭」——居於統治地位的貴族階層和毫無任何自由的奴隸階層，而把介於這兩大階層之間的各種類型的人統統歸於中間階層。鑒於在典型的奴隸社會中，平民正是介於貴族和奴隸之間的中間階層，而初

---

① 《馬克思恩格斯選集》第1卷第250頁。

期的封建社會，不可能絕對排除奴隸的存在，只是奴隸制因素不占主導地位而已，因此，我們完全可以把奴隸社會向封建社會的過渡，看成是一種奴隸階層人數逐漸減少，其成員逐步充實到中間階層（極個別人還可以由於某種機遇躍入貴族階層）的過程，這樣，原作為奴隸社會中間階層的平民階層，隨著時代的前進，不僅不會消失，反而由於奴隸階層人數的減少而更形壯大，更完整地存在於世。在這種情況下，處於奴隸社會向封建社會過渡、新舊兩種社會形態發生變革、交替過程中的平民階層，比起革命導師所論述的在典型奴隸制下的「平民」，所包含的成分當然要廣泛、複雜得多。因此，相對而言，這時所形成的，必然是一種廣義的平民階層。這種廣義的平民階層，理所當然地包括了剛剛掙脫了奴隸制枷鎖的農奴，亦包括了剛剛從貴族階層沉淪下來的騎士，如果這時行會師傅和幫工已經出現，儘管他們之間存在對立，但只要都不屬於貴族階層，亦不屬於奴隸階層，同樣也可以將其整個地歸於中間階層亦即平民階層之中。在我們對先秦史和楚史的研究中，採取這種廣義的平民階層的概念來進行兩種不同社會形態交替過程中的社會分析，其好處是顯而易見的，這樣做可以避免很多不必要的糾葛，而使問題變得一目了然。例如，在許多反映先秦歷史人物活動情況的典籍中，對這樣一種階層人物抽象名稱的記載常常是五花八門，常見的有「民」、「民人」、「人」、「小人」、「眾」、「眾人」、「國民」、「庶民」、「士」、「上士」、「中士」、「下士」、「國人」、「君子」、「隱君子」、「野人、鄙人」、「氓」、「輿人」、「甿」、「萌人」、「賤人」、「百工」、「工」、「商」、「賈人」、「農」、「小農」、「農夫」、「丈人」、「父老」、「漁父」等等，一些研究者往往只是孤立地討論一些名詞的詮釋問題，並各執一詞，以致爭論不休，如果站在廣義的平民階層的高度上看問題，有的爭論就顯得沒有意義，因為這些人，除「士」、「國人」、「君子」之中尚不能絕對排除其中含比例

極小的貴族外，基本上全可納入平民階層之中。本文所著力進行的楚國野地社會研究，並認為先秦野人屬於平民階層，也正是基於廣義平民階層的內涵所得出的結論。

　　楚國平民階層中的野人與奴隸階層相比，除政治、經濟地位的明顯不同外，其他方面亦有諸多不同：第一，從占總人口的比例來看，平民階層擁有人口中的絕大多數，而奴隸階層的數量相對而言較少。整個奴隸階層從數量上看，在楚國的社會中是居於次要地位的。第二，從人員分布的地域來看，平民階層遍布於楚國的「國」中和「野」地。其中平民階層在野地的居民，廣泛分布於楚縣、貴族封邑和已開發的富腴之地，待開發的荒遠之地。而奴隸階層只能從王室的「軍府」和貴族之家中尋到他們的蹤影，這表明，整個奴隸階層，對楚國社會的影響極其有限。第三，從在生產領域中所起的作用來看，平民階層，其中主要是野人，擔負了楚國最主要的生產部門——農業的全部勞作，並兼從事手工業、商業和其他多種職業，是楚國賦、稅、役的主要承擔者。而奴隸階層則基本上不被用來從事農業生產，其中，由戰俘而成為奴隸者終生遭囚禁，其使用價值只體現為人祭、釁鼓，殺囚、獻俘，與生產無關；因罪（債）淪為奴隸者，又至多被貴族用於家內勞作，進行諸如擊磬、歌舞、釀酒、製作工藝奢侈品等工作，亦與生產，特別是農業生產關係不大。因此，整個奴隸階層，可以說是個不事農業生產的階層，在楚國社會中，當然不占主導地位。

　　對楚國平民階層與奴隸階層研究的結果，使平民階層（其中主要是野人）在整個社會中的重要地位更形突出。可以說，如果把整個社會分成貴族、平民、奴隸三個階層的設想能夠成立的話，其中最值得研究的不應是人數較少的貴族與奴隸階層這「兩頭」，而是占人口絕大多數的平民階層這個「中間」。因為社會經濟發展的規律告訴我們，從某種意義上說，社會的前進，就是「兩頭」都宣告死亡或消

失，而在舊社會的中間階層中不斷發生具有決定意義的裂變，從中產生新的地主階級和農民階級。只有到這時，中間階層才會結束它的歷史使命，整個社會又以一種嶄新的面貌呈現在人們面前。因此，對先秦史的更深一步的研究，要把各諸侯國的中間階層即平民階層（主要是野人和國人）作為突破口。只要把主要的注意力放在平民階層，研究其隊伍發展、壯大以至裂變的軌跡，就可以掌握整個社會前進的脈搏！

附　　錄

春秋時期楚國的平民階層

　　春秋時期的楚國社會，有許多問題需要加以認真探索。其中，弄清楚國平民階層的存在以及他們在楚國政治、經濟中的作用，這對於揭示楚國乃至先秦中原各國的社會結構，具有重要的意義，本文特為引玉之磚，惟待教正。

一、楚國平民階層的存在

　　1975年冬，考古人員在湖北江陵紀南城內，新橋東北部王家灣東側的東嶽廟春秋墓區，發掘了七座楚墓。「七座墓中，墓具為一棺一槨的有M2、M6、M4、M9四座；一棺無槨的是M8、M12兩座；無棺無槨的有M14一座[①]」，明顯呈現出等級的差別。古時常以葬具看死者的身分，《周禮　閭師》云，「凡庶民」，「不樹者無槨」。孔子高足顏回，死後其父無力備置墓槨，被認定為「無槨庶民」。孔子在失掉官職後其子孔鯉死，埋葬時「有棺而無槨[②]」，這種埋葬方式，也和孔鯉的平民身分相一致。與此相對照，東嶽廟楚墓中的M8、M12一棺無槨，似可確定，死者的身分不是貴族，同時從墓中有少量隨葬

---

① 〈紀南城東嶽廟墓葬發掘簡報〉，載湖北省博物館編《楚都紀南城考古資料彙編》第104頁。根據比較完整的出土陶器的組合和器形特徵判斷，該墓「屬春秋中期或更早些」。
② 《論語　先進》。

品陶器鬲、盂、罐等來看，死者生前可能也不是奴隸。江陵東嶽廟M8、M12兩座春秋楚墓啟示我們，春秋時代的楚國，存在著一種無貴族身分而又不是奴隸的人，值得我們認真地分析和研究。

　　從先秦的文獻記載中，不難看出，「民」是先秦社會中的一個重要階層。據統計，「民」字在《詩經》中出現98次，在《尚書》中出現276次，在《論語》中出現39次，在《左傳》中出現近400次。「民」的活動蹤跡遍於中原各國。檢點有關楚國史籍，可以發現，同中原各國一樣，「民」也是楚國社會裡的一個重要階層。《國語　楚語》記令尹子文言，「夫從政者，以庇民也。民多曠者，而我取富焉，是勤民以自封也，死無日矣」。說明在春秋早期的楚成王（西元前671年至西元前626年在位）時代，令尹子文就已把國君及其臣屬的任務規定為「庇民」。事實上，在春秋之世，「庇（保）民」一直作為國策被楚國歷代群臣所遵行。楚莊王（西元前613年至西元前591年在位）成就了楚國的赫赫霸業，其中一個重要原因，就在於執行了「保民」政策。《左傳紀事本末　晉楚爭伯》引《屍子》云，有一年冬天下大雪，楚莊王「使巡國中，求百姓賓客之無居宿、絕糧者，賑之，國人大悅」。當時晉士會對楚莊王的「保民」作法十分感歎，《左傳　宣公十二年》記：「（晉軍）救鄭及河，聞鄭既及楚平，桓子欲還，……隨武子（士會）曰：『善。楚軍……昔歲入陳，今茲入鄭，民不罷（疲）勞，君無怨讟，政有經矣。』」不欲與爭。楚莊王臨去世時，還諄諄囑咐繼位的共王及其大臣若「無德以及遠方，莫如惠恤其民而善用之[①]」。楚共王（西元前590年至西元前560年在位）即位，認真按照莊王遺囑辦事，清理戶口（「大戶」），免除人民對國家的拖欠（「已責」），施捨至於年老鰥夫（「逮鰥」），救濟生

_____

① 《左傳　成公二年》。

活困難者（「救乏」），並「赦罪」①。楚平王（西元前528年至西元前516年在位）登位之前，治理陳、蔡之地，就有「苛慝不作，盜賊伏隱，私欲不違，民無怨心，先神命之，國民信之」的美名，即位以後，採取了不少措施，「撫其民。分貧，振窮；長孤幼，養老疾；收介特，救災患；宥孤寡，赦罪戾②」。到春秋晚期，楚昭王（西元前515年至西元前489年在位）面臨吳兵入郢之禍，吳兵威逼陳人脅從，但未成功，陳人的理由是「楚雖無德，亦不斬艾其民③」。

上述歷代楚君實行的「保民」政策，實際也是春秋時各諸侯國賢大夫的普遍觀點，如《左傳 昭公三年》載晉叔向與齊晏嬰的對話，晏嬰訴說齊「民人痛疾」，若「愛之如父母」，則「歸之於流水」。叔向說，在晉「民聞公命，如逃寇仇」，也深以為憂。鄭子產執政數年，得到「與人」的讚揚，「我有田疇，子產殖之」。因此，對春秋諸國這一共同現象，實有研究的必要。春秋時楚國為什麼能一直實行「保民」政策，楚「民」在楚國到底屬何等身分？其政治地位和經濟狀況又是如何？這些都是本文下面所要探討的。

二、楚國平民階層的政治身分

歷代楚王所「保」之「民」，都是屬於楚國的平民，或者說是自由民，是楚國社會中無貴族身分而又不是奴隸的人。

楚「民」的非貴族身分，主要體現在「民」一般不能擔任大夫以上的官職。

楚國的官吏，向來只在貴族之中選拔，所謂「內（同）姓選於親，外姓選於舊（世臣）」，「貴有常尊，賤有等威」④。董說《七國考 楚官職》引傅遜曰：「春秋諸國，惟楚英賢最多，而為令尹

---

① 《左傳 成公二年》。
② 《左傳 昭公十年》。
③ 《說苑 善說》。
④ 《左傳 宣公十二年》。

執國政者，皆其公族。」除了最高官職令尹，楚國的左尹、右尹、莫敖、司馬、左司馬、右司馬等重要職位的擔任者，均保持較濃的貴族色彩。《左傳　襄公十五年》記：

> 楚公子午為令尹，公子罷戎為右尹，蒍子馮為大司馬，公子橐師為右司馬，公子成為左司馬，屈到為莫敖，公子追舒為箴尹，屈蕩為連尹，養由基為宮廐尹，以靖國人。君子謂：「楚於是乎能官人。官人，國之急也。能官人，則民無覦心。」

以上為官者九人中，五人為公子，二人為屈姓，一人為養氏之族，俱為楚國貴族，九個重要官職無一為「民」所據，並且「民」還得「無覦心」，「民」之不能任官，一般不會是貴族身分①。

普通「民」不能當官，有「寵」的也不行。《左傳　襄公二十二年》記：

> 楚觀起有寵於令尹子南，未益祿而有馬數十乘。楚人患之，王將討焉。……遂殺子南於朝，轘觀起於四竟。

觀起死後，類似事件在楚國又接著發生：

> 複使薳子馮為令尹，公子齮為司馬，屈建為莫敖。有寵於薳子者八人，皆無祿而多馬。……辭八人者，而後王安之。

如果將觀起的「未益祿」，理解為「未增祿」而不能確指其身

---

① 這裡有兩點需要說明：第一，此處係指楚平民一般不能任握有實權的高官；第二，這種限制在春秋晚期楚昭王時期便已被部分打破，例如楚昭王對有功和有才能的個別平民如屠羊說、楚狂接輿等欲委以高官。

分，那麼這「無祿」的八人則明顯為庶人在子南家當差者，他們「多馬」，超過《尚書 大傳》「庶人木車單馬」的規定，僅因未有貴族身分，被禁止「有寵」，楚國對非貴族之人從政限制之嚴，可以想見。

楚「民」具有非奴隸身分。童書業在《春秋左傳研究 釋民》[①]中指出，「一般言之，奴隸不在『民』之內」。是十分正確的。

其一，「民」的人身權利在楚國一般得到保障。本文第一部分列舉楚國春秋時歷代君王大都實行「保民」政策，足以說明「民」與連自己的生命都無保障的奴隸是有區別的。前引《說苑 善說》記吳楚柏舉之戰後，吳人威逼陳人背楚，陳國大夫逢滑經過權衡，對陳懷公說：「楚雖無德，亦不斬艾其民」，這是較為公正的評論。「民」與毫無人身自由的奴隸相反，每當楚王或執政者侵犯了「民」的人身權利，就有人站出來，為「民」請命，理直氣壯地予以譴責。如楚平王時，沈尹戌針對當時築州來的「民」所負擔的勞役太重，當面向平王尖銳指出：「今宮室無量，民人日駭，勞罷死轉，忘寢與食。」[②]《說苑 至公》還記載一件楚文王尊重「民」的人身權利的事：楚文王伐鄧時，王子革、王子靈搶奪一「老丈人」的東西。「王聞之，令皆拘二子，將殺之。……曰：『愛子[③]棄法，非所以保國也，私二子，滅三行，非所以從政也，丈人舍之矣。』謝之軍門之外耳。」這裡的「老丈人」，明顯是既無貴族身分（無辜被搶），又非奴隸身分（擁有一定財產）的平民。楚文王將對此事的處理提到「愛子棄法，非所以保國也」的高度，說明「丈人」的人身權利是受法律保護的。雖然由於楚國史料的散佚，沒有楚法律的具體條文為此說提供依據，但據《國語 楚語上》所記令尹子木（屈建）所說的「夫子承楚國之

---

① 上海人民出版社1980年出版。
② 《左傳 昭公十九年》。
③ 原文為「愛民棄法」，按上下文意，當為「子」字。

政，其法刑在民心，而藏在王府」數語以及《左傳　成公十六年》所記申叔時答司馬子反問時說「德以施惠，刑以正邪……民生厚而德正……各知其極」，可知楚國法律當是保護其「民」的基本人身權利的。

其二，楚「民」能夠參與國家大事，甚至影響國君的廢立、國家的興亡。在楚平王（棄疾）奪取王位之前，叔向根據棄疾獲有「民」的支持，預言「有楚國者，其棄疾乎！」理由是棄疾治理陳、蔡之地，「苛慝不作，盜賊伏隱，私欲不違，民無怨心。先神命之，國民信之」，亦即「有民」[1]。與此同時，其兄楚靈王雖在位，由於他既與晉爭霸，又屢興師、興役，並數次強奪諸臣田邑，致使「民患王之無厭也」，失去了「民」的支持，在訾梁「師潰」之後，自己的支留問題，也要「請待於郊，以聽國人[2]」。這種「師潰」事件，應視為「民」的意志的體現。

其三，楚「民」一般有遷徙的自由。《韓詩外傳》卷二記楚狂接輿夫妻「變易姓字，莫知其所之」；《史記　孔子世家》記「孔子自蔡如葉，葉公問政，孔子曰：『政在來遠附邇』」；《論語　子路》記孔子回答葉公問政，勸葉公要做到「近者悅，遠者來」；《孟子　滕文公》記戰國時代「有為神農之言者許行，自楚之滕……願受一廛而為氓」。這些都證明「民」可以自由遷徙。

其四，《左傳》中將楚「民」與奴隸明顯區別開來。如《左傳昭公七年》記無宇索閽向楚王振振有詞地說了一番「天有十日」、「人有十等」的大道理。據楊伯峻《春秋左傳注》：十等人中，王、公、大夫、士屬貴族，皂、輿、隸、僚、僕、臺屬奴隸。此處惟獨沒有提到「民」，足見「民」與奴隸有別。

---

[1] 《左傳　昭公十三年》。
[2] 《左傳　昭公十三年》。

附錄

三、楚國平民階層的組成成分

第一，楚「民」除包括有「國人」、「眾」、「國民」、「民人」、「人」外，被稱之為「庶人」的，也屬於平民階層①。

前文已述「無祿而多馬」者八人，乃「庶人在官者」，是為「庶人」之證。有的同志指出，「『庶人』，《爾雅 釋詁》：『庶，眾也』，意為眾多。庶人就是眾人，也就是指無特權身分、人數眾多的平民。這種人，包括與貴族無血緣關係的勞動者（奴隸除外）和一部分與貴族有血緣的人。」②這種看法十分正確，本文不再另證。

「庶人」既屬於平民階層，則被稱之為「士」中的一部分人也屬於平民階層。如《國語 楚語下》記觀射父言及楚祭祀制度時說，「諸侯舍日，卿大夫舍用，士、庶人舍時」，將「士」、「庶人」並稱，可見屬於同一階層；另外，《說苑 尊賢》將「得罪於其士」和「暴其民骨」並稱，亦可證平民階層中還應包括有「士」的一部分。春秋時期的「士」，隨著生產力的提高，戰爭規模的擴大，文化教育事業的興起，逐漸與農業生產相脫離，分別被稱之為甲士和文士，他們的地位較一般平民略高，部分屬於貴族，其下層似也屬於平民階層。

第二，楚國的平民階層從事農業、商業、手工業等職業。

童書業在《春秋左傳研究 釋「民」》中對「民」的職業分工及其社會地位有這樣一段論述：

民字在古代亦有多種意義。……其二，包括士在內，所謂「四

---

① 可參看日知、亭雲〈《春秋》經傳中的「國人」〉，載《東北師大學報》1981年第2期。該文通過排比大量資料，認定「全部《春秋》經傳本文，以及何休、杜預、范甯、漢晉諸家的注釋所見的國人，為眾，為民，為平民。」不過筆者認為，「國人」、「眾」的含義較廣，其基本成分係平民，仍不能絕對排除其中含有小部分貴族。
② 應永深：〈說庶人〉，《中國史研究》1981年第1期。

民」之「民」，如《齊語》：「四民者勿使雜處。……昔聖王之處士也，使就間燕；處工，就官府；處商，就市井；處農，就田野」，即士、農、工、商也。

此外，《左傳　宣公十二年》記：

隨武子（士會）曰：「……（楚）民不罷勞……商、農、工、賈不敗其業。」

在目前缺少關於楚國從事各種不同職業的平民具體活動資料的情況下，這段記載告訴我們：同齊國一樣，楚國也有商、農、工、賈的職業分工，並且從事著不同分工的人都屬於「民」的範疇。

第三，楚國的平民階層分布於「國」、「野」的廣大區域。

春秋時期各諸侯國都把劃分「國」與「野」視為建立國家統治秩序的一件大事。清人焦循說：「國之稱有三。」「合天下言之，則每一封為一國；而就一國言之，則郊以內為國，外為野；就郊以內言之，則城內為國，城外為郊。」[①] 按照《周禮》的說法，王畿不過千里，王城的城郭以內，叫做「國中」；城郭以外，距城百里之內，叫做「郊」或「四郊」；以「郊」為界，「郊」以外稱「野」或「鄙」，「郊」以內稱「國」或「都」。《左傳　昭公十三年》記有右尹子革對楚靈王說：「請待於郊」，說明楚亦有「郊」，既有「郊」，則楚也分「國」、「野」或「都」、「鄙」。《國語　楚語上》進一步記楚國「地有高下，天有晦明，民有君臣，國有都鄙，古之制也」；劉向《新序》卷九說，「靈王亡逃，卒死於野」，更直接道明了楚亦有國（都）、野（鄙）之制。

---

① 《孟子正義　梁惠王章句下》。

附錄

居於「國」與居於「野」的平民有不同的社會組織。居於「國」的「國人」，以「六鄉」為社會組織。《周禮 大司徒》記載六鄉的組織是：「五家為比，使之相保，五比為閭，使之相受；四閭為族，使之相葬；五族為黨，使之相救；五黨為州，使之相賙；五州為鄉，使之相賓。」很明顯，六鄉的比、閭、族、黨、州、鄉，多保存著聚族而居的形式，血緣關係成分較重。楚國「郊」內是否存在這種「六鄉」之制？回答是肯定的。楚國存在六鄉的基層單位「閭」，見於屈原《天問》：「何環閭穿社，以及丘陵，是淫是蕩，爰出子文？」說的是鬭伯比與邙女繞過「閭」穿過「社」私會，生下子文。「州」、「鄉」見於《國語 楚語下》，觀射父在介紹了楚國的祭祀之後說：

> 國於是乎蒸嘗，家於是乎嘗祀，百姓夫婦擇其令辰，奉其犧牲，……於是乎合其州、鄉朋友婚姻，比爾兄弟親戚。於是乎弭其百苛，殄其讒慝，合其嘉好，結其親暱，億其上下，以申固其姓。

這段記載不僅說明楚國也存在「州」、「鄉」兩級組織，並且這些居於「州」、「鄉」之地的「百姓夫婦」，都在一起祭祀自己的祖先，說明他們基本上是以血緣為紐帶聚族而居的。

居於「野」（鄙）的平民稱為「野人」或「鄙人」[①]，以「六遂」為社會組織。《周禮 遂人》記載六遂的組織是「五家為鄰，五鄰為里，四里為酇，五酇為鄙，五鄙為縣，五縣為遂」。楚國「郊」外「鄙」地是否存在六遂的社會組織？回答也是肯定的。其一，《史

---

① 論者多謂「野人」為奴隸。如林劍鳴《秦史稿》第72頁云：「從『無君子莫治野人，無野人莫養君子』，可知：『野人』就是在土地上胼手胝足勞動的奴隸」；理由之二是「野人不能當兵」。這種結論是否適用於除楚之外的邦國，姑且不論，不適用於楚國則是大致可以肯定的。在楚國，野（鄙）人能夠當兵（詳見下文對楚軍內部等級的分析）。據《史記》，還知道居於楚國宛（今河南南陽）地的「鄙人」可以把逃跑的奴隸百里奚抓起來，其屬於平民範疇，於此可見。

記　吳太伯世家》記有「楚邊邑卑梁氏之處女與吳邊邑之女爭桑，二女家怒相滅」，這裡的女「家」似即為「五家為鄰」之「家」；其二，《史記　孔子世家》有「（楚）昭王將以書社地七百里封孔子」的記載，《公羊傳　昭公十三年》亦載楚公子棄疾攻靈王，令「後歸者不得復其田、里」，此兩處的「里」似均為「六遂」中「五鄰為里」之里；其三，楚國係最早設縣的諸侯國[①]，從楚所設縣之地均遠離國都，多係邊防要地和滅國之地看，可能最初就是六遂中的「縣」。楊寬指出，楚縣一直多保持原來的都鄙制度[②]，這是十分正確的。

第四，楚國平民階層內部，因血緣關係和居住地域的不同，各自的身分、社會地位亦有一定程度的不同。一般地說，居於「國」中的平民其社會地位稍高，居於「野」中的平民其社會地位較低；與貴族尚有一定血緣關係的平民其社會地位稍高，其餘則較低。這主要體現在祭祀、當兵、納賦的不同上。

在楚國，「士」的下層、「庶人」雖然由於各種原因，不是貴族，一般不能為官，但與貴族的血緣關係還部分為統治者所承認。《國語　楚語》有關於楚國祭祀等級差別的三條記載：

其祭典有之曰：國君有牛享，大夫有羊饋，士有豚犬之奠，庶人有魚炙之薦。士食魚炙，祀以特牲，庶人食菜，祀以魚。

祀加於舉：……士、庶人舍時。……士、庶人不過其祖。

從上可以看出，楚「祭典」中是沒有普通平民的地位的，儘管「士」、「庶人」在祭祀中供品的等級最低，但確實能祭祀自己的祖

① 參見《左傳　莊公十八年》：「楚武王克權，使鬬緡尹之。」這是現存史籍中最早的置縣記載（不遲於西元前740年）。
② 楊寬：〈春秋時期楚國縣制的性質問題〉，《中國史研究》1982年第1期。

附
錄

先。這在「國之大事,在祀與戎①」的時代,毫無疑問,他們的社會地位是高於「鄙人」等其他平民的。

楚國的軍隊,包括貴族和平民兩個階層。《左傳 成公十六年》記載,「楚之良,在其中軍王族而已」,故以「王族」為主要成份的「中軍」,多由貴族子弟組成。但是,除王室軍隊外,楚國在邊防設縣之地有縣師,如申、息之師等,係楚國的地方部隊,其實力之強,可以單獨與敵國周旋。這種地方部隊的兵源和賦稅當取自本地,兵士自然多由當地「鄙人」組成,這與齊國只有「國人」有當兵的義務不同②。按照《左傳 襄公二十五年》所記蒍掩「書土田」,目的是「量入修賦」,「賦車兵、徒兵、甲楯之數」,則楚軍內又有「車兵」與「徒兵」之別。「車兵」多由平民中的上層或貴族中的下層「士」(甲士)擔任,自己提供車馬參戰,地位較高。「徒兵」多由無力提供車馬的「鄙人」擔任,地位較低。正是由於車兵與徒兵地位有一位差別,作戰時他們又必須協同戰鬥,方能打勝仗,故兩者之間的團結問題對軍隊的戰鬥力影響極大,《左傳 宣公十二年》記晉國隨武子提出不能對楚國輕舉妄動,就是因為看到楚國當時軍隊內部「卒乘輯睦」,這也反證出楚軍內車兵與徒兵大體同屬平民階層,只是地位略有差別罷了。楚軍內還有所謂「宗人之兵」和「私卒」③,多由參戰大貴族的宗族之人組成,戰鬥力較強、地位也較高。

在交納賦稅問題上,楚平民中也因地位有別而負擔不同。《左傳 昭公二十七年》記,「左司馬沈尹戌帥都君子與王馬之屬以濟

---

① 《左傳 成公十三年》。

② 江永《群經補義》云:「管仲參國伍鄙之法,……是齊之軍悉出近國之十五鄉,而野鄙之農不與也。」朱大韶在《實事求是齋經義》卷二亦云:「六軍之眾出於六鄉,……其六遂及都鄙盡為農。故鄉中但列兵法,無田制;遂人但陳田制,無出兵法。」

③ 《左傳 僖公二十八年》載,城濮之戰時,子玉請戰,「王怒,少與之師。唯西廣、東宮與若敖之六卒實從之」,杜注:「六卒,子玉宗人之兵六百人。」《左傳 襄公二十五年》載,楚令尹子木與子彊、息桓子、捷子、騈子帥師與吳戰,五人「以其私卒誘之」,先擊吳師,大敗對方。

師，與吳師遇於窮」。杜預謂都君子為「在都邑之士，有複除者」，孔穎達謂「複除」，指「此人或別有功勞或曲蒙恩澤，平常免其徭役，事急乃使之耳」。此「都君子」平常能「免其徭役」，而一般平民除偶然有一二楚君行「己責（止債）」，「施捨、寬民」，「宥寡孤」的善政外，平時均不能免。故兩者雖同屬平民階層，其間又確有一定的差別。

四、楚國平民階層對土地的占有

楚國從事農耕的平民，與其個體耕作相適應，分別占有一定面積的可基本維持溫飽的土地。《史記　楚世家》載，申叔時謂楚莊王：「鄙語曰，牽牛徑人田，田主取其牛。」《左傳　宣公十一年》也載有此事，只是個別文字略有不同，可見此說可信。這雖是申叔時藉以勸諫楚莊王不要滅陳國社稷所用的比喻，但存在決定意識，楚國民間如果沒有這類事情出現，申叔時不可能以此為喻。分析這個比喻，似乎可以說明三個問題：其一，在楚國牛耕已經出現，這就意味著農業生產力大大提高，一家一戶的個體耕作有了可能；其二，牽牛人走路稍不小心就會踩「人田」，可能當時田界林立，犬牙交錯，耕地已按個體耕作的需要被分割為很多小塊，這個特點是王田或貴族封邑所沒有的；其三，這個「田主」能很快將踩壞莊稼的牛抓住，可能他此刻正在田裡耕作，並非不勞而食的貴族。由此推測，這種「田」多屬非貴族之人所有，「田主」屬於平民階層。

《左傳　昭公二十三年》記沈尹戌對囊瓦城郢的議論，「昔梁伯溝其公宮而民潰（僖公十九年事），民棄其上，不亡，何待？……修其土田，……又何畏矣」。沈尹戌要囊瓦正視過去梁伯溝其公宮而民潰的教訓，而對「民」修土田，「民」占有一定的土田，是基本可以認定的。

如果說，此處通過對「修其土田」認定係楚「民」占有一定土地，還屬間接，那麼，下面這則史料，則係直接證明楚「民」有田：

靈王為無道，作乾溪之臺，三年不成。楚公子棄疾脅比而立之，然後令於乾溪之役。曰：「比已立矣，後歸者不得復其田、里。」眾罷而去之，靈王縊而死。①

這條記載中的「眾」，會不會是貴族呢？不會。因為《左傳昭公十三年》明確記載，造成靈王失敗的主要原因是「民患王之無厭也，故從亂如歸」。靈王曰，「眾怒不可犯也」。可見《公羊傳》之「眾」，正是《左傳》中「民」的同義語。《左傳》此年還有一處亦以「國人大驚」與「眾怒如水火焉」連稱，則「眾」即國人中的平民。《公羊傳》此處係指楚平民有田。

如果將楚國與其他諸侯國相比，不難看出，楚國平民對土地的占有，並不是一個孤立的現象。《國語 晉語》有「其猶隸農也，雖獲沃田」的記載；《左傳 哀公元年》記吳兵入郢後，脅迫長期為楚附屬國的陳國背楚，陳懷公「朝國人而問焉」，「陳人從田，無田從黨」；《莊子 讓王》記顏回有田六十畝；《國語 魯語下》記「昔聖王之處民也，擇瘠土而處之」；《韓非子 外儲說左上》記中牟人擁有可以自由處置的宅圃等，亦可證楚「民」占有田地並非孤立之事。楚國春秋時是存在如同司馬遷所指的這種屬於平民階層的小「田主」的。

春秋時楚國平民階層中小「田主」的活動，《說苑 正諫》記載：「楚莊王築層臺，延石千重，延壤百里，士有反三月之糧者，大臣諫者七十二人皆死矣；有諸御己者，違楚百里而耕……委其耕而入見莊王。」關於這方面的資料，在其他史籍中還有記載。如：《韓詩外傳》卷十記「楚有士曰申鳴，治園以養父母」；該書卷二記有楚

---

① 見《公羊傳 昭公十三年》。《史記 楚世家》於此處記為「復爵、邑、田、室」，與《公羊傳》所記相違，疑「爵」、「邑」二字為司馬遷所增。

294

狂接輿「躬耕以食」；《莊子．天地》記子貢與漢陰丈人論桔槔事；《史記．吳太伯世家》記楚邊邑卑梁氏之處女與吳邊邑之女爭桑，「二女家怒相滅」等等。

上述記載中，「委其耕」（將自己的耕田丟下或委託給別人代管）去為民請命的諸御己，以「園」養父母的申鳴，務農的楚狂接輿和漢陰丈人，養蠶的卑梁氏之處女的「女家」，都多有可能是小「田主」。

五、楚「民」的土地由分配份地而來

楚「民」所占有的土地是通過什麼途徑獲得的？限於史料，確實不易說出個所以然來。

楚人先民早在虞、夏之際就已進入農耕時代。《國語．鄭語》說，「周棄能播殖百穀蔬」，「祝融亦能昭顯天地之光明，以生柔嘉材者也」。然而，至鬻熊之前的楚人，尚流徙不定，並無固定地域，從熊麗至若敖、蚡冒之世，歷十五君，三百餘年，楚人一直「辟在荊山，篳路藍縷，以啟山林」，這時楚國可能是土地公有，共同耕作。

對於個體耕作成為可能後平民怎樣普遍占有一定的土地，馬克思和恩格斯曾指出，從公有土地到自由民（平民）占有土地，是與農村公社的瓦解密切相關的。恩格斯在〈馬爾克〉[①]一文中，揭示了關於家族公社、農村公社的土地公有制有可能逐步向私有制自然演變的規律。他指出：

「民族按親屬關係的劃分和土地公有制。」

「農戶公社……每隔三年、六年、九年或十二年，總要把全部開墾的土地（耕地和草地）合在一起，……採用抽籤的辦法，分

---

① 《馬克思恩格斯全集》第19卷，第353～356頁，人民出版社1963年版。

配給有權分地的人。」「每一個社員當初都分到了同樣大的一塊土地。」

「此後，它的耕地變成了各個社員的私有財產。農戶公社也越來越感覺到，停止週期分配，變交替的占有為私有，對它們是有利的。」

「變成個人私有財產的第一塊土地是住宅地。」

楚「民」是否也經歷過如同恩格斯所指出的幾個階段，即土地公有；共同耕作年年更換的土地；按土質分割、分配土地；變交替占有為各個成員私有，並且住宅地首先私有。披閱楚國有關史料，我們不由得驚歎，歷史竟有驚人的相似之處。楚國的土地制度，除限於史料不能確知早期是否實行過土地公有和每隔數年更換一次耕地外，其餘竟也大致（並不可能完全一致）經過了類似恩格斯所述的這些歷程。

（一）楚人也重視區別不同土質、按土質劃分土地，並作為份地分配給耕作者。西元前548年（楚康王十二年）發生的蒍掩在全國範圍內大規模地登記土地（「書土田」），是楚國經濟史上的一件大事，也是整個春秋時期的一件大事。《左傳　襄公二十五年》記載這次登記土地的具體對象正是各種不同土質的土地：

蒍掩書土田：度山林，鳩藪澤，辨京陵，表淳鹵，數疆潦，規偃豬，町原防，牧隰皋，井衍沃。

這段記載，首先告訴我們，楚人對土質的不同是何等地重視，這甚至還可以視作楚人一貫重視不同土質對農業的影響。第二，這段記載，既使用「度」、「辨」、「表」、「數」、「規」、「牧」等動詞說明蒍掩做的是登記土地之事，卻又使用「町」、「井」這種有

劃分、分割之意的動詞①，除說明這是將田地劃小外，難以作別的解釋。第三，正是因為擁有不同耕地的平民人數眾多，土地已按土質被分割為無數適合個體耕作的小塊份地，造成土地的分散，不易管理和徵賦，才使大規模地將小塊份地登記成為必要。第四，這次蔿掩「書土田」，當不包括貴族占有的土地。因為「書」的目的，是要「量入修賦」，而根據《左傳　成公七年》所載，「子重請取於申、呂以為賞田。王許之。申公巫臣曰：『不可。此申、呂所以邑也，是以為賦，以禦北方，若取之，是無申、呂也。』」故可將貴族占有的賞田和封邑②排除在這次登記之外。

　　楚分份地於「民」，還有一則史料可間接證實。《左傳　昭公十四年》記，在「書土田」二十年之後，楚平王剛登位時，欲收買人心，「使然丹簡上國之兵於宗丘，且撫其民。分貧，振窮」。這「分貧」，既可理解為分財物於民，也可理解為從根本上解決「民」的生活出路，對「書土田」後由於各種原因（如靈王暴虐，征戰不休，平王即位時楚爆發的國內戰爭和各種天災人禍）失去了土地的平民重新分配土地，使之能夠自己養活自己。最能證明楚平民平均分有土地的，莫過於《國語　楚語下》的記載：觀射父對楚昭王說，「天子之田九畡，以食兆民」。韋昭注：「九畡，九州之內有畡數也。食兆民，民耕而食其中也。天子且兆民。」在這條重要記載中，所謂「畡」、「兆」係數字。《太平御覽》卷七五〇引《風俗通》說：「十十謂之百，十百謂之千，十千謂之萬，十萬謂之億，十億謂

---

① 「町原防」，楊伯峻《春秋左傳注》據《急就篇》注和《倉頡篇》，認為「『町』在此作動詞，謂劃分小塊田地，『原』、『防』同義，俱謂隄防間之狹小耕地」。胡寄窗在〈關於井田制若干問題的探討〉一文中注明為「設田界隄防」，也有將土地劃小的意思。關於「井衍沃」之「井」，論者無不將此釋為井田之井，把此「井」視為名詞，若通觀上下文意，此「井」明係動詞，是指將平整土地劃為一個個井字形的便於計算畝積的小方塊田而言。至於這些小方塊田是否就一定是八塊私田夾一塊公田，則另當別論。
② 據《周禮　夏官　司勳職》疏，可知賞田是封邑的一部分。

之兆，十兆謂之經，十經謂之垓（晐）。」俞樾在《群經平議》卷二十九，孫詒讓在《籀膏述林》卷三〈國語九晐義〉都分別對此進行研究，指出這正表明楚國授民以田，楚民平均受田百畝（約相當於今三十一點二畝）。

應當指出，楚國春秋時代分地於「民」，這實際是承襲周制。《逸周書·大聚解》記周公旦述文王五德後說，「分地薄斂，農民歸之，水性歸下，農民歸利」。《意林·太公·金匱》記周人勝殷之初，武王問太公：「今民吏未安，賢者未定，如何？」太公說：「得殷之財，與殷之民共之，則商得其賈，農得其田也。」《尚書大傳·大戰》記周公要農民「各安其宅，各田其田，毋故毋私，惟仁之親①」。楚承周制，完全可能因受周的影響也分地於民。此外，《史記·匈奴列傳》記匈奴「毋城郭，常處耕田之業，然亦各有分地」。這種分地於民的作法在解放前我國存在原始公社殘餘的少數民族中亦有體現，根據民族工作者對景頗、獨龍、怒、佤、傈僳等民族的調查，他們「按照習俗」，「每年一度分配公有土地」，「在全氏族、家族或村寨的全體成員中進行分配②」。因此，楚國曾實行分地於民，是完全可能的。

（二）楚國分配給平民的份地，除住宅地外，也未變為「私有」，而一直是固定占有。

首先，誠如恩格斯所述，「變成個人私有財產的第一塊土地是住宅地」。《說苑·辨物》記成公乾說，「昔者莊王伐陳，舍於有蕭氏，謂路室之人曰：『巷其不善乎！何溝之不浚也？』」這裡，屋邊的「巷」、「溝」，明顯屬「路室之人」所有，故而受到莊王的責問。另，前引《左傳紀事本末·晉楚爭伯》中記有一年的冬天下大

---

① 此說又見於《韓詩外傳》、《淮南子·主術訓》、《說苑·貴德》。
② 李文潮：〈試論解放前我國存在原始公社殘餘的少數民族地區私有制的產生〉，《中央民族學院學報》1981年第1期。

雪，楚莊王「使巡國中，求百姓、賓客之無居宿、絕糧者，賑之」。這又說明，楚「民」一般擁有住宅，因而少數人沒有住宅便得到楚莊王的關心。但是，我們應該看到，楚「民」卻並沒有逐漸將份地化為私有。恩格斯關於土地私有問題有一段非常著名的論述：「完全的、自由的土地所有權，不僅意味著毫無阻礙和毫無限制地占有土地的可能性，而且也意味著把它出讓的可能性。只要土地是氏族的財產，這種可能性是不存在的。」[1]在楚國，一直實行的是較完全的土地王有制。《左傳　昭公七年》記楚芋尹無宇對楚靈王說：「天子經略，諸侯正封，古之制也。封略之內，何非君土？食土之毛，誰非君臣？故《詩》曰：『普天之下，莫非王土；率土之濱，莫非王臣。』」在這種土地王有制下，楚平民所占有的份地不能買賣和轉讓，也就未能達到嚴格意義上的私有，土地對於他們，只有使用權、占有權，而無所有權。

在楚國，由於這種份地比較固定地歸勞動者耕種，久而久之，勞動者視所占之份地如同私有，從而盡力耕作。為保證收入，使農民固著於土地上，並有一定勞動興趣，國家也想方設法使這種固定占有關係長期維持下去，這可以從楚「民」之田界日益具有不可侵犯性上得到證明。《史記　楚世家》所記牽牛踐人田，即越過田界踩了莊稼，便馬上受到「奪牛」的懲罰，可見此田界幾乎神聖不可侵犯了。《左傳　昭公二十三年》記沈尹戌勸阻令尹囊瓦城郢，提醒他要警惕「民潰」，建議對「民」採取「正其疆場」、「修其土田」的措施，「疆場」一說指國之邊界，此處為田界[2]。近年，四川青川出土秦牘，也

① 恩格斯：〈家庭、私有制和國家的起源〉，《馬克思恩格斯選集》第4卷，人民出版社1972年版，第163頁。
② 《辭通》卷二十三，第一四三頁：「大界曰疆，小界曰場。」《詩　小雅　信南山》：「疆場翼翼」、「疆場有瓜」。高亨《詩經今注》謂「疆場，田界也」。

為我們提供了古人極其重視保護田界的重要資料[①]。青川秦牘律文規定，「以秋八月，脩封埒，正疆畔」。楊寬指出：「這和《月令》孟春三月、《呂氏春秋　孟春紀》『皆修封疆、審端徑術』的目的相同，是為了便於耕作和維護土地所（占）有權。」[②]這可幫助我們理解楚國春秋時沈尹戍建議「正其（民）疆場」、「修其土田」所包含的承認楚「民」享有土地占有權，並使這種占有長期固定下去的意義。

馬克思說過，「自耕農民的自由小塊土地所有制形式，作為統治的正常的形式，……在古典的古代的最盛時期，形成社會的經濟基礎……對農業的發展來說，它也是一個必要的通過點。」[③]我們如果承認楚國的平民階層曾確實由分配份地而較固定地占有一定耕地，春秋時的楚國也形成「自耕農民的自由小塊土地所有制形式」，繼而承認由此在楚國也「形成社會的經濟基礎」，楚國農業也經過了由平民階層扮演主角的個體生產發展的「通過點」，無疑具有重大的意義。這一方面有助於對整個先秦經濟史中廣大平民階層對土地占有情況作出新的探索；另一方面也使楚國的許多現象得到合理的解釋。如在楚國之所以「庇（保）民」政策一貫得以實行；楚「民」（主要體現為「國人」）之所以有一定的影響政局的力量；楚國農業之所以一直發展，經濟實力雄厚；等等，都是實行了這種適應個體生產要求的符合生產力發展的分地於民政策的結果。這種平民占有一定土地的制度，隨著時間的推移，使耕作者個體私有化的程度越來越高，促進楚國的生產力不斷向前發展。

六、楚平民是國家賦稅的主要承擔者

楚平民既然只是占有土地，那麼，他們與楚王之間又是一種什

---

① 四川省博物館、青川縣文化館：〈青川縣出土秦更修田律木牘〉，《文物》1982年第1期。
② 〈釋青川秦牘的田畝制度〉，《文物》1982年第7期。
③ 《資本論》第三卷，人民出版社1953年版，第943頁。

麼關係呢？我們說，是一種納稅關係。恩格斯曾經指出，當「小規模經營又成為唯一有利的耕作形式」時，「田莊一個一個地分成了小塊土地，分別租給繳納一定款項的世襲佃農」[①]。恩格斯的這個論斷可以在楚國得到證實。前引《國語　楚語下》所載楚大夫觀射父對楚昭王說「天子之田九畡，以食兆民」之後，還有「王取經入焉，以食萬官」的記載。韋昭注：「經，常也。常入，徵稅也。」這段珍貴的記載說明，在土地王有制下，楚王將土地直接交給耕作者，每年定期向他們收稅，作為供養官吏的費用。

如果從理論上探討，我們認為這種納稅關係的形成是經歷過漫長的時間的。其演變過程是：在普遍將耕地分割成小塊，作為份地分配時，開始並不全部分光，而是分為兩部分，「一部分屬於個別的農民，由他們獨立去耕作。另一部分是共同耕作的，……那是部分地被用來應付公共的支出，部分地當作歉收等等情況下的準備[②]」。多年來一直爭論不休的那種既有「公田」，又有「私田」的「井田制」，就是屬於這種類型。以後，由於「公作則遲」，「分地則速」，迫使統治者不再保留公共耕地，改變勞役地租形式，將土地作為份地，全部按勞動者家庭為單位分配下去，形成「天子之田九畡，以食兆民」的局面。「公田」沒有了，但祭祀等公共支出還是必需的，就採取變通的辦法，「王取經入焉」，從已分的份地上分別收取一定量的實物，用來應付祭祀祖先、戰爭、供養官吏及日常支出。在楚國，由於戰爭需要，又往往直接向占有土地的平民徵收軍用品的等價物[③]，

---

①　恩格斯：〈家庭、私有制和國家的起源〉，《馬克思恩格斯選集》第4卷，第145頁。
②　馬克思：《資本論》第3卷，人民出版社1953年版，第1048～1049頁。
③　參見吳永章〈楚賦稅制初探〉，《江漢論壇》1982年第7期。該文認為，以甲楯兵器為賦，並不意味著要納稅人直接付車馬、兵器、甲楯，只是以其作為計算單位而已。再如《睡虎地秦墓竹簡》中經常出現「貲　甲」、「貲　盾」的字樣，此處甲、盾是作為罰款多少的衡量尺度而言的。因其時戰爭連綿不斷，於是人們就把經常使用的戰爭工具，作為一般等價物對待了。

附錄

「庀賦」即是「數甲兵」、「賦車籍馬」、「賦車兵、徒兵、甲楯之數」①，因此，這種稅又通常表現為平民向國家繳納軍賦，或者國家通過官吏向平民徵收軍賦。西元前548年（楚康王十二年）楚司馬為掩在全國範圍內大張旗鼓地「書土田」、「量入修賦」，正是體現了楚「民」與國家的這種納稅關係。

馬克思指出：「（農民）被束縛在土地上，為了獲得相當少的一點收入，他必須把他的全部精力投在土地上，他不得不把大部分產品以賦稅的形式交給國家。」②楚國的剝削率，俞樾《群經平議》卷二十九云，《國語 楚語》所記「田之數曰畝而王所取之數曰經，正什取一之制」。實際上，是大大超過十取一的比例的。《左傳 昭公三年》曾記齊國「民參其力，二入於公，而衣食其一」，納稅量竟達全部收穫的三分之二，楚平民階層所承擔的日常賦稅亦當同樣沉重。《左傳 昭公十二年》載：「（靈）王曰：『昔諸侯遠我（楚）而畏晉，今我大城陳、蔡、不羹，賦皆千乘，子與有勞焉，諸侯其畏我乎？』」說的是陳、蔡、東不羹、西不羹四國被楚滅後成為楚國的四個大縣，此四縣「賦皆千乘」，則共為四千乘。若依《司馬法》，每乘以三十人（或說七十五人）計，則四千乘至少有十多萬兵力，這樣龐大的兵力所需的軍備負擔由誰提供？據前引子重請以申、呂為賞田則無以為賦例，可知貴族不會承擔，或者以其他形式承擔③，不在此「賦」之列，這些「賦」全落在平民身上。對於老人、孤兒、婦女，楚國平時也一概徵收賦稅，只是偶爾某個楚王為其政治需要，有時會故作姿態少收一點，如《左傳 昭公十四年》載楚平王即位後採取「撫民」措施：「長孤幼，養老疾，收介特，救災患，宥孤寡，

---

① 《左傳 襄公二十五年》。
② 〈論土地國有化〉，《馬克思恩格斯選集》第2卷，第453頁。
③ 據《周禮 夏宮 司勳職》，「掌賞地之政令，凡頒賞地，三之一食。」鄭玄謂「賞地之稅，三分計稅，王食其一也，二全入於臣」，則知貴族的賞地並非完全不向國家承擔義務。

赦罪戾，詰奸慝，舉淹滯。」「宥孤寡」，杜預注：「寬其賦稅。」這也反證在楚平王之前，孤寡的賦稅是不「寬」的。孤寡尚且如此，廣大楚「民」負擔之重可想而知。平民交不起賦稅怎麼辦？毫無疑問會背上債務。據《左傳　成公二年》楚令尹子重「乃大戶，己責，逮鰥，救乏，救罪」，其中「己責」，楊伯峻《春秋左傳注》解釋為：「己，止也。責，同債。免除人民對國家之拖欠。」看來，當時楚「民」負債的人數很多，已成為一嚴重的社會問題，楚共王臨時解決一下，是不可能從根本上解決問題的。

於沉重的賦稅之外，楚平民同時還要無償地承擔極其繁重的各種軍役和勞役。楚國是個尚武的國家，戰爭一直連綿不斷，戰爭一來，「悉五尺至六十[①]」，即凡夠五尺高至六十歲的成年男子均在徵集之列。戰爭中，除士兵外，還要徵用更大數量的役夫，隨軍從事修路、架橋、采樵、築室、運糧等雜役。他們的工作條件極為惡劣，生命也無保障，《左傳　襄公十八年》記「楚師多凍，役徒幾盡」，可想而知作出了多大的犧牲！此外，據記載楚國出於對外戰爭和鎮壓已滅國的需要，大築其「城」，計有頓、郢、沂、𡎝、櫟、郟、賴、鍾離、巢、州來、陳、蔡、東不羹、西不羹、州屈、丘皇、養、夷（城父）、麇等。每築一城，工程都很浩大，《左傳　宣公十一年》記載築城的過程是：「令尹蒍艾獵城沂，使封人慮事，以授司徒。量功命日，分財用，平板幹，稱畚築，程土物，議遠邇，略基趾，具餱糧，度有司，事三旬而成。不愆於素。」楚國統治者驕奢淫逸，「宮室無量」，先後動用民力築有渚宮、北宮、章華臺、大宮、強臺、層臺、荊臺、匏居之臺、九重之臺、乾谿之臺、中天之臺、藍臺、英宮樓等。據《說苑　正諫》，「楚王築層臺，延石千里，延壤百里，士有

反三月之糧者」，築臺所需石料從千里外運來，役期長達三個月，並且還由服役者自帶糧食，「民」當然不堪忍受，《左傳 昭公四年》記楚靈王欲驅「民」築賴城，申無字預言其結果「民之不處，其誰堪之？不堪王命，乃禍亂也」。事實上，繁重的勞役使楚國平民「蓄怨滋厚」，他們「勞罷死轉」，或成為「盜」。楚「民」與統治者的矛盾不斷激化，這是楚作為泱泱大國，以後終不免被滅於秦的原因之一。

（《歷史研究》1983年第6期）

楚國野地居民社會形態研究

在先秦史研究中，人們一般都肯定國野制度的存在，並對國野制下出現的各種社會現象進行探索。其中，又以對「國人」的研究為熱點，而對居於最廣大地域的「野地」、擁有人口的絕大多數，政治經濟地位同樣重要的「野人」，則注意得很不夠。見於典籍和注家中有關「野人」的零星記載，有關野地的社會情況均甚為模糊。「野人」給予人們的印象，只是一些無知的群氓，根本不配居於人類社會發展史的殿堂。筆者認為這是整個先秦史研究中的薄弱環節。有感於此，本文試圖從剖析楚國野地的社會情況入手，求得對先秦社會各階層有一個深入的了解，並希圖通過這種探索，對認識整個先秦社會性質開闢一個新的途徑。

一、楚「野人」覓蹤

「野人」得名之始，顧名思義，多指居於野地之人。

先秦時期，在野地居住、生息的野人是一個十分活躍的社會階層。《史記 秦本紀》載，「（秦）穆公亡善馬，岐下野人，共得而

食之者三百餘人。……（秦穆公）皆賜酒而赦之。三百人者聞秦擊晉皆求從，從而見穆公窘，亦皆推鋒爭死，以報食馬之德。」這裡說的是秦國野人知恩圖報美德的一面。《呂氏春秋　高義》曾引《墨子》云，「秦之野人以小利之故，弟兄相獄，親戚相忍」，這裡說的是秦國野人重利而自相殘殺的另一面。史載，先秦時期野人的活動遍於各諸侯國。諸如，在齊國，《晏子春秋　外篇第八》記有「東廓之野人」；《孟子　萬章上》記有「齊東野人」；在衛國，《國語　晉語四》記「（晉）文公……過五鹿，乞食於野人」；《左傳　定公十四年》記「野人歌之」；以及《孔子家語　困厄》記「孔子厄於陳、蔡，從者七日不食……告糴於野人，得米一石焉」，等等。

　　楚國的野人也在史籍中留下了自己的印記。《史記　楚世家》記暴虐的楚靈王被顛覆失位後，孤身逃到深山，「靈王於是獨彷徨山中，野人莫敢入王。」說明楚國有野人居於深山老林人跡罕至之地。楚國野人的蹤跡，還見於孔子遊楚的記載中。《韓詩外傳》卷一記「孔子南遊適楚，至於阿谷之隧，有處子佩璜而浣者……（自稱）『吾野鄙之人也』」。《呂氏春秋　必己》又載：「孔子行道而息，馬逸，食人之稼，野人取其馬，子貢請往說之，畢辭，野人不聽。」《史記　秦本紀》也記「百里傒亡秦走宛，楚鄙人執之」；《荀子　非相》亦有「楚之孫叔敖，期思之鄙人也」的記載。上列史料，都是對楚野地的居民直接冠以「野人」、「鄙人」的名稱，足證楚野人存在不誣。

　　楚國有眾多明顯不同於「國人」的勞動者，分別從事農耕、打魚、養蠶、砍柴、采玉、淘金、賣漿等職業。如《說苑　正諫》：「楚莊王築層臺，延石千重，延壤百里……有諸御己者，違楚百里而耕……委其耕而入見莊王」；《說苑　貴德》：「孔子之楚，有漁者獻魚甚強」；《史記　伍子胥列傳》：「楚平王以其邊邑鍾離與吳邊邑卑梁氏俱蠶，兩女子爭桑相攻，乃大怒，至於兩國舉兵相伐」；

附錄

《史記　循吏列傳》：「孫叔敖……秋冬則勸民山采，春夏以水，各得其所便，民皆樂其生」；《韓非子　和氏》：「楚人和氏得玉璞楚山中」；《韓非子　內儲說上》：「荊南之地，麗水之中生金，人多竊採金」；《莊子　則陽》：「孔子之楚，舍於蟻丘之漿（賣漿水人家）」。上述眾多從事各類職業的人物，都從不同的側面說明，楚國的野人是怎樣一代又一代生息、繁衍在這塊土地上，為人們探尋楚國乃至先秦時期的社會性質提供了絕好的線索。

二、楚國野地居民的公社組織之一──楚族宗法性公社

楚國的野人是以一定的形式進行組合，並隨著時代的發展逐步發生各種變化的。馬克思指出：「在東方專制制度下以及那裡從法律上看似乎並不存在財產的情況下，這種部落的或公社的財產事實上是作為基礎而存在的，這種財產大部分是在一個小公社範圍內通過手工業和農業相結合而創造出來的，因此，這種公社會完全能夠獨立存在，而且在自身中包含著再生產和擴大生產的一切條件。」[1] 馬克思的論斷，對我們探討楚國野人的社會組織是一個很好的啟示。楚國的歷史，從最初的「篳路藍縷，以啟山林」，經歷了家庭公社、農村公社的不同階段，直到戰國末期為秦所滅，這種公社組織廣泛分布於楚國「郊」外廣闊的土地上，構成整個社會的基礎。

從宏觀的角度看，楚國野地存在眾多的公社組織，這與先秦各諸侯國沒有什麼不同，因此，對楚國野地的公社組織進行研究具有普遍的意義。但從微觀的角度看，楚國野地的公社組織按其社會地位的區別又可以分成兩種，一種是與各諸侯國較為一致的楚族宗法性公社；另一種是只在先秦軍事大國內才存在的異族隸屬性公社。在此，先分析第一種。

楚族宗法性公社，其成員係來自楚族本身繁衍而增生的人口，是

---

① 《馬克思恩格斯全集》第46卷，上冊，人民出版社1979年版，第473頁。

楚國統治者的同族之人。在這種公社裡，血統關係在維繫團結上起著重要的作用，公社內有一整套完整的宗法制度。這種組織內的野地區民與「郊」內從事農作的「國人」處於同等的地位，只是居住地在「郊」外罷了。且以熊氏為例，說明由於人口的繁衍，勢必有不少宗室公族的後裔，移居野地，成為「野人」，組成新的宗法公社。

楚王自鬻熊之子熊麗之後，絕大多數均稱熊。《世本》云：「鬻熊為文王師，成王封其曾孫熊繹於楚，子孫以熊為氏。」有的學者認為熊字為楚王的專稱[1]，極其高貴。但是細揆史籍則可看見，這種高貴的楚姓隨著時間的推移，逐漸降為普通的姓氏。其演變的軌跡，可大致分為三個階段。

第一階段，楚王親子可以稱熊。如熊麗之後，經過熊狂、熊繹、熊艾、熊䥕、熊楊，五代傳至熊渠後，《史記 楚世家》載：「熊渠卒，子熊摯紅立」，實際上是第三子熊紅直接繼承熊渠之位。熊摯是熊渠二子[2]，熊渠長子為熊毋康，均未繼位，仍稱熊，足見作為楚王親子亦可稱熊。

第二階段，楚大夫亦可稱熊，與熊毋康僅隔數代，楚武王熊通之時，《左傳 桓公六年》記楚欲伐隨，楚臣中有名「熊率且比」者，杜預僅注「楚大夫」，《通志 氏族略五》云：「熊率氏，芈姓」，其地位距楚王已遠矣。以後，楚武王熊通五傳至楚莊王熊侶時，《左傳 宣公十二年》記有「楚熊負羈囚知罃」，同年又載「蕭人囚熊相宜僚」，並「殺之」。熊相宜僚的後代熊相祺受楚平王之命城巢，見於《左傳 昭公二十五年》，是均為大夫之輩。

第三階段，由大夫再降為平民，居於野地者成為野人。《左

① 岑仲勉：《兩周文史論叢 楚為東方民族辨》，1958年版。
② 詳見梁玉繩《人表考》卷六「楚熊渠」條。

附
錄

傳　哀公十六年》記春秋末楚白公勝造反，拉市南熊宜僚入伙，遭到拒絕。《通志　氏族略》指出市南熊宜僚為「鬻熊之後」，《莊子　徐無鬼》「釋文」直指其為「楚之賢人」，亦是勇士沈默（沒）者也，居於市南，因號曰市南子焉[①]，貴族身分早已無存。實際上，這位居於市南的勇士熊宜僚儘管是鬻熊之後，其時已完全淪為野人[②]。

《莊子　則陽》記「孔子之楚，舍於蟻丘之漿（賣漿水人家）……其鄰有夫妻臣妾登極（爬上屋頂）者，」孔子對子路說這些人「是陸沉者也，是其市南宜僚邪？」說明這位市南熊宜僚居住在蟻丘，與賣漿水家為鄰，修田農之業，已是地道的野人了。據《元和姓纂》：「楚有熊宜僚，居市南，後裔以所居為氏。」不難看出，居於蟻丘之傍的這些圍觀孔丘的眾人，亦是熊氏的族人，他們定居一地，形成宗法性公社，繁衍生息。將他們稱之為楚族宗法性公社是恰如其分的。

若敖氏是楚族中的一支強宗巨族，出了不少著名人物。綜合各類有關若敖氏後世分衍的記載，累計竟有二十支之多。不可能設想，若敖氏的每一個支系，若敖氏逐年增殖的全部人口，歷春秋之世及至戰國之時，仍然居於都城或「國」之中，其中必有相當部分移居於「郊」外，在血緣紐帶作用下，以宗法性公社的形式，存在於楚野地之中。

楚族宗法性公社在楚野地的分布較廣。在楚西部的「宗丘」一帶，楚王曾派使去「敘舊、祿勳，合親[③]」，說明其地存在一定數

---

① 見郭慶藩《莊子集釋》，中華書局1961年版，第851頁。
② 楚白公之亂，事在楚惠王十年（西元前479年），孔子亦卒於此年。孔子南遊楚，並且見到市南宜僚於野地，故知在白公亂之前，市南宜僚已淪為野人。
③ 見《左傳　昭公十四年》。杜注：「宗丘，楚地」，《欽定春秋傳說匯纂》謂當在今湖北秭歸縣。

量的楚族宗法性公社。在楚北部，則有孔子遊楚時遇到熊宜僚族人的「蟻丘」之地，有著熊氏宗法性公社。此外，在申、息之地，楚族宗法性公社亦有廣泛分布。《左傳 僖公二十八年》記晉楚城濮之戰，楚軍大敗，楚成王對令尹子玉說：「大夫若入，其若申、息之老何？」論者多謂此「申、息之老」是被滅的申國、息國遺民，其實不然，當是移居於申、息之地的楚族宗法性公社的族長一類的人物。申、息二地滅於楚，分別在楚文王二年（西元前688年）、楚文王十年（西元前680年）此後，便有楚本族之人源源開進這新征服的土地，聚族而居。由於他們都出自芈姓，故爾在國家組建軍隊時，以「王族」之姓而被借重，成為令尹子玉所掌握軍隊的主力。史載城濮之戰前，楚成王與令尹子玉意見不一致，子玉堅持作戰，成王「怒，少與之師，唯西廣、東宮與若敖之六卒實從之」，「若敖之卒」，即是從各個若敖氏支系分布在申、息之地的宗法性公社中抽人組成。這些「宗人之兵」，從宗法觀念上講，一旦作戰失利，戰死者多，領兵的貴族使有切膚之痛，難以向本宗族各宗法性公社的族長交待。故子玉大敗後，「王使謂之曰，『大夫若入，其若申、息之老何』？」子玉無顏去見居住在申、息兩地若敖氏宗法性公社的族人，只好自殺。值得注意的是，申、息二地，一在今河南南陽，一在今河南息縣，並不在一處，子玉兵敗不能見兩地若敖氏之父老，說明若敖氏的族人並未麇集一處或某一邑聚，而是散居於申、息兩地的廣大地域。此外，《左傳 宣公四年》載，令尹鬬椒討厭司馬蒍賈，「乃以若敖氏之族圍伯嬴（蒍賈字）於轑陽而殺之」。 轑陽，據沈欽韓《左傳地名補注》，在今河南省鎮平縣東四十里，亦在今河南南陽附近，當是若敖氏人口族居較為集中之處，在楚申縣的轄境之內。由若敖氏支分出來的楚野地宗法性公社，已知還有數處。如城濮之戰後，若敖氏的子西被封為商公，據江永《春秋地理考實》，商地即商密，位於今河南淅川西南。這些

附錄

都確切地證實，楚族宗法性公社在野地中存在的廣泛性。

　　姓，是楚族宗法性公社區別於外部其他公社組織的主要標誌，其居民依血緣關係實行族居、族葬。1974年到1975年，考古人員在河南淅川縣南35公里老灌河（古析水）與丹江（古丹水）匯合處不遠的毛坪一條土嶺上先後發掘了東、西兩面斜坡上相鄰的兩個小型楚墓群，為典型的平民墓地。整個毛坪楚墓群的葬法明顯呈現出一定的規律性：在一條土嶺分兩處埋葬，而且東部墓群又分為墓向迥然不同的靠北、靠南兩組，可知該處墓地當為一處公共埋葬的族墓。這批楚墓既在同一條土嶺上，而其三組墓群又互有區別，則又顯示了這處族墓可能為同一宗族的兩個或三個相近支族①。族葬制原是原始社會公共墓地制的遺留，是宗法制在葬制上的體現。淅川毛坪楚墓群的族葬現象，充分證實了楚族宗法性公社的存在。

　　《老子》一書，曾描述先秦野地中存在這樣一種社會集團：「小國寡民，使有什伯之器而不用，使民重死而不遠徙……甘其食，美其服，安其居，樂其俗。鄰國相望，雞犬之聲相聞，民至老死，不相往來。」這種居民點的生活圖景，正是楚族宗法性公社的寫照。按照楚國的傳統，凡屬同宗共姓，都是通過祭祀等活動，達到《國語　楚語》所記的「於是乎合其州、鄉朋友婚姻，比爾兄弟親戚。於是乎弭其百苛，殄其讒慝，合其嘉好，結其親暱，億其上下，以申固其姓」。這表明，在楚族宗法性公社內部，人與人之間關係密切。牢固的血緣紐帶、宗教網路，使人們結成一個整體，「死徙無出鄉，鄉田同井，出入相友，守望相助，疾病相扶持②」。而在公社外部，除同宗共祖的公社外，與其他公社和其他居民不相往來，其成員在宗法制的束縛下，一般不能自由遠徙，這樣，長年累月保

①　黃運甫：〈略談淅川毛坪楚墓的分期及其特徵〉，《中原文物》1982年第1期。
②　《孟子　滕文公上》。

持一種自我封閉的狀態。這種自我封閉型的楚族宗法性公社的典型是《左傳　昭公十三年》所記楚靈王失國後，逃到深山老林所遇的「棘闈」。當時，楚貴族申亥到處尋找靈王，「遇於棘闈以歸」，《國語　吳語》的記載是，「（楚靈王）甸匐將入於棘闈，棘闈不納，乃入芋尹申亥氏焉」。杜注：「棘，里名，闈，門也。」劉文淇《左傳舊注疏證》引「《正義》云：孔晁曰棘，楚邑；闈，門也。案襄二十六年《傳》言吳伐楚克棘，四年《傳》言吳伐楚入棘，以棘為邑，或是也」。徐中舒說，棘闈就是周圍種著荊棘的寨子的門[①]，十分正確。這些，都表明此「棘闈」自身是封閉型的，外人難以貿然進去，其「闈」內居民一般不與外界接觸，是所謂「鄉丘老不通謀[②]」。楚國的野地，當有眾多的「棘闈」散處其間，各「棘闈」間正是一幅「鄰國（公社）相望，雞犬之聲相聞，民至老死不相往來」的圖景。

楚族宗法性公社，在楚國具有較高的政治地位。楚統治者十分重視利用血緣紐帶來強固自己的統治。如屈原曾為楚「三閭」大夫，王逸〈離騷序〉注：「三閭之職，掌王族三姓，曰昭、屈、景」，這個三閭大夫也就是統管三個不同姓氏的官員。僅憑管理這三個大姓，屈原就有與楚王經常接觸的機會，以自己的政見影響楚王，可見這「王族三姓」在楚受到重視的程度。屈原的職責是「序其譜屬，率其賢良，以厲國士」，表明只要屬王族之姓，無論是居於「國」中還是野地，都會無遺漏地被「序其譜屬」，享受應得的權利。楚既設有掌管昭、屈、景三姓的官員，王室其餘諸姓必也設官管理，同樣對他們「序其譜屬」。由這些姓的成員在野地組成的楚族宗法性公社，自必同樣受到國家的重視。《國家　楚語下》

① 《論巴蜀文化》，四川人民出版社1982年版。
② 《管子　侈靡》。

附
錄

載觀射父勸諫楚昭王要「使名姓之後，能知四時之生……氏族之出，而心率舊典者為之宗」。楚《祭典》也規定：「庶人有魚炙之薦」、「庶人食菜，祀以魚」[①]，便是利用經常性的祭祀活動，使楚貴族流入野地的舊姓後代享受應有的權利，從感情上得到慰藉。楚統治者一直十分重視培養他們的忠君思想、愛國觀念，「訓之以若敖、蚡冒篳路藍縷，以啟山林」，即是教育這些楚族宗法性公社成員不要忘記自己的祖先開創楚國基業的艱苦奮鬥的精神，將這種傳統加以繼承和發揚。歷代楚王追求赫赫武功，無不倚這些楚族之後為中堅，以他們為主幹來組建軍隊。《左傳　成公十六年》記原係楚臣的苗賁皇對晉君介紹楚軍的情況說：「楚之良，在其中軍王族而已」，這些「王族」便多是貴族子弟、國人以及來自楚族宗法性公社的野人。他們以對國家的激情、對楚王的忠誠投入戰鬥，當然具有極強的戰鬥力，理所當然地得到楚國統治者的倚重。因此可以說楚野地的這種楚族宗法性公社的成員，屬於楚國的平民階層，是楚國野人中的上層。

三、楚國野地居民的公社組織之二——異族隸屬性公社

隨著楚疆土的日益擴展，大量的被征服民族臣服於楚國的統治之下。他們在楚國總人口中所占的比重越來越大，成為楚野地居民的另一重要組成部分。其中不少人是留在原地，就地接受統治；還有相當多的人則被遷往未經開發的荒遠之地。因此，他們在楚野地的分布，比楚族宗法性公社更為廣泛。現將被滅國遺民廣布於楚野地的情況按今省區所在地清單如下。

---

① 《國語　楚語》。

楚滅國（族）地點分佈表（今地）

湖北境		河南境				安徽境		山東境		其他	
權	當陽縣東南	鄀（上）	淅川縣西南	胡	郾城縣	蓼（偃姓）	霍邱至壽縣一帶	魯	曲阜	麋	陝西白河縣東
邧	荊門縣東南	蓼（己姓）	唐河縣南	蠻氏	臨汝縣西	宗	巢縣北	杞	安丘東北	夷虎	淮河上游大別山一帶
鄾	襄樊市西北	息	息縣	陳	淮陽縣	巢	巢縣北	邾	鄒縣東北	越	浙江、江蘇
穀	穀城縣西	西申	南陽市北	西不羹	襄城縣西	舒蓼	舒城縣西	莒	莒縣	群蠻	湖南沅陵、芷江
鄢	宜城縣西南	呂	南陽市西	東不羹	舞陽縣北	舒庸	舒城縣東	小邾	滕縣	百濮	鄂、湘、川、滇間
羅	宜城縣西	東呂	新蔡縣	項	項城縣	舒鳩	舒城縣	鄟	莒縣東北	揚越	鄂、贛、湘、桂、粵間
盧戎	南漳縣東	弦	潢川縣西北	繒	方城縣	舒龍	舒城縣西	郯	郯城縣西南		
鄖	安陸縣	黃	光州	應	襄城縣西南	舒鮑	舒城縣西	鄑	寧陽縣北		
貳	應山縣西南	東申	信陽市北	賴	息縣東北	蕭	蕭縣西北				
軫	應山縣西	江	正陽縣東	許	許昌市	舒	廬江縣西南				
絞	鄖縣西北	鄀	淅川	霍	臨汝縣西南	六	六安市北				
州	監利縣	柏	西平縣西	養	郟縣	英氏	金寨縣東				
鄧	襄樊市東北	道	確山縣東北	宋	商丘	桐	桐城北				
夔	秭歸縣東	房	遂平縣房城	白	息縣西南	舒龔	潛山縣北				
庸	竹山縣東	蔣	固始縣東蔣鄉	夏	桐柏縣東	皖	潛山縣				
屬	隨州市北	頓	項城縣東北	儷	內鄉縣東北	蔡	上蔡				
唐	隨州市西北	康	禹縣西北	疇	襄城縣西南	滑	霍山縣東北				
樊	襄樊市					慎	潁上縣西北				
西黃	宜城縣南					淮夷	淮河之南				
隨	隨州市										
鄂	大冶縣西										

　　由此表可知，整個春秋戰國時期楚共滅國（族）約88個，廣泛分布於今湖北、河南、安徽、山東、浙江、江蘇、湖南、江西西部、

附錄

廣西東北部、廣東西北部及陝西東南部、四川東部諸地。這些被滅國
的遺民在國破之後，除少數仕於楚國的貴族外，一般都處在社會的底
層，其社會地位比上述楚族宗法性公社的成員低下得多。他們整族地
（非單獨個人）隸屬於楚國的統治之下，亦以公社的形式聚族而居，
姑名之曰異族隸屬性公社。

被征服成為楚國的野人後處境如何？研究者有的說全是奴隸、
有的說全是農奴。筆者認為，籠統地指為奴隸或農奴有對的一面，亦
有欠妥之處。因為這些被征服者，各自由於對楚統治者馴服的程度不
同，故爾楚國統治者對他們也就區別對待，除不馴服者外，一般給予
三種不同的出路。

第一條較好的出路，「不泯其社稷，使改事君，夷於九縣[①]」，
可視為楚野地的異族平民。

鄭襄公在國破之日，委婉地請求得到楚國的寬恕，要求如同楚國
已有的縣那樣，在接受楚國統治的前提下，保留鄭國現有的宗族、生
產、居住組織，稱這是「（楚）君之惠也，孤之願也」。可見這是鄭
所最為盼望的被滅國者除復國外所企望的最好的一條出路。

被征服者的這條出路在楚國是確實存在的。國破之時希望能「夷
於九縣」即等同於楚已有的諸縣，可作兩種理解，一是使鄭國成為楚
的附庸國，另一種即是成為楚縣之一。楚所建諸縣，大都是並滅諸小
國而建成的，有的僅以被俘獲的人口設縣（如沈縣等）。被滅國遺
民，從人數上講，在被滅國中占有相當的比重。這些遺民實際上成為
楚縣制下的居民。從鄭襄公所言「不泯其社稷，使改事君，夷於九
縣」的實際含義看，這些楚縣制下的異族居民，原有的宗族、居住組
織和生產組織均原封不動，舊俗可得以不改，經濟生活亦不至因亡國
而遭受重大的打擊、發生劇烈的動盪，他們依然可以原有的公社形式

---

① 《左傳　宣公十二年》。下文第二、三條出路引言均同，不另注。

存在於楚國的野地之中。從形式上看，與楚族宗法性公社沒有兩樣，同係聚族而居，同在楚縣的管轄下生產、納賦、服役、從征。楚國的這種縣制對緩解被征服民族與統治民族楚族之間的矛盾起到了十分積極的作用。大量事實表明，楚縣制下的異族遺民均未戴上奴隸制的枷鎖。

楚縣制下的異族隸屬性公社居民，同樣有著政治上的發言權。《國語　楚語上》記：「三年，陳、蔡及不羹人納棄疾而弒靈王。」這條記載很耐人尋味，它把靈王的被殺說成是陳、蔡及不羹三國遺民對自己的統治者選擇的結果，楚貴族棄疾是被這些遺民所「納」後，順從「民意」而弒靈王的。由此可見，靈王的被顛覆在一定程度上是陳、蔡、不羹遺民意志的體現，是這些遺民干預楚國國政的體現。值得注意的是，這些被滅國遺民入楚後，不是直接擁戴自己的舊國君以叛楚復國，而是擁戴一個更信任的楚貴族來影響楚國的國政，顯示出他們已逐步與楚人同化。

第二條出路，把征服的遺民遷到急需開發的荒遠之地從事農耕（「遷之江南」），可視為楚野地異族人中的中下等平民。

楚統治者興師滅國的主要目的，很大程度在於擄掠人口，而這些人口的價值在於能夠墾辟草萊、對付「廣虛之地」。正如有的學者指出過的，楚國經濟地理的特點，北部漢淮地區的土地大多早已開發，人口稠密，經濟文化發達，生產技術先進；但東方的浙南、閩、贛及長江以南的廣大地區，加上戰國始開發的西南黔、滇一帶，則是落後的多部族、多民族分布的地區，幾乎多沒有形成國家。這裡原始森林茂密，絕大部分土地還沒有墾辟。所以楚國每滅亡北方的一個小國，便把被滅國遺民從經濟發達的地區遷到南方、東方經濟落後地區從事開發工作。春秋中期的鄭襄公在國破之日，首先請求「俘（遷）諸江南」或者「以實海濱」。因開發江南需要。被輾轉遷至湖南的被滅國遺民，有羅、鄖、貳、軫、西申、杞、六、蓼、麇、庸、蔣、

唐、頓諸國。這些被楚統治者遷往「廣虛之地」從事墾辟的遺民，長途跋涉，經歷各種難以想像的艱難困苦，將荒遠之地變為楚國鞏固的財富供應地，為楚國的發展作出了重大的貢獻。他們究竟處於一種什麼樣的地位，是需要認真分析的。這些開發荒野之地的主力軍，沒有被戴上奴隸制的枷鎖，這是其主導的方面。其原因在於：第一，遷，是保證楚國國力的一項重要措施，是楚國各階層人士都共同承擔的義務。不獨被滅國遺民，楚族人乃至貴族同樣也得根據需要遷徙於有待開發之地。如《呂氏春秋　貴卒》所記的吳起「令貴人往實廣虛之地」，這些「貴人」並非犯罪者，他們同被遷的遺民一樣，當然均非奴隸。第二，與楚縣的縣尹、縣公均為楚貴族不同，這些被遷的遺民一般都保持原有的公社形式、宗族組織形式和生產組織形式，在接受楚貴族和有關管理官員監督的前提下，具體事物由本國舊貴族或舊族人處理。《穀梁傳　僖公元年》云：「遷者，猶得其國家以往者也。」如羅、麇等國。直至今日，在湖南的不少地方仍以他們的族名為地名。他們聚族而居，同耕同息，且「有祭酺合釀之歡」，各種風俗習慣亦可得保存，這些當然是奴隸所不可能享受的。第三，這些被遷的遺民一般都保存著自己原有的姓氏。這些姓氏的存續，表明了這些遺民原有的國屬，顯示出這些遺民原有的血緣，可以寄託他們對故國的哀思。楚統治者允許其姓氏保留下來，是對他們尊重的表現，也是這些遺民非為奴隸的重要標誌。第四，楚統治者對被遷遺民的控制僅具象徵性質，較為寬鬆。如蔡國在柏舉之戰中助吳，被楚報復，再遭滅國之禍。投降後，楚人決定對蔡遺民「使疆於江汝之間（長江之北、汝水之南）」，仍由蔡君管理。不料蔡君偽裝聽命，待楚師撤走，於第二年偷偷率領蔡人遷到州來（今安徽鳳臺），求得吳國的保護。第五，被遷的遺民，其基本生活均有保障。楚統治者在遷徙他們的時候，一般精心配給土地，為其建築居民點，使他們有居有業。如《左傳　昭公九年》，「然丹遷城父人於陳，以夷濮西田益之」。又

如《左傳　哀公四年》，楚克蠻氏，「裂田以與蠻子而城之」。這些事不是發生在江南之地，但充分表明楚對異族遺民配給土地的重視。在江南荒遠之地，配給土地當然更不成問題。此外，楚人還重視這些遺民的居住問題，如上引「裂田以與蠻子而城之」，給田而又「城之」，即建築居民點，供被擄掠來的蠻氏之人起居宴息。《左傳》中有許多關於楚築「城」的記載，這些「城」，雖然其中相當部分是出於軍事目的，但亦有相當部分如城蠻氏那樣，純粹是出於經濟目的為安頓被征服民族而築的。如《左傳　昭公二十五年》記楚遠射城州屈，即為安頓茄人。正是由於具備上述條件，這些遺民才可能以新的隸屬性公社的形式，在楚野地定居、繁衍，並逐步與楚人同化。

　　但是，應當看到，這些被遷的遺民還有帶奴隸性質的一面，不過並不占主導地位。這主要表現在，他們被牢固地附著於土地，和國有土地一起在名義上同歸國家所有。楚族宗法性公社成員和楚野地的個體居民所享有的遷徙自由，他們是不具備的。即使與楚縣制下的遺民相比，也存在一定差別，地位相對低下。

　　第三條出路，「窮以賜諸侯，使臣妾之」，即被楚王賞賜給貴族，從事手工業及其他各種勞作，可視為楚野地異族人中的下等平民。

　　以往的楚史研究者較多地注重在野地的楚國采邑主或封君占有國家土地的一面，而忽略了這些貴族大量占有國家人口亦即被滅國人口的一面。賜土必定賜人，否則等同不賜，而賜人的來源，只可能來自被征服民族。《楚史檮杌　虞丘子第三》：（虞丘子辭令尹之職）「莊王從之，賜虞丘子菜（采）地三百（戶）」。直接證實楚貴族占有人口之事，還有一例：《史記　孔子世家》：「（楚）昭王將以書社地七百里封孔子。」唐司馬貞《索隱》云：「古者二十五家為里，里則各立社，則書社者，書其社之人名於籍。蓋以七百里書社之人封孔子也。」司馬貞所指書社即人，極為精當。《周禮　秋官　司寇》

云：「司民，掌登萬民之數，自生齒以上，皆書於版。辨其國中，與其都鄙，及其郊野，異其男女，歲登下其死生。」這裡「書於版」者係人而非地。正是在掌握了人口之後，才可能「由是以起軍旅、以作田役、以比追胥、以令貢賦、乃均土地焉①」。先有人口數，才能計算土地數，這是當時特有的計算方法。楚昭王欲以書社地七百里封孔子，此處「地」是由人口數而來的，「里」則為人口單位，並非土地面積，700里，每里25戶，折算為17500戶，可算是「萬戶侯」了。這比起春秋中期孫叔敖之子只得400戶的數目大得多；但比起稍前的楚平王十三年（西元前517年）時齊君對公孫表示「自莒疆以西，請致千社②」。（杜注：「二十五家為社，千社，二萬五千家」）則是小巫見大巫了。由此可見，春秋晚期貴族對人口占有數量比春秋中期時要多得多。至於戰國時期，規模更大得驚人。

「書社」是國家記錄在冊的人口，然而這只是籠統的說法，若進一步分析，則可知「書社」係單指國家掌握的被滅國遺民的人口。依靠各種索引，可知先秦及漢代文獻中反映「書社」情況的，除《左傳　昭公二十五年》、《哀公十五年》外，還有《呂氏春秋》、《管子》、《晏子春秋》、《荀子》、《商君書》、《史記》等，不下十餘條③。其中，「書社」二字出現較早的，多與武王勝殷相聯繫。如：「武王勝殷……與謀之士封為諸侯、諸大夫，賞以書社。」④案武王勝殷，獲得大量被征服族人口，這條記載明確說明，當時這些「書社」之人，係被征服民族，「書社」即是特指記錄在冊的戰俘，特指以25家為單位進行計算的被征服族人口。

「書社」一定是指被征服族人口的原因在於，古時戰爭的目的多

---

① 　呂思勉：《中國制度史》，上海教育出版社1985年版，第508頁。
② 　《左傳　昭公二十五年》。
③ 　陳奇猷：《呂氏春秋校釋》卷二一〈貴卒〉，學林出版社1984年版，第1476頁。
④ 　《呂氏春秋　慎大》。

在於擄掠人口，故對俘虜的數量特別重視，滅國後的第一要事，就是數俘，如《左傳　襄公二十五年》記「鄭子展、子產帥車七百乘以伐陳，宵突陳城，遂入之……陳侯免，擁社，使其眾男女別而纍，以待於朝……子美（子產）入，數俘而出。」「數俘」之後，當然就要書之於冊，並按一定的單位進行編組，便於計算、比較和掌握。自周滅殷至春秋末，向來如此。到了《周禮　秋官　司寇》追述「司民掌登萬民之數，自生齒以上，皆書於版」時，則是普遍的人口登記，已經不是原來意義的「書社」了。

　　每當滅國，國君定當以被滅國遺民對有功的貴族進行賞賜，這在楚國體現得特別明顯。《左傳　襄公二十五年》載：「楚子以滅舒鳩賞子木，（子木）辭曰：『先大夫蒍子之功也』，以與蒍掩。」由此可知，楚王在此與周天子一樣，是將滅舒鳩所得的人口賞給自己的大臣。至於滅舒鳩所得的土地，從楚王一貫把貴族封地的面積限制在一定定額之內[1]的情況看，則不一定全部賜給貴族。古書記載常過於簡略，如果將此記載理解為「楚子以滅舒鳩人口若干書社賞給子木」，則似更全面些。此外，《吳越春秋》還記有「（吳）公子蓋余、燭庸二人將兵遇圍於楚者，聞公子光殺王僚自立，乃以兵降（奔）楚，楚封之於舒」。群舒國的土地既然又被封賜給吳二公子，足見當年未被全部賞給子木或蒍掩。楚封吳二公子以舒地，亦必然隨賜其原來的人口，這些舒地的遺民在國滅之時，一般也會被書之於版，按二十五戶為一里編組，成為「書社」之民，並以「書社」為單位被賞賜給貴族。

　　一般論者很容易將這種遺民認定為奴隸，但是，有三種因素使我們不能下這種結論。其一，這些遺民雖被賞賜給貴族，但如同賞賜給

---

① 　參見拙文〈春秋時楚國貴族對土地的占有及所受的限制〉，《中國社會經濟史研究》1984年第2期。

附錄

貴族的土地一樣，他們在法律上仍屬國家所有。《公羊傳 襄公十五年》何休注：「所謂采者，不得有其土地人民，採取其租稅耳。」可知貴族對這些遺民如同對待土地一樣，不能出賣或隨意殺害。如果此貴族一旦失去權勢和地位，其受賜的土地會被楚王收回，其受賜的人口同樣也得如數收回。史載楚貴族之間「兼室」十分激烈，[1]潛在的原因，都無非是爭奪這些國有的人口和土地而已。其二，這些遺民由於是隨土地被賞賜，故亦從事農耕。由於生產力水準低下，貴族們監督生產的能力不會很大，不可能有眾多的管理人員進行監督，因而不得不利用原有的組織形式進行管理，這樣，這些遺民原有的公社形式、宗法體系也就可不受破壞地保存下來。其三，這些遺民既然是以「書社」為單位賞賜給貴族，本身便包含著對這些遺民舊有的公社形式、宗法體系的承認，貴族只會樂於利用這種現存的形式，讓遺民們以隸屬性公社的面貌存在於自己的封邑之中。因此，在貴族的封邑內從事農耕的遺民，其基本人身權利是有保障的，其原有的生產、生活方式是得到保留的，其固有的宗族感情是得到尊重的。他們雖然較之楚縣制下和被遷往待開發地域的遺民的地位更為低下，仍與完全意義的奴隸尚有一定距離。

在楚國被滅國人口中，是否存在完全意義的奴隸呢？回答是肯定的。成為奴隸的是小部分不願降楚的人，他們被囚禁，作為人祭、釁鼓、獻俘、殺囚的對象。這些不在本文論述的屬於平民階層的「野人」之列，故不再論及。

四、楚國野地的第三種野人——不分族姓的個體居民

楚國野地除了存在上文所述的楚族宗法性公社和程度不同的三種異族隸屬性公社之外，還有一種完全擺脫了「公社」的形式，打破了

---

① 最突出的例子見《左傳 成公七年》所記：「及（楚）共王即位，子重、子反殺巫臣之族子閻、子蕩及清尹弗忌及襄老之子黑要，而分其室。子重取子閻之室，使沈尹與王子罷分子蕩之室，子反取黑要與清尹之室。」

清一色族姓的由個體居民組成的居民點存在著。這可從兩個途徑得到證實。

第一，邏輯推理的結論。楚國野人有的是來自中原各國自願遷來的流民；有的是來自本國的貴族、國人因各種原因出走、流落、移居於野地者。這些人當然不全是楚族人，同時也不是異族中被征服的遺民。這些人抱著各種目的來到地大物博的楚國野地，有的是不堪本國重賦，來楚尋求安居之地；有的是為避亡國之禍，來楚尋求棲身之所；有的以自己具有某一方面的特長來楚尋求稱心之職；也有的是看破紅塵，不願為本國或楚國當權者所羈而到地曠人稀的楚野地避世隱居。這些人從不同的地方抱著不同的目的來到楚野地定居，彼此之間不存在血緣關係、宗法關係，沒有統一的姓氏，各人的財產狀況、勞動技能均不相同，自然難以在一個宗法、經濟實體中生活。

同時，還應看到，遍布於野地的各種公社組織，在經濟規律的作用下，本身還會不斷分化。楚國的許行，「種粟而後食」，穿的衣、帽係「以粟易之」，日用的鍋和農具也是「以粟易之①」，表明楚國野地的商品交換已經較為發達，生息於野地的楚族宗法性公社和異族隸屬性公社自然會毫無例外地被捲入其內。這樣，其結果是——「公社的產品愈是採取商品的形式，就是說，產品中為自己消費的部分愈小，為交換目的而生產的部分愈大，在公社內部，原始的自發的分工被交換排擠得愈多，公社各個社員的財產狀況就愈加不平等，舊的土地公有制就被埋葬得愈深，公社也就愈加迅速地瓦解為小農的鄉村②」。在經濟規律的作用下，楚國各種性質的公社組織必然會以不可逆轉的趨勢逐漸被一種新的、以個體勞動為主的形式所代替。這就是楚國野地不分族姓個體居民的由來。

---

① 《孟子·滕文公上》。
② 恩格斯：《反杜林論·暴力論》，人民出版社1970年版，第159頁。

第二，考古成果的證實。1973年至1976年，湖北荊州博物館在江陵雨臺山秦家咀一帶前後發掘558座楚墓，時間約自春秋中期至戰國中期。「雨臺山已發掘的558座楚墓，僅十一座山木俑，兩座出車馬器。可見雨臺山558座墓的死者，身分等級都不高[①]」。令人尋味的是，在這些「身分等級都不高」的眾多楚墓中，表示死者生前族屬、國屬的頭向五花八門，極不一致。頭向是判斷是否為楚族人的重要標誌。楚人墓的頭向為向南和向東，尤以向南為甚。江陵雨臺山楚墓群中，非為南向和東向的那些墓主，就很有可能是生前從異國遷徙至楚的楚國野地居民。

1975年冬至1978年底，湖北宜昌地區文物工作隊在當陽縣趙家湖以南的趙家灣、金家山、李家坁子、鄭家坁子，以東的楊家山和曹家崗等六個墓區，發掘楚墓297座，除25座中型（甲類）墓外，其餘均為小型（乙類）墓。這些被考古工作者稱為「一般的庶民」和「一貧如洗的貧民」的小型墓墓主，不同時期的頭向呈現一個奇特的規律：「西周晚和春秋早、中、晚期的一般以南北向居多（200座），東西向較少（97座）」；但戰國初期卻與之相反，「頭向多數朝西」，研究者以為此現象「是從戰國前期開始出現的，到了戰國中期則更為普遍[②]」。這恰可證明，隨著時代的進步，不分族姓的個體居民不僅客觀存在於楚野地之中，而且在野地呈逐漸增多的趨勢，在整個楚國野人中所占的比重越來越大。

先秦時期，各諸侯國內野人的居住地，有一種名之為「丘」。《莊子 則陽》篇對這種「丘」的特點有一段十分精到的論述：「少知問於大公調曰：『何謂丘里之言』？大公調曰：『丘里者，合十姓百名而以為風俗也，合異以為同，散同以為異。』」這種「丘里」，

---

① 郭德維：〈楚墓分類問題探討〉，《考古》1983年第3期。
② 本自然段諸處引文均見高應勤、王光鎬〈當陽趙家湖楚墓的分類和分期〉，載《中國考古學會第二次年會論文集》，文物出版社1980年出版。

正是由數個不分族姓的個體居民在一起形成的居民點所具有的主要特點。這種「丘里」，既然能夠「合十姓百名而以為風俗」，便確切地表明，其中的居民已經以地域關係、鄰里關係取代了各種公社居民的那種血緣關係、宗法關係。從《莊子　則陽》可知，先秦時的野地，是存在這種「丘里」的。但是，其數量在整個社會中占有多大比重，則未可盡知。

個體家庭是這種「丘」的居民所具有的主要特徵。當時的異族遷徙者，除原係貴族被楚統治者正式按納予以優待者外，一般不可能是整族遠徙，而多係「繦負其子而至[1]」，因此，這些人在新的地方一般只能建立起個體家庭。至於楚貴族或楚族人因各種原因脫離其宗法性公社到某一野地定居，更只能以個體家庭為單位。這樣，由若干個個體家庭組合成的居民點，當然便是「合十姓百名而以為風俗」了。

從宗法的角度看，楚野地這些個體居民的特點，歸納起來大致有「三無」——無統一的姓、無社、無祭。若深入分析，這種居民因處於楚統治較為薄弱之地，在政治上又表現出有較多的自由，大致又可以「三個自由」來概括，故而政治地位較高。

第一，來去自由。到楚國野地謀生，純從自願，而他們在楚生活一段時間後，因各種原因又想離楚而適他國，或赴楚境內另一地方定居，均較為容易。試舉兩例：甲、「楚狂接輿躬耕以食，其妻之市未返，楚（惠）王使使者齎金百鎰造門……接輿笑而不應，使者遂不得辭而去。妻從市而來，曰……『君使不從，非忠也。從之，是遺義也，不如去之。』乃夫負釜甑，妻戴紝器，變易姓字，莫知其所之。」[2]乙、「有為神農之言者許行，自楚之滕，踵門而告文公曰：『遠方之人，聞君行仁政，願受一廛而為氓。』文公

<hr />

① 《論語　子路》。
② 《韓詩外傳》卷二。

附
錄

與之處，其徒數十人，皆衣褐，捆屨，織席以為食。」①上述兩例，是楚個體野人中較有學識、受到尊重的一個層次，如果其代表性尚有一定局限的話，其他層次的個體野人之自由離楚，可見於曾救過伍子胥的漁父之子：「（伍子胥破楚後），遂引軍擊鄭。鄭定公前殺太子建而困迫子胥，自此鄭獻公大懼，乃令國中曰：『有能還吳軍者，吾與分國而治。』漁父之子應募……（與子胥）語曰：『（我是）漁父者子，吾國君懼怖，令於國……臣念前人與君相逢於途，今從君乞鄭之國。』」②按伍子胥當年逃難時，存在追捕危險的地帶只限於楚境之內，故救他的漁父當為楚野地居民。而數年後伍子胥破楚討鄭，漁父之子卻在鄭地出現，並稱鄭君為「吾國君」，為鄭國的生存請子胥退兵。漁父父子一為楚人、一為鄭人，當然是漁父本人或其子離楚赴鄭定居所致。正是由於這種野人享有較多的遷徙自由，故有時造成某一地區的人口急劇減少，成為社會問題，引起統治者的不安。據《國語　楚語》，伍舉對楚靈王說：「夫君國者，將民之與處；民實瘠矣，君安得肥？且夫私欲弘侈，則德義鮮少；德義不行，則邇者騷離而遠者距違。……若斂民利以成其私欲，使民蒿焉忘其安樂，而有遠心，其為惡也甚矣。」

第二，職業自由。來楚野地居住的這些個體野人，多係以農為主，兼營他業。如老萊子「耕於蒙山之陽」，但同時又「織畚」，即編織簸箕；許行離楚到滕國，其徒數十人隨行，「捆屨、織席以為食」，可見他們在楚國居住時是兼以編草鞋或麻鞋為業；同操鞋業者，還有北郭先生，「以織屨為食，食粥毚履，無怵惕之憂③」；此外，「荊南之地，麗水之中生金，人多竊採金④」，這是兼營採金

①　《孟子　滕文公上》。
②　《吳越春秋　闔閭內傳》。
③　《韓詩外傳》，《繹史》卷五七引。
④　《韓非子　內儲說上》。

業；「楚人和氏得玉璞楚山中」，則是營採玉業。還有記載表明，楚國有的野人索性棄農耕而作他業。如齊桓公「使人之楚買生鹿，楚生鹿當一而八萬，楚民即釋其耕農而田鹿[①]」。看來，這些野地居民一切以是否獲利為轉移，他們擇業謀生已達相當自由的程度了。

第三，思想自由。生活在楚野地的不分族姓個體居民，由於其在宗法上無姓、無社、無祭，在人身上又有著遷徙自由、職業自由，各方面所受束縛較少，故而思想特別活躍。這至少表現在三個方面。一是無「國家」及宗族觀念。由於他們多從各諸侯國離鄉背井來到楚國，這本身就表明對其故國並不視之為「國家」。同樣，在楚國如果不理想，亦隨時可生「離志」，自主地作出自己的抉擇。與楚族宗法性公社和異族隸屬性公社成員均有較深厚的宗族觀念不同，這些個體居民對本宗、本族的觀念早已淡漠，在他們的頭腦中，除了周天子尚具有天下共主的權威外，其餘的「國家」、「宗族」等等概不足論。二是無「忠君」觀念。這一點是由無「國家」觀念伴生而來的。在楚國野地的這些不分族姓的個體居民，其中相當一部分，對楚王取大不敬態度。前述楚狂接輿面對楚王「使使者齎金百鎰造門」，「笑而不應」；北郭先生亦謝絕楚王的聘請，其婦人對楚王的態度是「今如結駟列騎，所安不過容膝，食方丈於前，所甘不過一肉。以容膝之安，一肉之味，而殉楚國之憂，其可乎？[②]」便是明證。這種個體野人沒有忠君思想，大體是在於他們在楚野地生活，本來只靠自己雙手，自食其力，從來沒有期待楚王賜予雨露和陽光，或者期待宗族之人給予保護；其中不少有識之士更是對當時的戰爭、賦稅等與楚王持不同政見，躲到偏僻的野地進行消極抵抗，自然更談不上忠君了。三是具有初步的「民主」思想。《孟子　盡心》有

① 《管子　輕重戊》。
② 《韓詩外傳》，《繹史》卷五七引。

附
錄

云：「民為貴、社稷次之、君為輕，是故得乎丘民而為天子」，此語之「丘民」，正係我們所指的這些不分族姓的個體野人。在這些不分族姓的個體居民中，有各種各樣的人物，他們於自由遷徙、自由交往中，見多識廣，透徹地了解民間疾苦，逐步以天下為己任，產生「民貴君輕」的思想並敢於指斥統治者的過失。《孟子　滕文公上》記許行從楚國來到滕國，生活了一段時間後發表對滕文公的評論：「滕君則誠賢君也；雖然，未聞道也。賢者與民並耕而食，饔飧而治。今也滕有倉廩府庫，則是厲民而以自養也，惡得賢？」許行要求國君與民並耕而食，不得「厲民而以自養」，應當說，這在楚野地的個體居民中，是有著代表性的。《孟子》所言，實源於此。

五、先秦野人屬於平民階層

楚國野地的居民，這些為區別於「國人」而被稱為「野人」的人，既有屬於楚族宗法性公社的成員，又有屬於異族隸屬性公社的成員，還有屬於不分族姓的個體居民。這些不同的野人之間，絕不是彼此割裂，此疆彼界，而是隨著時間的推移，你中有我、我中有你。這是一個需要人們重新認識、探討的重要階層——完整的平民階層。

對楚文化的研究，我國考古學界經歷了以本世紀20年代中期興起的古器物學研究為代表的第一階段；又經歷了50年代至70年代以建立東周楚墓的年代學和大體認識東周楚文化的考古學特徵為內容的第二階段；80年代對楚文化的繼續探索，又進入到重點進行楚墓的分類研究，按照馬克思主義歷史唯物論的觀點，對不同層次的社會階層進行認真的分析。目前，考古工作者通過分析，將大量的小型楚墓歸為乙類，並根據葬具等各種特徵，大體將墓主分為乙A、乙B和丙類三種。考古學者的出發點是：人們進入階級社會後，會分成不同的階級、階層以及等級。在古代和中世紀，不同的等級往往使用著不同的葬制；其墓壙、葬具和隨葬品，出現級別之差。如果分析葬制，歸納出墓葬的類差，就可以進而研究當時人們的等級制度、社會關係。由

於現在對部分小型楚墓已經進行了一定的分類，從而可以揭示出這些小型楚墓所包含的等級差別以及這些等級從春秋到戰國時發生的歷史變化，把研究的內容上升到探索社會關係的高度上來。

依據已有的考古成果，可以將本文所述在楚野地生活的楚族宗法性公社、異族隸屬性公社和不分族姓個體居民這三種不同類型野人之間的區別、各自的特點，均非為奴隸階層的具體原因與考古學上楚小型墓分類的結論相對照，列出一個楚平民階層中野人內部結構表來。

楚平民階層中野人內部結構表

本文論點		考古分類意見①		
名稱	社會地位	名稱	葬制特徵	社會地位
楚族宗法性公社	楚野人中的上層平民	乙A類墓	「多係一棺一槨墓，隨葬多陶器，無銅器。」	「楚人下層貴族中的沒落階層」；「春秋時比較富裕的使用日用陶器的庸人」。
不分族姓的個體居民	楚野人中的中層或上層平民	乙B類墓	「無槨單棺墓隨葬品較少。」	「墓主人身分屬於『庶民』一級，是財富更少的庸人」。
楚縣制下的異族隸屬性公社	楚野人中的中層平民	丙類墓	「墓坑小而窄，無任何隨葬品。」	「墓主人顯然是一貧如洗的更低階層」
被「遷」於未開發地區的異族隸屬性公社	楚野人中的中層或下層平民	丙類墓	「墓坑小而窄，無任何隨葬品。」	墓主人是「更為貧困的庶人」。
被賜予貴族的異族隸屬性公社	楚野人中的下層平民	丙類墓	「部分可見竹蓆包裹屍體的腐朽痕跡。」	「更為貧困的庶人」。「其地位可能最低」。

從此表所列可知，本文的論點與考古界對已發掘出的一些小型楚墓的分類意見大體是吻合的。這些小型墓的墓主人當然都不是奴隸，因為發掘資料表明，在楚國還有一種比丙類墓的墓主地位更低下的人，這就是屢見於一些大、中型楚墓中的陪葬墓和殉葬墓。乙A

---

① 此表中的「考古分類意見」係參考高應勤、王光鎬〈當陽趙家湖楚墓的分類與分期〉（《中國考古學會第二次年會論文集》）與俞偉超《楚文化考古大事記》「前言」中的結論。

附錄

類墓、乙B類墓和丙類墓，都是獨立存在的小型楚墓，故屬於平民階層；而陪葬墓和殉葬墓則是依附於某一個主墓而存在的，當然只可能屬於奴隸階層。

楚國平民階層中的野人與奴隸階層相比，除政治、經濟地位的明顯不同外，其他方面亦有諸多不同：第一，從占總人口的比例來看，平民階層擁有人口中的絕大多數，而奴隸階層的數量相對而言較少；整個奴隸階層從數量上言，在楚國的社會中是居於次要地位的。第二，從人員分布的地域來看，平民階層遍布於楚國的「國」中和「野」地。其中平民階層在野地的居民，廣泛分布於楚縣、貴族封邑和已開發的富腴之地、待開發的荒遠之地；而奴隸階層只能從王室的「軍府」和貴族之家中尋到他們的蹤影，這表明，整個奴隸階層，對楚國社會的影響極其有限。第三，從在生產領域中所起的作用來看，平民階層，其中主要是野人，擔負了楚國最主要的生產部門——農業的全部勞作，並兼從事手工業、商業和其他多種職業，是楚國賦、稅、役的主要承擔者。而奴隸階層則基本上不被用來從事農業生產，其中，由戰俘而成為奴隸者終生遭囚禁，其使用價值只體現為人祭、釁鼓、殺囚、獻俘，與生產無關；因罪（債）淪為奴隸者，又至多被貴族用於家內勞作，進行諸如擊磬、歌舞、釀酒、製作工藝奢侈品等工作，亦與生產，特別是農業生產關係不大；因此，整個奴隸階層，可以說是個不事農業生產的階層，在楚國社會中，當然不占主導地位。

對楚國平民階層與奴隸階層研究的結果，使平民階層（其中主要是野人）在整個社會中的重要地位更形突出。可以說，如果把整個社會分成貴族、平民、奴隸三個階層的設想能夠成立的話，其中最值得研究的不應是人數較少的貴族與奴隸階層這「兩頭」，而是占人口絕大多數的平民階層這個「中間」。因為社會經濟發展的規律告訴我們，從某種意義上說，社會的前進，就是「兩頭」都宣告死亡或消

失，而在舊社會的中間階層中不斷發生具有決定意義的裂變，從中產生新的地主階級和農民階級。只有到這時，中間階層才會結束它的歷史使命，整個社會又以一種嶄新的面貌呈現在人們面前。因此，對先秦史的更深一步的研究，要把各諸侯國的中間階層即平民階層（主要是野人和國人）作為突破口。只把主要的注意力放在平民階層，研究其隊伍發展、壯大以至裂變的軌跡，就可以掌握整個社會前進的脈搏！

（《歷史研究》1990年第1期）

附
錄

參 考 文 獻

一、文獻典籍（含今人對古籍的整理與注釋）

1.（晉）杜預：《春秋經傳集解》，上海人民出版社，1977年版。

2.《尚書》，《十三經注疏》，清阮元校刻，中華書局影印，1980年版。

3.《史記》，《二十五史》，清乾隆武英殿本，上海古籍出版社，1986年版。

4.（清）郝懿行：《爾雅義疏》，據同治四年郝氏家刻本影印，上海古籍出版社，1983年版。

5.《國語》，上海古籍出版社，1978年版。

6.《說文解欄位注》，成都古籍書店，1981年版。

7.（漢）許慎：《說文解字》，中華書局，1963年版。

8.《新書》，《百子全書》，掃葉山房1919年石印本。浙江人民出版社，1984年影印。

9.范群雍編：《古本竹書紀年輯校訂補》，新知識出版社，1956年版。

10.《荀子》，《百子全書》，掃葉山房，1919年石印本。浙江人民出版社，1984年影印。

11.《孟子》，《百子全書》，掃葉山房，1919年石印本。浙江

人民出版社，1984年影印。

12. 《淮南子》，《百子全書》，掃葉山房，1919年石印本。浙江人民出版社，1984年影印。

13. （唐）虞世南：《北堂書鈔》。文淵閣《四庫全書》。

14. 高享：《詩經今注》，上海古籍出版社，1980年版。

15. 《禮記》，《十三經注疏》，清阮元校刻，中華書局影印，1980年版。

16. 《漢書》，《二十五史》，清乾隆武英殿本，上海古籍出版社，1986年版。

17. 王利器：《鹽鐵論校注（增訂本）》，天津古籍出版社，1983年版。

18. 《墨子》，《百子全書》，掃葉山房1919年石印本。浙江人民出版社，1984年影印。

19. （清）顧祖禹：《讀史方輿紀要》，萬有文庫本，商務印書館，1936年。

20. 《周禮》，《十三經注疏》，清阮元校刻，中華書局影印，1980版。

21. 《管子》，《百子全書》，掃葉山房，1919年石印本。浙江人民出版社，1984年影印。

22. （漢）司馬相如：《子虛賦》，《文選》，上海古籍出版社，1986年版。

23. 《呂氏春秋》，《百子全書》，掃葉山房，1919年石印本。浙江人民出版社1984年影印。

24. （晉）皇甫謐撰，陸吉點校：《帝王世紀》，齊魯書社2010年版。

25. 《山海經》，《百子全書》，掃葉山房，1919年石印本。浙江人民出版社，1984年影印。

參考文獻

26. （宋）洪興祖《楚辭補注》，中華書局，1883年版。

27. （宋）羅泌：《路史　前紀》，文淵閣《四庫全書》。

28. （唐）李泰等撰，賀次君輯校，《括地志輯校》，中華書局，1980年版。

29. （唐）李吉甫：《元和郡縣圖志》，中華書局，1983年版。

30. 《新語　道基》，《百子全書》，掃葉山房，1919年石印本。浙江人民出版社，1984年影印。

31. （清）馬驌：《繹史》，文淵閣《四庫全書》。

32. 《周易》，《十三經注疏》，清阮元校刻，中華書局，1980年版。

33. （清）王國維校：《水經注校》，上海人民出版社，1984年版。

34. 許維遹校釋：《韓詩外傳集釋》，中華書局，1980年版。

35. 《新序》，《百子全書》，掃葉山房，1919年石印本。浙江人民出版社，1984年影印。

36. 林尹：《周禮今注今譯》，書目文獻出版社，1985年版。

37. （唐）陸德明：《經典釋文》，文淵閣《四庫全書》。

38. 《韓非子》，《百子全書》，掃葉山房，1919年石印本。浙江人民出版社，1984年影印。

39. （清）錢繹：《方言箋疏》，上海古籍出版社，1984年版。

40. （元）王楨：《農書》，文淵閣《四庫全書》。

41. （漢）趙曄：《吳越春秋》，江蘇古籍出版社出版，1986年版。

42. 《後漢書》，《二十五史》，清乾隆武英殿本，上海古籍出版社，1986年版。

43. （唐）歐陽詢：《藝文類聚》，上海古籍出版社，1982年版。

44. 楊伯峻：《論語譯注》，中華書局，1980年版。

45. 《呂氏春秋》，《百子全書》，掃葉山房1919年石印本。浙江人民出版社1984年影印。

46. 《楚辭》，（宋）洪興祖《楚辭補注》，中華書局，1883年版。

47. （唐）溫庭筠：《溫庭筠詩集》，《唐詩宋詞全集》，北京燕山出版社，2007年版。

48. （宋）范成大：《驂鸞錄》、《勞畬耕詩序》，文淵閣《四庫全書》。

49. （日）竹添光鴻：《左氏會箋》，巴蜀書社，2008年版。

50. 《論衡》，上海人民出版社，1974年版。

51. 《逸周書》，袁宏點校，齊魯書社，2010年版。

52. 《亢倉子》，《百子全書》，掃葉山房，1919年石印本。浙江人民出版社1984年影印。

53. （戰國）宋玉：《高唐賦》。《文選》，上海古籍出版社，1986年版。

54. 陳奇猷：《呂氏春秋校釋》，學林出版社，1984年版。

55. 趙善詒：《說苑疏證》，華東師範大學出版社，1985年版。

56. （漢）劉向：《古列女傳》。文淵閣《四庫全書》。

57. 《孔子家語》，《百子全書》，掃葉山房1919年石印本。浙江人民出版社，1984年影印。

58. 陳鼓應：《莊子今注今譯》，中華書局，1983年版。

59. 《戰國策》，上海古籍出版社，1985年版。

60. （明）李賢等：《大明一統志》，三秦出版社，1990年版。

61. 袁珂：《山海經校注》，上海古籍出版社，1980年版。

62. 《晉書》，《二十五史》，清乾隆武英殿本，上海古籍出版社，1986年版。

63. 《隋書》，《二十五史》，清乾隆武英殿本，上海古籍出版社，1986年版。

64. 《齊民要術》，《百子全書》，掃葉山房1919年石印本。浙江人民出版社，1984年影印。

參考文獻

65. 《鶡冠子》,《百子全書》,掃葉山房1919年石印本。浙江人民出版社,1984年影印。

66. 陳奇猷:《韓非子集釋》,上海人民出版社,1974年版。

67. 繆文遠:《七國考訂補》,上海古籍出版社,1987年版。

68.(東漢)袁康:《越絕書》,上海古籍出版社,1985年版。

69. 《晏子春秋》,《百子全書》,掃葉山房1919年石印本。浙江人民出版社,1984年影印。

70. 《列子》,《百子全書》,掃葉山房,1919年石印本。浙江人民出版社1984年影印。

71.(元)陶宗儀:《輟耕錄》,文淵閣《四庫全書》。

72.(清)洪亮吉:《更生齋文集》甲集卷二《春秋時以大邑為縣始於楚》,文淵閣《四庫全書》。

73.(宋)鄭樵:《通志 氏族略 以邑為氏》,中華書局,1995年版。

74.(宋)王應麟:《困學紀聞》。文淵閣《四庫全書》。

75.(清)顧棟高:《春秋大事表 楚疆域表》,中華書局,1993年版。

76.(唐)孔穎達:《春秋左傳注疏》,文淵閣《四庫全書》。

77. 《商君書》,上海人民出版社,1974年版。

78.(唐)杜佑:《通典 食貨》,中華書局,1984年版。

79.(宋)王象之:《輿地紀勝》,中華書局,1992年版。

80.(宋)李昉等:《太平御覽》,文淵閣《四庫全書》。

81. 周渭卿點校:《世本》,齊魯書社,2010年版。

82.(清)梁玉繩:《人表考》卷2,載《史記漢書諸表訂補十種》下,中華書局1982年版。

83.(清)梁履繩:《左通補釋》。文淵閣《四庫全書》。

84. 郭慶藩:《莊子集釋》,中華書局,1961年版。

85.（唐）林寶：《元和姓纂》，文淵閣《四庫全書》。

86.（清）王掞等：《欽定春秋傳說匯纂》，文淵閣《四庫全書》。

87.（清）江永：《群經補義》、《春秋地理考實》。文淵閣《四庫全書》。

88.（清）沈欽韓：《左傳地名補注》。文淵閣《四庫全書》。

89.（清）吳卓信：《漢書地理志補注》，《二十五史補編》，開明書店，1937年版。

90. 郭沫若：《殷契粹編》，科學出版社，1965年版。

91.（宋）鄧名世：《古今姓氏書辯證》，文淵閣《四庫全書》。

92.（清）梁履繩：《左傳補釋》，文淵閣《四庫全書》。

93.（宋）樂史：《太平寰宇記》，中華書局，2007年版。

94.（元）吾衍：《楚史檮杌　虞丘子·第三》，商務印書館，《叢書集成初編》，1936年版。

95. 陳奇猷：《呂氏春秋校釋》，學林出版社，1984年版。

96.（宋）司馬光：《資治通鑒》，中華書局，1956年版。

二、專著

1. 楊寬：《戰國史》，上海人民出版社，1955年版，1980年版。

2. 威爾根生（E·S·WiLlcins　n）：《上海鳥類》，1935年上海字林西報出版。

3.《中國分省公路交通地圖冊》，地圖出版社，1986年4月版。

4. 楊伯峻：《春秋左傳注》，中華書局，1981年版。

5. 郭沫若：《中國史稿》，人民出版社，1976年版。

6. 宋兆麟、黎家芳、杜耀西：《中國原始社會史》，文物出版社，1983年版。

7. 梁方仲：《中國歷代戶口、田地、田賦統計》，上海人民出版

參考文獻

社，1980年版。

8. 常啟禹：《中國農史稿》，農業出版社，1985年版。

9. 劉先洲：《中國古代農業機械發明史》，北京科學出版社，
   1963年版。

10. 李約瑟：《中國科學技術史》第一卷第一分冊。科學出版
    社，1990年。

11. 李璠：《生物史》第五分冊，科學出版社，1979年版。

12. 翦伯贊：《中國史論集》，文風書局印行，1944年版。

13. 彭邦炯、謝齊：《戰國史話》，中國青年出版社，1982年版。

14. 童書業：《春秋左傳研究》，上海人民出版社，1980年版。

15. 呂思勉：《先秦史》，上海古籍出版社，1982年版。

16. 顧鐵符：《楚國民族述略》，湖北人民出版社，1984年版。

17. 岑仲勉：《西周文史論叢　楚為東方民族辨》，商務印書館，
    1958年版。

18. 徐中舒：《論巴蜀文化》，四川人民出版社，1982年版。

19. 梁啟超：《飲冰室合集》，中華書局，1936年版。

20. 顧頡剛：《史林雜識　牧誓八國》。中華書局，1963年版。

21. 金景芳：《中國奴隸社會史》，上海人民出版社，1983年版。

22. 呂思勉：《中國制度史》，上海教育出版社，1985年版。

三、編著

1. 《中國自然地理》編寫組：《中國自然地理》，高等教育出版社，
   1984年5月第2版。

2. 《江蘇氣象文集》，1964年版。

3. 《長江水利史略》，長江流域規劃辦公室編寫，水利電力出版
   社，1985年版。

4. 《孝感地區文物概況》，湖北省孝感地區博物館編，1979年12月。

5. 《中國水利史稿》，水利電力出版社，1979年版。

6. 《辭源》，商務印書館，中華民國4年初版。

7. 符定一：《聯綿字典》，中華書局，1954年版。

8. 《京山屈家嶺》，中國科學院考古研究所編，科學出版社，1965年。

9. 《西安半坡》，中國科學院考古所編，文物出版社，1983年。

10. 《新中國的考古發現和研究》，文物出版社，1984年版。

11. 《孝感地區文物普查資料彙編》，孝感地區博物館編，1983年10月。

12. 《楚都紀南城考古資料彙編》，湖北省博物館編，1980年10月。

13. 《廟底溝與三里橋》，科學出版社，1959年。

14. 《鄧縣彩色畫像磚》，文物出版社，1958年。

15. 《睡虎地秦墓竹簡》，文物出版社，1978年。

16. 《中國科學技術史稿》，科學出版社。1982年版。

17. 《馬王堆漢墓》，文物出版社，1982年版。

18. 《馬山一號楚墓》，文物出版社，1982年版。

19. 《長沙發掘報告》，科學出版社，1957年版。

20. 《江陵馬山一號楚墓》，文物出版社，1985年版。

21. 《銀雀山漢簡釋文》，吳九龍釋，文物出版社，1985年版。

22. 《居延漢簡甲編》，科學出版社，1959年版。

23. 《塔吉克族簡史》，新疆人民出版社，1982年版。

24. 《傈僳族簡史》，雲南人民出版社，1983年版。

25. 《黎族簡史》，廣東人民出版社，1982年版。

26. 《現代漢語詞典》，商務印書館，1981年版。

四、期刊、論文

1. 石泉：〈先秦至漢初「雲夢」地望探源〉，《楚文化新探》，

湖北人民出版社，1981年版。

2. 石泉：〈齊梁以前古沮（雎）、漳源流新探〉，《武漢大學學報》1982年第1期。

3. 曹典禮：〈楚與雲夢澤、洞庭湖的關係考辯〉，提交1985年楚史討論會（岳陽）列印稿。

4. 胡厚宣：〈氣候變化與殷代氣候之檢討〉，《中國文化研究彙刊》四卷上冊，1944年。

5. 蒙文通：〈中國古代北方氣候考略〉，《史學雜誌》第2卷第3期，1920年南京出版。

6. 竺可楨：〈中國歷史上氣候的變遷〉，《中國科學社論文集》第三卷，1926年上海中國科學出版社出版。

7. 王勝利：〈荊楚天文曆法志〉列印稿，1985年10月。

8. 徐近之：〈長江流域河湖結冰的年代〉，《考古學報》1972年第1期。

9. 李俊等：〈武當山下發現古象牙化石〉，《江漢考古》1984年第4期。

10. 潘鵬聲、楊超伯：〈戰國時代六國農業生產〉，《農史研究集刊》第二冊，科學出版社1960年版。

11. 嚴文明：〈中國稻作農業的起源〉，《農業考古》 1982年第1期。

12. 宋煥文：〈試談雲夢澤的由來及其變遷〉，《求索》 1983年第5期。

13. 蔡述明：〈武漢東湖湖泊地質（第四紀）研究有關東湖成因和古雲夢澤問題的討論〉，《海洋與湖澤》1979年第4期。

14. 俞偉超：〈關於楚文化發展的新線索〉，《楚文化新探》，湖北人民出版社1981年版。

15. 李約瑟、魯桂珍：〈中國古代的地植物學〉，《農業考古》1984年第1期。

16. 顧頡剛：〈寫在藪澤表的後面〉，《禹貢》第1卷第2期。

17. 李零：〈長沙子彈庫戰國楚帛書研究〉，中華書局，1985年版。

18. 饒宗頤：〈楚辭地理考　高唐考附伯庸考〉。

19. 蘇秉琦、殷瑋璋：〈關於考古學文化的區系類型問題〉，《文物》1981年第5期。

20. 張雲鵬：〈湖北京山、天門發掘簡報〉，《考古通訊》1956年第3期。

21. 王勁：〈江漢地區新石器時代文化綜述〉，《江漢考古》1980年第1期。

22. 丁穎：〈江漢平原新石器時代紅燒土的稻穀殼考查〉，《考古學報》1959年第4期。

23. 湖北省博物館：〈一九六三年湖北盤龍城商代遺址的發掘〉，《文物》1976年第1期。

24. 郭冰廉：〈湖北黃陂礦山水庫工地發現了青銅器〉，《考古通訊》1955年第4期。

25. 陳賢一：〈江陵張家山遺址的試掘與探索〉，《江漢考古》1980年第2期。

26. 湖北省博物館：〈湖北蘄春毛家嘴西周木構建築〉，《考古》1962年第1期。

27. 湖北省博物館：〈江陵發現西周銅器〉，《文物》1963年第1期。

28. 李健：〈湖北江陵萬城出土西周青銅器〉，《考古》1963年第4期。

29. 湖北省博物館：〈湖北隨縣發現青銅器〉，《文物》1972年第2期。

30. 湖北省博物館：〈湖北京山發現曾國銅器〉，《文物》1972年第2期。

31. 陳文華：〈試論我國農具史上的幾個問題〉，《考古學報》

參考文獻

1981年第4期。

32. 湖北省博物館江陵紀南城工作站：〈1979年紀南城古井發掘簡報〉，《文物》1980年第10期。

33. 浙江省文管會，浙江省博物館：〈河姆渡遺址第一期發掘報告〉，《考古學報》1978年第1期。

34. 浙江省文管會，浙江省博物館：〈浙江河姆渡遺址第二期發掘的主要收穫〉，《文物》1980年第5期。

35. 陳祖全：〈耒耜淺談〉，《江漢考古》1980年第2期。

36. 鳳凰山一六七號漢墓發掘整理小組：〈江陵鳳凰山一六七號漢墓發掘簡報〉，《文物》1976年第10期。

37. 沈宜揚：〈湖北當陽劉家塚東漢畫像石墓發掘簡報〉，《文物資料叢刊》第1期。

38. 陳振裕：〈湖北農業考古概述〉，《農業考古》1983年第1期。

39. 湖北省博物館：〈湖北古礦遺址調查〉，《考古》1974年第4期。

40. 銅綠山考古發掘隊：〈湖北銅綠山春秋戰國古礦井遺址發掘簡報〉，《文物》1975年第2期。

41. 荊州博物館：〈江陵雨臺山楚墓發掘簡報〉，《考古》1980年第5期。

42. 雷從雲：〈戰國鐵農具的考古發現及其意義〉，《考古》1980年第5期。

43. 〈儀征縣破口山挖掘出土銅器紀略〉，《文物》1960年第4期。

44. 〈吳國農業考略〉，《農業考古》1982年第2期。

45. 〈蘇州城東北發現青銅器〉，《文物》1980年第8期。

46. 〈丹徒丁崗出土西周農具——青銅耜〉，鎮江市博物館《文物考古資料彙編》，1976年。

47. 〈論吳越時期的青銅農具〉，《農業考古》1982年第2期。

48. 〈江西地區青銅器的分析與分期〉，《中國考古學年會第一次

年會論文集》。

49. 〈武寧戰國墓葬的清理〉，《文物工作資料》（內部）1976年
第4期。

50. 〈江西九江縣沙河街遺址發掘簡報〉，《考古集刊》第2集，1982年。

51. 高至喜：〈湖南商周農業考古概述〉，《農業考古》1985年
第2期。

52. 周保權等：〈從銅綠山礦冶遺址看我國古代礦冶技術的成就〉，
《湖北省考古學會論文集》（一）。

53. 〈長沙衡陽出土戰國時代的銅器〉，《考古通訊》1956年第1期。

54. 宋兆麟：〈我國古代踏犁考〉，《農業考古》1981年第1期。

55. 韓國磐：〈牛耕早在趙過之前〉，《社會科學戰線》，1985
年第4期。

56. 黃展岳：〈關於中國開始冶鐵和使用鐵器的問題〉，《文物》
1976年第8期。

57. 舒之梅、劉彬徽：〈從近年出土曾器看楚文化對曾的影響〉，
《楚史研究專輯》，《武漢師範學院學報》增刊，1982年。

58. 曹桂岑：〈淮陽平糧臺四號楚墓發掘簡報〉，《中原文物》
1980年第1期。

59. 安徽阜陽地區展覽館文博組：〈安徽鳳臺發現楚國「郢大廧」銅
量〉，《文物》1978年第5期。

60. 殷滌非：〈安徽壽縣新發現的銅牛〉，《文物》1959年第4期。

61. 夏鼐：〈考古學與科技史〉，《考古》1977年第2期。

62. 湖北省博物館：〈楚都紀南城的勘察與發掘〉，《考古學報》
1982年第2期。

63. 湖南省博物館、益陽縣文化館：〈湖南益陽戰國兩漢墓〉，
《考古學報》1981年第4期。

64. 江蘇省文物管理委員會、南京博物院：〈江蘇六合程橋二號

參考文獻

東周墓〉，《考古》1984年第2期。

65. 〈昆山盛莊青銅器熔鑄遺址考察〉，《蘇州文物資料選編》，1980年版。

66. 楚文化研究會編：〈楚文化考古大事記〉，文物出版社1984年版。

67. 〈浙江永嘉出土一批青銅器簡介〉，《文物》1980年第8期。

68. 安徽省博物館：〈安徽貴池發現東周青銅器〉，《文物》1980年第8期。

69. 高至喜：〈湖南古代墓葬概況〉，《文物》1960年第3期。

70. 中國社會科學院考古研究所：〈新中國的考古收穫〉，《考古通訊》1956年第1期。

71. 史樹青：〈長沙仰天湖楚簡研究〉。

72. 雲翔：〈鋸鐮辨析〉，《文物》1984年第10期。

73. 安徽省文物工作隊：〈安徽舒城九里墩春秋墓〉，《考古學報》1982年第2期。

74. 河南省丹江庫區文物發掘隊：〈河南淅川下寺春秋墓〉，《文物》1980年第10期。

75. 彭適凡：〈江西先秦農業考古概述〉，《農業考古》1985年第2期。

76. 李眾：〈中國封建社會前期鋼鐵冶煉技術發展的探討〉，《考古學報》1975第2期。

77. 范楚玉：〈我國古代農業生產中的天時、地宜、人力觀〉，《自然科學史研究》第3卷第3期，1984年。

78. 高至喜：〈商代人面方鼎〉，《文物》1960年第10期。

79. 文宗一：〈楚文化研究〉，中國臺灣《中央研究院民族學研究所專刊》之十二，1967年。

80. 〈湖北京山、天門考古發掘簡報〉，《考古通訊》1956年第3期。

81. 〈江陵毛家山發掘記〉，《考古》1977年第3期。

82.〈湖北鄖縣和均縣發掘簡報〉，《考古》1961年第10期。

83.〈江西修水山背地區考古調查與試掘〉，《考古》 1962年第7期。

84.〈澧縣夢溪三元宮遺址〉，《考古學報》 1979年第4期。

85.〈安徽新石器時代遺址的調查〉，《考古學報》 1957年第1期。

86. 陳文華等：《新淦縣發現戰國糧倉遺址〉，《文物工作資料》1976年第2期。

87. 游修齡：〈西漢古稻小析〉，《農業考古》 1981年第2期。

88. 鄭昌琳：〈楚國物產初探〉油印稿。

89. 湖北省博物館：〈湖北江陵三座楚墓出土大批重要文物〉，《文物》 1966年第5期。

90. 章楷：〈鹽業史話〉，《古代經濟專題史話》，中華書局1983年版。

91. 湖南省文物管理委員會：〈長沙仰天湖第25號木槨墓〉，《考古學報》1957年第2期。

92. 湖南省文物管理委員會：〈長沙左家公山的戰國木槨墓〉，《文物參考資料》，1954年第12期。

93. 湖南省博物館：〈長沙瀏城橋一號墓〉，《考古學報》1972年第1期。

94. 熊傳新：〈長沙新發現的戰國絲織物〉，《文物》1975 年第2期。

95. 高至喜：〈長沙烈士公園3號木槨墓發掘簡報〉，《文物》1959年第10期。

96. 河南省文物研究所：〈我國考古史上的空前發現——信陽長臺關發掘一座戰國大墓〉，《文物參考資料》1957年第9期。

97.〈江陵發現戰國絲綢寶庫〉，《江漢考古》1982年第1期。

98. 陳振裕：〈楚國的竹編織物〉，《考古》 1983年第8期。

99. 張志華、駱崇禮：〈淮陽馬鞍塚墓主考略〉，《楚文化覓蹤》，中州古籍出版社1986年版。

參考文獻

100. 劉玉堂：〈《神農》作者考辯〉，《中國農史》 1984年第3期。

101. 何直剛：〈長沮桀溺解詁〉，《東嶽論叢》1985年第2期。

102. 黃展岳：〈「火耕水耨」與楚國農業考〉，《中國農史》
1985年第3期。

103. 黃盛璋：〈青川新出秦田律木牘及其相關問題〉，《文物》
1982年第9期。

104. 楊寬：〈釋青川秦牘的田畝制度〉，《文物》1982年第7期。

105. 胡平生：〈青川秦墓木牘（為田律）所反映的田畝制度〉，
《文史》第十九輯。

106. 〈阜陽雙古堆西漢汝陰侯墓發掘簡報〉，《文物》1978年第
8期。

107. 陳夢家：〈戰國度量衡略說〉，《考古》1964年第6期。

108. 劉洪濤：〈《考工記》不是齊國官書〉，《自然科學史研究》
第3卷第4期，1984年。

109. 胡悅謙：〈試談安徽出土的楚國銅量〉，《中國考古學會第二
次年會論文集》。文物出版社1980年版。

110. 尹滌非：〈楚量小考〉，《古文字研究》第七輯。

111. 南京博物院：〈銅山小龜山西漢崖洞墓〉，《文物》1973年
第4期。

112. 張澤咸：〈略論我國封建時代的糧食生產〉，《中國史研究》
1980年第3期。

113. 揚作龍：〈銀雀山竹簡（田法）芻議〉，《洛陽師專學報》
1987年第1期。

114. 天津文物管理處：〈天津市新收集的商周青銅器〉，《文物》
1964年第9期。

115. 顏思久：〈克木人的村社和氏族制遺址初探〉，《雲南社會科
學》1983年第1期。

116. 林奇：〈楚墓中出土的植物、果實小議〉，1987年楚史討論會論文（列印稿）。

117. 程濤平：〈春秋時期楚國的平民階層〉，《歷史研究》1983年第6期。

118. 楊寬：〈試論西周春秋間的鄉遂制度和社會結構〉，《古史新探》，中華書局1965年版。

119. 何浩：〈戰國時期楚封君初探〉，《歷史研究》1984年第5期。

120. 顧頡剛：〈春秋時代的縣〉，《禹貢》第七卷，6～7期，1937年。

121. 殷崇浩：〈春秋楚縣略論〉，《江漢論壇》1980年第4期。

122. 程濤平：〈春秋時楚國貴族對土地的佔有及所受的限制〉，《中國社會經濟史研究》 1984年第2期。

123. 余天熾：〈重提世卿世祿制〉，《華南師範學院學報》1982年第3期。

124. 黃運甫：〈略談淅川毛坪楚墓的分期及其特徵〉，《中原文物》1982年第1期。

125. 何浩：〈春秋時楚滅國新探〉，《江漢論壇》1982年第4期。

126. 馮永軒：〈說楚都〉，《江漢論壇》1980年第2期。

127. 何浩、殷崇浩：〈春秋時楚對江南的開發〉，《江漢論壇》1981年第1期。

128. 何光岳：〈子國考〉，《湘潭大學學報》1982年第2期。

129. 何光岳：〈申國史考〉，《信陽師範學院學報》1983年第2期。

130. 何光岳：〈群舒與偃姓諸國的來源與分布〉，《江淮論壇》1882年第6期。

131. 郭德維：〈楚墓分類問題探討〉，《考古》1983年第3期。

132. 高應勤、王光鎬：〈當陽趙家湖楚墓的分類和分期〉，載《中國考古學會第二次年會論文集》，文物出版社1980年版。

參考文獻

133. 固始侯古堆一號墓發掘組：〈河南固始侯古堆一號墓發掘簡報〉，《文物》1981年第1期。

134. 湖南省博物館：〈長沙瀏城橋一號墓〉，《考古學報》1972年第1期。

135. 歐潭生：〈固始白獅子地一號楚墓的年代及其他〉，《楚文化研究論文集》，中州書畫社1983年版。

136. 湖南省博物館常德地區文物工作隊：〈臨澧九里楚墓發掘報告〉，《湖南考古輯刊》第3期，嶽麓書社1986年版。

137. 鄂城縣博物館：〈鄂城楚墓〉，《考古學報》1983年第2期。

138. 張劍：〈略論河南淅川下寺春秋楚墓的葬制特點〉，《楚文化研究論文集》，中州書畫社1983年版。